ウィリアム・W・ケリー

19世紀日本における服従と反抗

Deference and Defiance in Nineteenth-Century Japan by William Wright Kelly

山形県庄内地方の四つの集団抗議

［訳］
ワッパ騒動義民顕彰会・ケリー研究会
（三原容子・佐藤利克・升川繁敏）
佐藤エミリー綾子

文学通信

Deference and Defiance in Nineteenth-Century Japan
by William Wright Kelly
First published by Princeton University Press, 1985
Copyright ©William Wright Kelly

日本語版まえがき 7

序　文 9

第1章　19世紀の集団抗議における階級、共同体および党派　13
富から資本へ、支配される民から参加する民へ
19世紀日本についての歴史研究
19世紀に断絶はあったのか

第2章　庄内と酒井藩　25
収益性と不安定性──富と債務超過の機能
抗議、危機、改革、1630年−1830年
貢納と商業の諸関係

第3章　見事な領民たち──1840–41年の転封反対運動──　57
飢饉と藩の秩序
「貧乏大名」庄内へ？　幕府の転封命令
嘆願、集会、祈願
成功

第4章　従わない人々──1844年大山騒動──　91
酒と幕政

第5章　庄内の明治維新　103
藩による締め付けの強化
戊辰戦争と庄内藩の終焉
3回目の転封反対運動
酒田県が直面した天狗騒動と関連する問題
狩川組
上余目組

3

第6章　進取性と惰性──第二次酒田県──　129

第7章　石代納、改革の抑制および歳出の偽装　145

初期の嘆願運動──1874（明治7）年の冬から春にかけて

石代会社　1874（明治7）年8-9月

黒川組

一斉検挙

社会変革ではなく税をめぐる県への反感

第8章　ワッパ騒動の新たな展開──地方から中央へ──　171

森藤右衛門

三島通庸新県令と従来からの抗議

嘆願から法廷へ

第9章　中央政府の出番──沼間の取り調べと児島の裁判──　193

庄内における地租調査

沼間の取り調べ

沼間の報告書

児島の裁判

地租調査の結果

鶴岡県の終わり

児島裁判の判決

第10章　その後の経過　219

最終判決

森と庄内の政党

地租改正と松方デフレ

帰ってきた菅

農業における資本主義

第 11 章　まとめ　237

付録　春一番の米価と庄内藩年貢率（免）1697–1862 年　244

訳者参考資料　249

  1. 酒井家　庄内藩の歴代藩主（第 2、3、4 章関係）

  2. 庄内藩から山形県になるまでの行政区分の変遷（第 5、6 章関係）

  3. 庄内藩の行政区画（第 5 章関係）

訳者解題　253

訳者あとがき　257

参考文献　267

人名索引　277

凡例

一、読者の理解のために必要な場合、〔　〕で訳注を入れた。

一、ケリー氏は新暦で示しているが、旧暦を補記した。

一、必要と考えた章には読者の便宜を図るために略年表を掲載した。

一、略年表の〔　〕内は 1872（明治 5）年までの旧暦表示である。

一、原書の「a」「b」は「①」「②」とした。

一、本文中の地図と写真は原書のままである。

日本語版まえがき

　私のこの本は2度登場しました。1度目は、欧米の学術研究者に庄内地方の歴史の重要な時期を紹介する英文の学術書として。そして2度目は、地元の地方史研究グループによる素晴らしい翻訳によるこの日本語版で、東北地方の特定の地域に長年の関心と愛情を抱いてきた外国人の私による地域史の視点を、庄内を含む日本の読者に紹介するものです。

　私は1970年代に初めて庄内に来て、約2年間住んで研究をしました。それ以来、頻繁に庄内を訪れています。当時、この地域の農業と地域社会で進行していた変革の規模の大きさに驚き、それらの進行中の変化より前の生活パターンに興味をもちました。私は文化人類学者で、とくに現代の社会組織や生活のパターンに焦点を当てて研究していますが、この地域の人々の心意気の由来を理解したいと思い、その地域の歴史にますます興味を持つようになりました。

　日本は一般に、その長く豊かな歴史の重要性を尊重し、伝統を保存することに情熱を持っていると思います。その歴史観は地方史にまで及んでいます。とりわけ庄内地方は、多才な研究者、特別なアーカイブ、活発な研究グループを擁する地域として際立っています。庄内の過去について学ぶにあたって、私は地元の歴史家や資料館のスタッフに大いに助けられました。彼らはこの素人の外国人を歓迎して古文書の読み方と解釈を非常に巧みに教えてくれました。ご指導に大いに感謝しています。

　歴史を研究する過程で、とくに幕末維新期に庄内で起こった一連の四つの集団抗議に魅了されました。印象的だったのは、これらが経済的貧困によって引き起こされた単純な「百姓一揆」ではないということです。それらの抗議は正義と公平性を求める広範な運動であり、高官の不正行為に立ち向かった戦略と戦術は驚くほど高度であり、想像力豊かでした。拙著は、この地域とその民衆の抗議活動の歴史を欧米の読者のために著述しました。

　もちろん、これらの民衆運動、とくに明治初期のワッパ騒動は、当時の庄内の歴史愛好家の間ではよく知られていました。しかし、その重要性につい

てのより広い認識が庄内に広まったのは、2004年になってからでした。その役割を果たしたのは、ワッパ騒動義民顕彰会に集まった献身的な人々です。教育者の星野正紘氏をはじめ会員の皆様は顕彰碑建立、学習活動、新史料の整理、会誌の発行、ゆかりの地めぐりの実施や教科書教材の作成まで、あらゆる面でこうした過去の行動への関心と理解を高めました。そしてこれらの活動のひとつが、この翻訳事業です。翻訳家の佐藤エミリー綾子氏の協力を得て、三原容子氏、佐藤利克氏と升川繁敏氏が拙著の翻訳という非常に骨の折れる仕事を引き受けてくれました。

　著者が受け取ることのできる最大の賛辞は、庄内の人たちに自分の研究成果を直接読んでもらえることです。拙著が日本語で出版され、庄内や日本の読者に、外国人の眼から見たこの地域の歴史における重要な出来事を紹介できることは、非常に喜ばしいことです。日本語版を出版するにあたり、翻訳に関わった方々、そして文学通信の渡辺哲史氏に感謝します。

　この本に書かれている出来事は約150年前に起こったものですが、地元の記憶の中に生き続けることができれば、正義を主張する地元の集団行動の力についての重要な教訓となるでしょう。19世紀の庄内の人々は、自分たちの利益を守るためには自ら立ち上がらなければならず、団結すれば成功できることを理解していました。その時代に真実であったことは、現時点でも真実のままです。

William W. Kelly

2024年1月

序　文

恐れながら荘内二郡の百姓ども一統御嘆き申し上げ候書付の事…

　1841年の初め〔旧暦天保11年末〕、米どころ庄内平野から将軍の都江戸へ運ばれた窮状を訴える農民たちの嘆願書は、このように始まっていた。彼らは、江戸城の門前でひざまずき、幕府の重臣たちに駕籠訴を敢行した。34年後の1875（明治8）年の春、庄内の農民たちの次の世代の代表者たちは、再び江戸、今や明治新政府の首都となった東京へ向かって出立した。しかし、この一群の人たちは、合法の訴願を、新設の司法省上等裁判所前に設置された訴願箱に入れた。その表書きは、上記の嘆願書の表書きより厳しい文言を突き付けていた。

　　県官による曲庇圧政の訴え

　1841年の窮状を訴える嘆願と1875年の訴訟は、19世紀庄内に広まった四つの民衆の集団抗議のうちの二つにあたる。各集団抗議は、それぞれのやり方で、ある種の因習への従順な服従と支配者層の期待に対する容赦のない反抗とを合わせ持っていた。抗議がどのように変わったか、各集団抗議はどのように関連していたか、小さな米作平野での広範な社会的変革において抗議はどのような役割を果たしたか、それがこの研究における筆者の関心事である。

　過去20年間、19世紀日本について、日本および欧米の研究者による新たな研究が相次いで発表された。幕藩体制の崩壊と天皇中心の政権を樹立した明治維新は、やはり分析を進めていく上での要ではあるが、近年の研究は、

徳川の 19 世紀と明治の 19 世紀がどう連続しているか、我々の認識を更新させる内容となっている。集団抗議、政治的自覚、社会的変化が、どのように重なり合うかがいま活発に議論されている。各集団抗議の時期が、どのように 19 世紀の社会生活の底流とかかわっているかについて再検討を促すために、筆者は本書を者した。

しかしながら、筆者は 19 世紀の歴史の専門家ではない。またこの本にはもう一つの執筆動機がある。この本は、日本の一地域が近代化していく過程を理解するための、一文化人類学者としての長期間にわたる研究過程の一つである。それは、17 世紀から 18 世紀にかけてこの平野の農耕社会に独特な形を与えた、生態学的、経済的、政治的な力についての筆者のこれまでの研究（ケリー 1982a）に連なるものである。今後の研究で、筆者は 20 世紀庄内のある特質を取り扱いたいと思っている。なぜならこの地域が、現代の産業国家日本の社会的な型や文化構造に改めて組み込まれていったからである。17・8 世紀、19 世紀、20 世紀を対象とした三つの研究は、筆者の意図としてはそれぞれ独立したものである。しかしながら、筆者はそれらが並置されることで、庄内の人々がどのようにして、どのような制約の下で過去の遺産から現在の生活を選択し創造したのかが明らかになることを期待している。

この研究は、筆者を民族学のフィールドワークだけでなく、古文書の研究にも巻き込んだ。筆者は 1976（昭和 51）年、学位論文の研究のために初めて庄内を訪れた。そして住んでいた村での日頃の交流や、役場や官庁、農業協同組合、土地改良区などでの会合やインタビューなどの合間に、田圃と地域の図書館を行ったり来たりしながら 18 カ月を過ごした。その後も、4 度庄内を訪れて、3 週間から 6 週間にわたって滞在した。筆者は東山勇教授、渡部俊三教授、渡前の成沢家の方々を含め多くの庄内の友人たちの歓待と助力を受け続けている。

とくにこの研究は、イェール大学から若手研究者助成金を気前よく出してもらい、主として 1982~83 年の間に調べて書いたものである。イェール国際地域研究センターと東アジア研究協議会は、日本への旅費と研究費に対する補助金を出してくれた。この支援に対する筆者の感謝の気持ちを述べること

ができうれしく思う。

　庄内の歴史について筆者が得た知識は何であれ、その多くは鶴岡や酒田だけでなく庄内の町や村の精力的で熱心な地元の歴史家たちのグループのおかげである。現在、鶴岡と酒田の市立図書館に付属している二つの立派な資料館を築き上げたのは、その人たちの行動力と熱意である。この 30 年の間、彼らは幅広く貴重な史料を収集刊行し、県史や市町村史に執筆している。今回の研究のための調査で，刊行されていない史料を見出すことはほとんどなかったし、それらのおかげで研究ができた。とくにこの研究の主題については、現在新潟大学におられる佐藤誠朗氏と酒田の井川一良氏に格別の学恩を受けている。筆者は彼らの解釈からはかなり離れたところに身を置いているが、彼らの研究者としての力量と庄内の歴史を単なる好古的な関心事以上のものにするための献身に対して、この上ない敬意を抱いている。

　前田光彦氏は、筆者が庄内を初めて訪れたとき以来、地元のわかりにくい古文書を判読するにあたり寛大で辛抱強い案内人であった。鶴岡市郷土資料館の秋保良氏、堀司朗氏、致道博物館の酒井忠治氏、酒田市史編纂委員会の田村寛三氏、以上の皆さんには大変親切に質問に答えていただいたり、資料を利用させてもらった。資料の撮影や掲載を許可していただいたことに対して、筆者は以下の公共施設や個人に感謝したい。光丘文庫（酒田）、鶴岡市郷土資料館、致道博物館（鶴岡）、本間美術館（酒田）、玉龍寺（遊佐町江地）、出羽の雪資料館（大山）、松ヶ岡開墾記念館（羽黒）、春日儀夫氏（鶴岡）、山形県県史編さん室事務局（山形）。

　Harold Bolitho, John W. Hall, Marius Jansen, James Scott, Richard Smethurst, Robert J.Smith, George Wilson の皆さんは、親切にこの原稿を読んで感想を寄せて下さった。もし筆者がいただいたすべての提言に従っていないとしたら、それは故意に無視したからではなく、自分の限界を認識したからである。

　専門家のために、地方の語句や一般的でない言い回しについての文字表も載せたが、筆者は本文の中でたびたび日本語の言い回しを使うのを避けるように努めた。日付はすべて 1873 年 1 月 1 日に公式に日本で採用された欧米のグレゴリオ暦に変えた。度量衡は、ほとんどメートル法に直した。例外は

序文

米の一般的な容積単位の「石」で、これはおおよそ 5 ブッシェルに等しい。もう一つの例外は通貨単位で、金貨の「両」と 1871 年以後の「円」である。日本人の氏名はすべて苗字を名前より先に表記している。〔上記の下線部については、英語版での但し書きである〕

図1　ワッパの写真（致道博物館所蔵）
〔農民が田畑へ昼食を持っていくときに使った浅い丸形の木製の容器〕

第1章

19世紀の集団抗議における階級、共同体および党派

　1874（明治7）年夏、士族、町の商人、大地主、自作農民、小作人などの一団が、旧庄内藩の城下町鶴岡のとある家に集まった。酒井家とその家臣たちは、6年前の1868（明治1）年10月に降服するまで最後の徳川将軍に忠実に仕え、新しい復古勢力に反抗していた。明治政府が、旧庄内藩領地の一部を直接に統治しようとする企てはうまくいかなかった。1871（明治4）年の終わり頃、酒井藩の領地庄内平野と周囲の山々は、一つの県〔第二次酒田県〕として再統合され、旧庄内藩上層部が県役人に任命された。冒頭の人々が真夏の暑さの中で会合したのは、この県役人とその政策への強い不信からであった。彼らの議論は、農民が株を所有する会社をつくるという過激な提案となった。協同組合のように組合員の米を市場に出し、税金を払い、組合員に生活必需品を売る石代会社の設立である。

　7月末から8月にかけて、これらの中心となった人達は庄内全域の村々に足を運び、村の集会でこの企てを説明し、組合員になるように勧誘した。その後、9月の初め、県が派遣した士族隊との衝突の後には、全域的に盛り上がっていた直接行動をやめて、合法的に県を訴えるために東京の中央政府機関に11か条の訴状を提出した。主要な要求は、県によって不法・過大に徴収された20万円の税金を返済させることであった。1人の取り分としてワッパ一杯の返済金が受け取れるという説明が広く行き渡った。ワッパというのは、農民が田畑へ昼食を持って行くときに使った浅い丸形の木製の容器のことである。ワッパは後に、この運動に「ワッパ騒動」という名を与えることになった。1876（明治9）年の法廷審問は、庄内の広範な「地租改正」の実地調査と同時期に行われた。判決は原告にとって一部勝訴であった。そして実地調査の結果、地租は軽くなった。これとともに、運動は一段落した〔ワッ

パ騒動〕。

　3年間にわたって続いたこれらの行動は、19世紀にこの小さな稲作平野で繰り返し起こった民衆の四つの集団抗議の最後のものであった。1840（天保10）年、酒井藩主を転封して、苛政で知られる疲弊した一族〔川越藩主松平斉典〕に庄内を割り当てる幕命が出された。翌年（天保11）に、農民、商人、藩の重臣の組織的な抗議で幕命を撤回させたが、それは稀有なことであった〔三方領知替〕。その後、1844（天保14）年、庄内の天領大山の酒造業者たちと72か村の村民が、酒井家預りに抗議する第2の「転封反対運動」に加わった。今度は不成功に終わり、厳しく処罰された〔大山騒動〕。第3の集団抗議は、明治新国家成立の直後、1869（明治2）年から71（明治4）年に行われた。この時、明治新政府が庄内の北半分に送った行政官たちは、課税と地方統治の改革に対する一連の要求に直面することになった。村役人や御用商人、さらには行政官に対する抗議に、町民も農民もともに動いた〔天狗騒動〕。そして最後の集団抗議「ワッパ騒動」が始まったのは「天狗騒動」の余波がまだ収まっていない時期であった。

　以下は、庄内の民衆が不平と憤りを表すことになった四つの集団抗議についての研究の記録である。本研究はそれぞれの経緯や変化をある程度詳しく追うものであり、参加者および中心となった人達の社会的構成がわかる史資料や、提出された主張や要求、それらがどのような言説や根拠によって正当化されているかを検討するものである。さらに、これらの四つの19世紀の事例（いわば、この地域から出た「全記録」）を、それぞれ章立てにしてわかりやすく記述した。これらの事例は、どのように連続して起こったのか。1870年代の天狗騒動とワッパ騒動は、30年前の1840年代の騒動と比べて、新しさや激しさがどうだったのか。そして最後に、これらの抗議と危機の時期を、19世紀の庄内を変容させるさらに広範な力に関連づけて考えてみたい。その力とは、地域経済の資本主義的な再編の動きと、この平野で再興を図る旧藩政治勢力の動きである。その力は、どのようにこれらの抗議を引き起こし形作ったのか。逆に言えば、この時期、庄内における資本主義経済と政治の独特の形に、四つの集団抗議はどのような影響を与えたのだろうか。本研究

が向けられているのは、そのような疑問に対してである。

❖ 富から資本へ、支配される民から参加する民へ

　かつて、江戸時代を語る際には、次のように簡単にまとめられていた。つまり、拡大する市場と流通が商人層の隆盛を支え、それが政治の上層部の衰退を招き、藩士が交代するにつれて農民層と農村経済は活気を失った、というのである。現在の私たちの理解はまったく違っている。すなわち、伸びゆく経済が柔軟性のない政治体制を衰弱させたわけではなかった。17 世紀の政治原理においては、封建的主従関係と商業活動が矛盾するのではなく、むしろ本質的な共存関係にあったのである。17 世紀の半ばまでに、大都市の商人と幕府およびいくつかの藩との間には共生的な結びつきが出来た。そして新たに登場する人々によって脅かされたのは、この刀と算盤の結びつきであった。この者たちは、結局それまでとは異なる武士や商人となった。18 世紀末から 19 世紀初めにかけて、都市の商人による商業活動の支配は、地方の商品作物生産と地方の商業活動が盛んになることによって、市場支配をめぐる競争となり、ついには「地方中心の成長」（Smith 1973）となった。同時に、Bolitho（1974）が論証したように、政治力の決定権が江戸から諸藩に移りつつあった。藩主たちは、将軍の家臣としてよりも、領地の統治者として行動するようになったからである。人口が安定し、農業生産高が上がり、副次的な雇用が増加するにつれて、農村経済における 1 人当たりの生産高は膨らんだ。こうして、17 世紀から 18 世紀にかけて見られた、鴻池家のような大商人と大坂や江戸にいた幕府の役人の結託は、19 世紀の半ば、渋沢市郎右衛門のような裕福な地方商人と地元岡部藩の老臣たちのような相互依存を生み出した（Chambliss 1965：22–25）。

　しかし、これらはせいぜい江戸時代後期の傾向でしかなく、顔ぶれの変化や政治・経済の重点の移動は、部分的な変化に過ぎなかった。幕府は統治組織の枠組みとして持ちこたえ、大都市の中心地は主要な市場であり続けた。1600 年代の半ばから 1800 年代の半ばまでは、商業経済と貢納体制の組み合

第 1 章　19 世紀の集団抗議における階級、共同体及び党派

わさった社会のままであった。

　しかしながら、この政治的かつ経済的な地方への分散は、いくつかの地方での工業的生産の萌芽のように、根本的に新しい社会の発達を助長し、また統治の正当性と権力の根拠についての論争を引き起こした。19 世紀中頃から末にかけて、対立がいかに深刻化し、どれほど円滑に新しい社会へ移行したのかは、後述するように歴史家によって大きく見解の分かれる問題である。しかし、20 世紀の初めまでに日本は資本主義経済と立憲国家の組み合わされた状態になっていたこと、そして富から資本へ、支配される民から参加する民への動きが 19 世紀の中心的な出来事であったということを否定する人はまずいないであろう。

　これらの出来事についての筆者の記述は、一定の「資本主義」と「国民国家」の考えを踏まえているということを付け加えなければならない。しかしそれは、論争を巻き起こすものでも特異なものでもない。筆者は Eric Wolf（1983）らと同じように、取り引きに利益を求める商業活動と、商品生産のために労働力を購入し働かせ利益を求める資本家的投資を区別することは有益だと考える。

　　　資産家の手中にある富は、生産手段を管理し、労働力を買い働かせ、常に進歩する科学技術の投入によって、絶えず剰余金を増大させるまでは資本ではない。……富が生産過程の外側にあって、単に原始的な生産者の生産物をすくい取り、それを売ることによって利潤を得るだけであれば、その富は資本ではない（Wolf 1983:78–79；下線部は Wolf の原文での強調）。

たいていの商人は、日本の歴史上多く見られるように、生産過程自体に直接介入せず商品を取り引きするものだ。彼らが生産手段を管理し生産関係を再編成するときにのみ、利潤は資本となる。その差異は社会的重要性を持ち、その区別は非マルクス主義者にとってもマルクス主義者にとっても同じく、不可欠のはずである。というのも、商業化を 19 世紀の社会変化の大きな原動力としてきたあやまった見方は、富と資本の区別によってのみ正すことが

できるからである。貢納体制と商業活動は、すでにこの世紀の初めに広範に市場化されていた。Chamblissの血洗島村の研究に登場した、農村における養蚕業の推進者渋沢市郎右衛門は、江戸末期の農村によく見られる地方商人であった。しかし彼の子の渋沢栄一は資本家で、明治日本の卓越した実業家であり銀行家であった（Chambliss 1965）。父と子を分けたのは、経済の資本主義的変化であり、商業の加速によるものではなかった。金銭は商人より前に、商人は工業制手工業より前に、そして工業制手工業は資本主義的工業生産より前にあったのである。

　同様に、国と国民は国民国家より前にあった。国民国家の形成過程はさまざまで複雑であるが、すべては権力の再構成を軸としている。「なぜならば王の支配が人民の統治に取って代わられるからである」（1978：4）というReinhard Bendixの説に筆者は同意する。19世紀と20世紀の間の国家の国民化と国民の政治化は、王の支配の宗教的承認から人民の名における権力の行使へと、権力の正当性を定義し直すことを必要とした。しかしながら、この近代の支配される民から参加する民への変化は、常により多数の人民の政治への参加をもたらしたわけではないとBendixは指摘している。独裁政治や君主政治もまた「人民の名において」統治したのである。実際、人民の付託が人民の参加をどこまで認めるかは、それぞれの場合「説明責任」にどのような意味を与えてきたかによると筆者は指摘したい。この意味で、1868（明治1）年の「五箇条御誓文」における国民国家の布告と、それに基づく1889（明治22）年の「大日本帝国憲法」の間の20年間は、この説明責任問題についての敵意に満ちた激しい論争の中間地点に過ぎなかった。

　日本の19世紀は、商業活動と貢納体制から資本主義経済と立憲体制への過渡期と見られる。筆者はこれらの基本的な政治経済用語に基づいて、庄内平野での体制と経済における独特の形成と相互関係を探究しようと思う。そして、その大きな流れのなかに庄内居住者の行動を位置付けてみたい。集団抗議は、それが新しい経済的政治的勢力から生じる時でさえも新たな経済的政治的結束を引き起こすと、多くの社会理論は示している（Thompson 1978）。庄内の人々がその新しい秩序を推進したり抵抗したりした（どちらの場合も見

第 1 章　19 世紀の集団抗議における階級、共同体及び党派

られるが）社会的結束の原型と行動様式はどのようなものであったろうか。

❖　19 世紀日本についての歴史研究

　1800 年の日本と 1900 年の日本のそれぞれの特徴について意見は一致する
としても、19 世紀についての研究者は、古い江戸の秩序と新しい明治の秩
序の間に、連続性を強調するか断絶を強調するかで明確に分けられるだろう。
この意見の相違は、日本および欧米双方の研究に見られる。ここでこれらの
論争を振り返ることはしない。しかしながら、これらの論争の中で、19 世
紀の変化の重要な概念として、階級、共同体、党派に関するいくつかの型が
繰り返し登場すると筆者は見ている。庄内における集団抗議の形態を理解す
るためには、文献の分析を通してこれらの型を精査しなければならない。

　日本の歴史研究における連続か断絶かという論争といえば、通常マルクス
主義の階級闘争史観内での激烈な論争をさす。この論争に火をつけたのは、
1920 年代と 1930 年代のいわゆる「講座派」と「労農派」との観念的・政治
的分裂である（Kelly 1982b：7–9）。これらの多岐にわたる論争の中心問題は、
明治維新の本質であった。それは、「労農派」が主張する、封建制度が独占
資本主義に移行する真のブルジョア革命だったのか。それとも、「講座派」
の大多数の思想家たちが力説したように、下級武士や小市民の利益は、封建
時代の領主に代わって絶対主義国家に支えられた半封建的「寄生地主」に奪
われたのか。

　二派に分裂して激しい論争を繰り広げたにもかかわらず、両派とも「農民
層分解」の視点に基づいて、19 世紀の農村の歴史を単線的に描く傾向にあっ
た。生産物の商品化、余剰農産物の市場取引による大地主の利益獲得、地
位向上を図ろうとする村役人の手腕、それに商人の土地への投資は、初期資
本主義的生産方式をもって封建制度に挑戦し、農民を階層化した。一般的に、
19 世紀の農村は次のような階層に分けられている。「寄生地主」、「在村小地
主」、「豪農」、「小農」、小作人や日雇い労働者、種々雑多な賃金労働者から
成る「半プロレタリア階級」。この階層化に、耕作方法の改良や封建主義の

構造的危機、凶作がどの程度影響を及ぼしたのか、また階層化は 19 世紀末にどのような運命をたどったのか（「半封建制度」への後退か、それとも農業資本主義への前進か）については熱く論議されている。しかし 19 世紀における農村の抗議運動は、農村内部の分極化する農民間での、「半プロレタリア階級」と在村・不在地主との階級闘争として解釈されるのがもっとも支配的であった。社会の階層化と階級闘争は、庄内でも同じように解釈と論争の枠組みとなっていた（佐藤 1965、井川 1972）。

この分析の枠組みは、例えば青木虹二の著作に貫かれているが、彼の著作は、18 世紀から 19 世紀にかけての百姓一揆の変化の類型について立証するため広く引用されるので、言及したい。黒正巌の研究成果に基づいて、青木は徳川時代（青木 1966）と明治期（青木 1967）の百姓一揆の目録を作るという野心的な企てをした。彼は当時判明していた百姓一揆を一つの包括的な年表にまとめ、それぞれに名前をつけ、場所を示し、人数を見積もった。その数は、1590 年から 1877 年の間に 7,563 件に達している（青木 1971）。分類にあたって青木は、集団行動を百姓一揆、村方騒動、都市騒擾と三つに分ける一般的な分け方に賛意を示している。百姓一揆はたびたび「農民暴動」（例えば Borton 1938、Scheiner 1973: 590、Bowen 1980）と翻訳され、農民と封建領主との間の紛争としている。これは、村政をめぐっての村役人に対する紛争である村方騒動とは区別される。三番目の都市騒擾は、富裕な商人、町役人あるいは封建領主に対する無産町民の紛争であった。青木ら（例えば林 1971：3–40）の主張をおおざっぱにまとめると、17 世紀と 18 世紀初期は、封建領主層に対する「全農民」が連帯しての暴動によって特徴づけられたが、19 世紀には、階層化によって財産のない農民（小作人や被雇用者たち）は町や村の役人に立ち向かうようになったと言える。百姓一揆に代わって、村方騒動や都市騒擾が優勢になったのである。

青木の分類と類型化には、いくつかの難点があり、それらが『百姓一揆総合年表』作成上の限界となっている。[1] しかしおそらくもっとも致命的なのは、

1　例えば「百姓一揆」は、広範囲にわたる非暴力的請願と暴力的対決、個々の出来事と組織立った抵抗をひとくくりに説明する用語である。その例を挙げると、青木がリス

第 1 章　19 世紀の集団抗議における階級、共同体及び党派

階級の対立を富の分配の階層化によって解釈することができるという示唆である（Brow 1981 を参照されたい）。 この分析法は、19 世紀日本を研究するマルクス主義の歴史学者の間で広く共有されているが、それには二つの仮定が必要で、いずれも疑わしい。一番目は、土地配分の規模（所有地であれ耕作地であれ、ほとんどはその居住する村の中だけで）によって、農村内の階層を区分することである。この問題点のいくつかは次の章で検討しよう。二番目は、これらの階層区分ごとに共通の利益が想定され、農民階層間の対立を当然視していることである。私たちはしばしば、不平等・階級・階級闘争が必然的に何をもたらすかについて、性急に答えを出してきた。たしかに、19 世紀の農村には、生産関係の変化による新しい緊張関係があったが、E.P. Thompson が他の著作で雄弁に論じているように、分析は、実際の歴史的順序をたびたび逆転させている。

　　単刀直入に言うと、階級は、個々の統一体として存在し、周囲を見回し、敵の階級を見つけ、それから闘争をし始めるのではない。そうではなくて、人々は決められたやり方で（たいていは生産関係の中で）構成された社会の中に自分を見出す。そして、人々は搾取（あるいは自分が搾取し続ける必要性）を経験し、相反する利害関係を認め、これらの問題を巡ってもがき始め、そのもがきの過程で自分を階級として発見し、それが階級意識だと知るようになるのだ。階級と階級意識は、常に現実の歴史の流れ

トアップした庄内の 45 件の一揆は、次のものを含んでいる。すなわち、7 戸が村から逃亡した 1635 年の出来事（1971：28）、1707 年春、他村による木材切出しに抗議したために 27 人が入牢した事件（同書：62）、1764 年、7 人の農民が夫食米増加を嘆願し、4 人 1 晩入牢と 3 人の謹慎（同書：127）、そしてこの研究で論じている 1840 年代の二つの「反転封」運動（同書：255–56,263）である。この概念は、抗議形式によって一揆を分類するという彼の方法によって、明確になるどころかますます曖昧になっている。つまり、彼は 1635 年の出来事を逃散、1707 年の木材事件を山論、1764 年の事件を強訴、1840 年から 41 年の最初の反転封運動を愁訴、1844 年の二つ目の運動を打ち壊しと類別しているのだが、庄内の多くの実例の原史料にあたった結果、彼の判断の適切さには疑念が生じた。さらに、通常は複数の動機や複雑な戦略から成る出来事を、一つの項目に分類してしまうという行為自体、さまざまに表現される民衆の不満を矮小化するものである。

の中における、最初ではなく最後の段階である（Thompson 1978: 147）。

　庄内の運動を見る上で 19 世紀の百姓一揆についての最近の研究も参考になる。日本の研究者たちの間では、農村の階級闘争の反動的な性質あるいは革命的な潜在力についての激しい論争が続いている。反乱や騒動は、農民からの過剰な年貢取立に対する控えめな抵抗を意味したのか、それとも現体制への過激な挑戦を意味したのか。佐々木潤之助は後者の立場に立ち多くの著書や論文の中で、1850 年代から 1860 年代の反乱や騒動への参加者が世直しを唱えていたことを強調した。この参加者たちは、悪化する農村事情によって、社会正義の幻想ととっぴな行動へと押しやられた「半プロレタリアート」であった。この数十年間の騒動についての佐々木の狭い解釈は、深谷（1981：152–60）と佐藤誠朗（1980：13–104）によって問題視されている。これらの農民階層内の特殊な「世直し」行動は、農民たちが十分な結束と集団的利益を認識し、混乱している国家の上層部に対して自分たちの優位を押しつけるにつれて、1860 年代の末期と 1870 年代の「惣百姓一揆」の復活に道を譲った。

　しかしながら、新しい「民衆史」の第一人者色川大吉によって、もう一つの解釈が提唱されている。彼は、イギリスの「歴史ワークショップ」やフランスの「アナール派」に似た、歴史の筋や制度等にとらわれない研究を進めた。Gluck（1978）が、日本の「民衆の歴史」を概観して鋭く指摘しているように、日本の歴史研究界のマルクス主義史観、近代主義史観、民衆史観の間の関係は複雑で不明瞭な場合が多い。とは言っても、重要な違いは、「共同体」概念の扱い方である。ほとんどのマルクス主義者にとって、徳川時代の村落共同体の強い（搾取的な）連帯責任は本来的に、地主や有力農民、村役人の保護と私的な依存を伴う上下関係にあった。村落共同体で重要な「和」は、抑圧の思想的武器であった。ほとんどの近代主義者もまた「共同体」を否定的に評価し、村が自己表現を難しくし、個人の自由と合理的思考を抑えたのではないかと考えている。それでも、色川と他の民衆史観の研究者たちは、本来の村落共同体を構成する自然で対等な結びつき、例えば宗教的な講、ゆい、年齢別組織、頼母子講などの中に脈打つ、平等な関係を見出したので

ある。これらは農村地域の重要な社会的絆であり、共同体の価値を守り、危機に直面したときには防衛のために共同で立ち上がることができた。明治国家によって否定され抑えられようとしたが、それにもかかわらずこの絆は生き残り、100年後の1960年代と1970年代に、各地における市民運動の盛り上がりの中で、再び注目された。色川の歴史研究は、その独創的なやり方で、これらの継続状態、つまり「日本社会の生存競争」（色川 1975）に光を当て世に知らせた。

❖ 19世紀に断絶はあったのか

ある意味で、19世紀日本についてのこの30年間の欧米の研究課題は、明治維新前後における前近代的で工業化以前の数十年と、初期近代的工業化の数十年との本質的な連続性を示すことであった。そのことはまず、日本の機械的マルクス主義、つまり封建社会の転換期と資本主義の萌芽期を厳格に区分するマルクス主義への答えであった。また、近代化論の噴出と新しく独立した第三世界の国々の発展によって、日本の研究者たちは自国の産業国家としての早期の発展を再評価するようになった。江戸末期に関する Thomas Smith の『近代日本の土地所有の起源』（1959）と「前近代の経済発展　西洋と日本」（1973）の著述は新しい視点を提供した。彼の著作と速水融の人口統計調査は、19世紀の大半において、人口水準が安定し農村経済が拡大していた事を示し、新たな通説の基礎を築いた（Smith 1977 および Hanley and Yamamura 1977）。Dore（1965）は、徳川社会を通じての高い識字率と基礎教育の普及を立証した。Bellah（1957、1978 も参照）は、石田梅岩の心学教化運動において、勤勉と忠誠へ導く宗教的価値の変質を明らかにした。Crawcour（1965）と Hauser（1974）は、徳川経済の複雑な財政構造と商業組織を詳述しているが、一方で Robert J.Smith（1960、1972）、Hibbett（1959）らは、徳川時代の諸都市の構造と生き生きとした町の気風を描写している。これらは事実上、19世紀後半から20世紀初めにかけて日本が急速な近代化を遂げた精神的傾向、制度的基盤、物質的土台を明示している。

多少の意見の違いはあるが、主要な著作の多くは、これらの文化面、制度面、物質面の継続性を強調している。また、民衆の抗議が体制に徹底的に挑戦したり、変化をもたらしたとは捉えていない。明治維新については、多くの著作が、変わらない枠組みの中での「クーデター」、つまり上層部の交代であったと評価を下している。Craig の長州についての優れた研究は、以下のように結論づけている。

　　明治維新は革命ではなかった。フランス革命の自由・平等・友愛のような新しい価値の名においておこなわれた変化でもなかった。むしろ、それは歴史の中でしごく一般的な、古い価値の名において実行された変化であった（1961：360）。

　19 世紀の農村におけるもっとも発達した成長と繁栄の経済的モデルをHanley and Yamamura は示した。彼らの 1977 年の著作は、Thomas Smith が20 年前に略述していた見解をより詳しくまとめたもので、18 世紀末から 19世紀の生活水準は上昇していたのか下降していたのかという問題に取り組んでいる。農村は、貧困と搾取の螺旋階段を転げ落ちていたのか、それとも余剰生産と蓄積の上昇階段を昇っていたのか。彼らの答えは断固として後者だった。つまり、拡大する生産高、安定した人口水準、自由競争による労働市場の拡大から、ほとんどの世帯で、ほとんどの地域で、総体的に上昇していると考えたのだ。彼らの論証した農業生産高の拡大は庄内ではどうだったのか、後に振り返ってみようと思う。今は、この経済的人口統計的な動静の誘因をかなり狭く捉えていることと、この動静の結果の不確かな論じ方に注意を向けるだけで十分だろう。どちらも、19 世紀の集団抗議を理解するための指標を与えてはくれない。
〔原書 16 頁・7 行目 ~24 頁・7 行目は、1970~80 年代のアメリカ文化人類学者の議論についての記述であり、著者の了解を得て割愛した。〕

　近代へ移行した 19 世紀日本の経験の光と影が、さまざまに評価されるの

は驚くべきことではない。また、研究者たちは表現が違っても、近代社会理論において定番である共同体、階級、党派を集団的行動分析の観点としている。こうした研究に刺激を受けて、筆者は四つの集団抗議についての研究を始めた。

しかし、筆者の当初の期待が挫かれたことが、次章以降で明らかになるであろう。階級の利害も共同体の思考様式も民衆の権利も、参加者の構成が広範で要求が限定的な四つの集団抗議の説明には、役立たないのである。参加者たちは戦略的に抜け目がなく、思想的には不純であったが、ばらばらな動機を一つの行動に融合することができた。彼らは用心深く服従することも、断固として反抗することもできた。これら庄内の運動をもって、日本の他地域の運動で階級や共同体や党派を強調するのが誤りであると主張することはできない。しかし、庄内の抗議を一地方のまとまりのない未熟なものとして退けることも、多くの農民にとってより快適になりつつあり抗議する意義は何もないと読み取ることも、間違いであろう。深い憤りは、これらの運動を平野一帯に広げ、関係者や地域に重要な影響をもたらした。それらはおそらく、何もしないか何もいわない、あるいは急進的で「思想的な行動」よりも、19世紀の農村ではより一般的な行動様式だったろう。それではそろそろ本題に入ることにしよう。

第2章

庄内と酒井藩

略年表

※〔 〕1872（明治5）年までの旧暦表示

1601（慶長6）年	最上義光が庄内3郡を加増される。
1622（元和8）年〔8月〕	酒井忠勝が庄内に入部する。
1632（寛永9）年〔10月〕	遊佐・荒瀬郷の百姓が由利・仙北に欠落する。
1671（寛文11）年〔9月〕	高力忠兵衛が郡代に抜擢される。
1793（寛政5）年〔1月〕	白井矢太夫の改革が始まる。

　庄内平野は本州の北東部に位置する、日本海に沿った沿岸の平野である（地図1参照）。三方を山々に囲まれ、狭い砂丘帯によって海から守られている。この平野は南北 50km に広がり、川幅の広い最上川によって中程で南北に二分されている。最上川は内陸部を流れてこの平野を横切り、日本海に注いでいる。この川の北部は平野の幅がわずか 6km ほどで、飽海（地図2）として知られている。最上川の南、田川において、平野が約 15km の幅になる（地図3）〔正しくは実際の地図で確認されたい〕。西暦 1600 年より前の数世紀間、庄内は広い湿地で、この平野の周辺にしがみつき、飽海と田川を横切って流れるいくつかの小さな川沿いの高めの土手の上に、少数の粗末な家の集落が存在した。中世の数世紀の間には、庄内平野は、南東側でこの平野に接した羽黒山、湯殿山、月山の「出羽三山」にある有名な人里離れた修験道寺院を訪れる頑健な巡礼者しか来ないような辺境地帯であった。16世紀には、庄内は、より定住者の多かった内陸の盆地と南側の越後平野の間の緩衝地帯であり、また時折の小競り合いの場所であった。庄内の運命は、1600 年以後に急速に変わった。関東以北の多くの地域においてと同様に、灌漑と排水設備の改良は、17 世紀と 18 世紀初期を通じて、湿地の平野の大部分を実りのある水

第2章 庄内と酒井藩

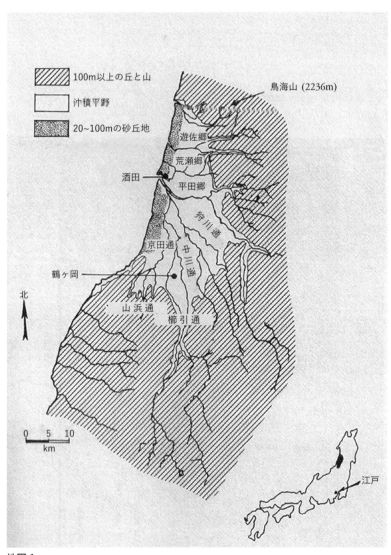

地図1

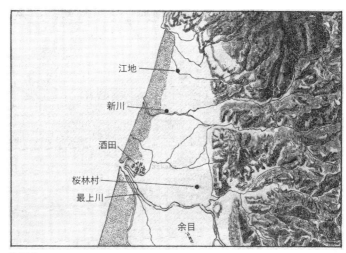

地図2

地図3

第 2 章　庄内と酒井藩

田地帯へと転換することが出来た。徳川の信任の厚い家臣酒井忠勝は、将軍秀忠によってこの平野と周囲の山地を封土として与えられ、楽観的な期待を持って 1622 年に庄内に現れた。いくつかの難題を切り抜けて、忠勝の 11 人の子孫が庄内藩主として彼の跡を継いだ。

　酒井忠勝が 1622 年に最初に授与された封土は 14 万石〔正しくは 13.8 万石〕であった。これは庄内の生産可能性についての幕府の正式評価であったが、忠勝は翌年、ただちに包括的な検地帳を作って、藩の「内高」〔実際の生産高〕に 5 万石を加えた。後の藩の検地帳改めによって、いわば藩の年貢の土台である内高は約 22 万 5 千石に上げられたが、これさえも、いずれ分かることだが、この米単作平野の実際の生産力をかなり少な目に述べたものだった。19 世紀の初め頃にはすでにこの平野は、大豊作の年には約 58 万石の米を生産することが出来た。

　幕府の初期の徳川将軍たちと同じように、初期の酒井藩主たちは、土地を保有し納税する農民たちから成る村をもとにして、政治的に安全で経済的に安定した政体を設立しようとし、自律的な居住単位を編成し、藩主の家臣の中から集めた役人から成る階層制度によって管理した。この秩序の中には、階層制度の管理と自律的な自治との間の緊張が潜んでいた。

　城下町鶴ヶ岡と港町酒田の外には、四つの段階の農村行政単位があった。藩には飽海と田川という二つの「郡」が含まれていた。飽海は三つの地区「郷」に分けられ、より広い面積の田川は五つの地区「通」（理由は不明だが飽海とは異なった用語の「通」が使われた）に区分された。各地区は 3 から 7 の「村落群（組）」に細分され、各組はそれぞれ 2 から 49 の、たいていは隣接する「村」で構成されていた。平野では、これらの行政上の村は多くの場合、居住地とその周囲の田畑で構成されていた。庄内藩の 1861 年のある地図では、747 の村が 35 の村落群に編成され、2 郡の 8 地区を構成していることを示している（表 1 参照）。

　1600 年代半ばまでに、酒井家の家臣団は二つの階層で約 2,500 人という安定した段階に達した。500 人の上級家臣〔御家中〕は、知行を与えられた武士で、管理的階層に配置された。彼らの下に徒、足軽、中間、鷹匠等々 2,000 人の

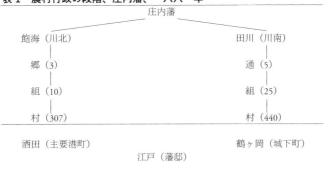

表1　農村行政の段階、庄内藩、一八六一年

出典：出羽庄内二郡絵図（1861年の地図の複製）

有給家臣〔御給人〕がいた。ほとんどの家臣が城下町に居住した。酒田にある亀ヶ崎城に配置された者もおり、江戸にある三つの藩邸に常駐的に、あるいは一時的に配置された者もいた。

　郷村は藩の郡代を頭とする階層制度を通じて管理されていた。郡代の下に、1~2の郷・通を管轄する郡奉行が上級武士の中から任命された。彼らは鶴ヶ岡に住み、城下の役所で少数の部下とともに働いた。年貢率の調整や年末の年貢徴収も含め、ほとんどの問題に対応するために、彼らは自らの地区へ部下を派遣した。これらの役人を適切な「歓待」で待遇することは、村人たちにとって避けることのできない、困難で不快な仕事だった。1780年代のある個人の記録には、年貢を徴収する役人に対する酒、食べ物、贈り物、女性の相手役の準備について、また藩御用で町へ行く時のふさわしい態度について、仲間の村役人たちへの助言がある（『酒田市史』1977：877–78）。

　郷方役人〔武士〕の下には村落群に対して一般的な行政責任を持つ村落群の首長（大庄屋）がいた。彼らの地位は中間的で、変則的な地位であった。正式な身分としては農民階層に属していたが、俸給を給与する目的で彼らは低い身分の家臣として扱われ、また苗字、帯刀の特権も与えられたのである。彼らは村落群内（組）の大きな家屋敷に住み、城下には藩の御用のあいだ宿泊する設備の整った家〔代家〕があった。村落群（組）の住民にはこの城下の

第 2 章　庄内と酒井藩

家の維持費が割り当てられたが、これはのちに問題となった。すべての大庄
屋はほぼ世襲であり、郷方役人の便宜を図った。それでも、特定の地域の私
的利害関係が続かないように、たびたび他の組に移し替えられた。齋藤家は
その代表的な例である（表 2）。

　このように、大庄屋は、上の武士階層の役人と、下の農民階層の村役人の
間の接点であり、藩の上層部の疑惑を招き、組の全住民の怒りの的となった。
彼らは 19 世紀の抗議の四つの実例のすべてにおいての中心人物であった。
肝煎もまた然りで、彼らの職は世襲であったり、名請けされた農民〔本百姓〕
の家の一部または全員の交代で勤められたりした。

　田川（地図 3 参照）内の 3 ヵ所の小さな天領が、藩の行政の境界を複雑にし
ていた。これらは大山の周辺、余目の周辺、丸岡の周辺の村々であった。そ
の公式の評価額は総計 25,000 石で、酒井藩の石高のおよそ 10 分の 1 であった。
これらの天領は、17 世紀の酒井藩主によって与えられたが跡取りがなく死
亡した小さな封土から生じた。幕府の定めによって、そのような所有地は幕
府に取り上げられた。ある期間、幕府は大山の小さな役所から直接これらの
所有地を支配したが、たびたび幕府はその支配権を藩に委任した。第 4 章に
述べられている大山騒動のような地元の強い反対を引き起こしたのは、1844
年のまさしくこのような行政機関の変更であった。

　庄内における人口統計の動向はまだ厳密には研究されていないが、幕府へ
の藩の報告書は、1800 年頃には庄内藩および藩が支配する幕府の小地域の
全人口はおよそ 185,000 人であったことを示唆している（『山形県史』資料編 17

表 2　大庄屋割り当て輪番：齋藤隼之助の実例

	任命期間	大庄屋職
1 代 –4 代	1630?—1734	清川組
5 代	1734—1790	狩川組
6 代	1790—1794	宮ノ内組
7 代	1794—1813	添川組
8 代	1813—1825	宮ノ内組
9 代	1825—1860	江地組
10 代	1860—1867	三瀬組
11 代	1867—1875	清川組

出典：井川・佐藤 1969：12 注 8。

1980：409–31 からの概算。郷土史家たちの概算については『鶴岡市史』上 1974：555–57 参照）。
当時、城下町鶴ヶ岡の人口は約 18,000 人だったのに対して、主要な港町の酒田は約 10,000 人の人口だった。他にこの平野のいくつかの小さな町々、田川では小さな港町の加茂や酒醸造の町の大山、飽海では市場の町の市条や支藩の町の松山などで、7,000 人の人口を有していた。田川の郷村の人口は約 83,000 人、飽海の郷村の人口は約 55,000 人であった。およそ 530 km^2 の大きさの平野で、庄内の人口密度は 1km^2 につき約 350 人であった。身分階層によって区分すれば、およそ 152,000 人の農民、20,000 人の町人（職人や商人）、2,500 人の武士、10,500 人の武士の家族や従者がいた。

　藩の農民からの年貢の取立ては、主要な年貢（本途物成）に加えて漸増する追加税と付随的な強制割当てから成っていた（Kelly 1982a：28–37）。生産物などへの雑多な課税（小物成）は別として、これらのすべてが名目上は米納であった。1623 年の検地帳は、耕作に適したあらゆる区画を測量し、現実の農民への納税義務を割り当て、（村相互の区画交換を通じて）村落の周囲のすべての土地をその村落の居住者に登録することを目的とした。そして、行政上の村は、各々の居住世帯から年貢を集め、村高を満額支払う共同の責任を割り当てられた。このようにして、最初の藩主たちの主目的は、土地の耕作、納税義務、居住のいずれにおいても、公式の農村行政を通じて藩主へと階層的に繋がる仕組みを確立することであった。

❖　収益性と不安定性——富と債務超過の機能

　実際に、筆者が以前の研究（1982a）の中で明らかにしたように、この平野を次第に水田に変えていったその経過と米の売買の拡大が、藩主たちのその理想の実現を妨げた。17 世紀と 18 世紀に、藩は水田開発を促進するために年貢率の寛大な譲歩を申し出た。平野の沼地の多くは稲の栽培のために干拓されたが、これらの譲歩は平野の全域にわたって、村々の中や村々の間に、魅力的な年貢の格差を生み出した。1623 年の検地帳作成前に耕作されていた水田は、通常、登録された生産額の 45% から 55% の年貢率を伴ったが、

第 2 章　庄内と酒井藩

一方、新たに開発された水田は、しばしば 20% から 40% というかなり低い
年貢率になった。また、低い品質格付けがなされ、故意に 2 割まで少なく測
定する特別な秤竿を使って測られた（詳細は Kelly 1982a：38–40 を参照されたい）。
18 世紀半ばから末までには、町の商人や、上層の農民たちの一部は、年貢
の軽い水田を広く集積していた。

　水田を集積することへのもう一つの動機は、商業利益を得る可能性の高い
営利化された米取引であった。米の売買は、忠勝が 1630 年代に設立した札
制によって促進された。家臣にはその禄米と等価の米札が与えられた。それ
は藩の米蔵で米と交換が出来たが、町の商人と交渉して他の商品を買った
り仕事を委託したりすることもできた。20 年もしないうちに、鶴ヶ岡と酒
田の米業者は需要を独占する組合に組織され、米取引所は藩から特許状が与
えられた（『鶴岡市史』上 1974：590–95）。ついに 17 世紀後期、日本海・大坂間
の直接の西廻り航路が開始されたことは、酒田にとって途方もなく大きい恩
恵となった（図 2）。長大な最上川の河口に位置する酒田は、庄内の主要港で
あるだけでなく、今日の山形県内陸にあった諸藩にとっての積み換え港とも
なった。1600 年代の後半には、1 か月に 500 隻の船が川を下ってきたり、海
から酒田へ入ってきたりした。これらの初期の酒田の回船問屋の中でもっと
も大きかった鐙屋を描いた西鶴の描写は、米取引の商人の繁栄を例証してい
る。

　　〔鐙屋〕惣左衛門という名を知らない者はいない。表口三十間・奥行
　　六十五間の屋敷に家や蔵を建て続け、台所の様子は目ざましいものだっ
　　た。米・味噌を出し入れする役の人、薪の受取役、魚の係、料理人、膳・
　　椀の部屋を預かる人、菓子の世話人、煙草の役、茶の間の役、湯殿役、
　　または使い番の者もきめ、商いの手代、家計係の手代、金銀渡し役、収
　　入簿記入役といった具合に、万事一人に一役ずつ受け持たせて、事を効
　　率的に処理している。〔原著は、Cambridge University Press の G.W. Sargent 1959：
　　53 からの引用であるが、谷脇理史、神保五彌、暉峻康隆校注・訳による『井原西鶴集③』
　　（新編日本古典文学全集、小学館 1996 年）の現代文を利用した。〕

しかし、鐙屋の繁栄は短命だった。このような大きな店の贅沢な歓待の影にひそむ、商業によって築かれた財産の不安定で予測不可能な特質を、西鶴は見破っていた。

この鐙屋も、武蔵野のように商売を手広くして、しまりのないところもあり、世にいう一見長者風の問屋で、あぶなく見えながらもびくともしないのは、鐙屋なりのやり方があったからだ。どこでも問屋の内情が不安定なのは、きまった口銭をとるだけなのがまだるっこしく、客の商品で勝手な商いをして、たいていは失敗し、客にも損をかけることになるからだ。問屋家業を一筋にやって、客の売物・買物を大事にとりしきっていれば、なんの気づかいもないものなのだ。だいたい、問屋商売には、脇からの見立てと違い、思いのほか万事に物入りが多いが、それを引き締めて、地味すぎるやり方をすると、必ず衰微して、遠からずつぶれることになるし、一年中の収支は、元日の朝八時前になるまでわからず、ふだんは収支勘定のできない商売なのだ。〔原著は同じく Sargent 1959：55 であるが、谷脇理史、神保五彌、暉峻康隆校注・訳を利用した〕

たしかに、鐙屋は 18 世紀の終わりまでその優位を維持することができな

図 2　酒田の町と積出港（本間美術館所蔵）

第 2 章　庄内と酒井藩

かった。19 世紀の庄内にもっとも影響を及ぼしたのは、その次に栄えた別の酒田の一家、本間家の台頭であった。1800 年までには、本間家の本家は藩内で最大の地主で、もっとも力のある金融業者であり、そのうえ四つの抗議運動のうちの二つの中心人物であった。本間家が藩の免許を受けた米取扱人の組合への入会を認められ、それで米蔵、海運業、藩の金貸しなどの互いに補強している事業への関与を確保したのは、17 世紀末期から 18 世紀初期のことであった。本間家は、これらの事業の運営に際して自らが管理する数戸の分家を設立することが出来た。18 世紀の、本家のもっとも卓越した当主の光丘（1732–1801）は、酒井藩主たちに多額の貸付金を提供し、相当の寄付をした。彼は武士と同等の資格を与えられ、さらに 1760 年代には武士の身分を与えられた。その後、彼は藩の財政政策の重要な問題に対処するように懇請された。

　齋藤美澄による本家の会計帳簿（とくに、台帳）の分析は、本間家の酒井家に対する巨額の寄付金と貸付金を明らかにした。1756 年から 1873 年までの 117 年間に、これらは総計すると金でおよそ 100 万両、銭で 5 万貫以上、それにおよそ 6 万石の米であった（表 3 参照）。本間家の私的な融資も、同様に莫大であった。工藤定雄（1971：33）は、1719 年から 1870 年までの期間の、武士、町人、農民に対する、80 万両をわずかに超えた額の 5,330 件の私的な貸付金の記録を照合した。このように、光丘と後継者たちは、社会的には平民で武士、政治的には家臣で役人、経済的には商人で金融業者という役割であった。

1　Johnson（1983）による、本間家に関する貴重な論文を参照されたい。彼女は酒井藩とこの大きな米商人・海運業者の間で結ばれた関係をよく描写し、何代にもわたるその後の本間家の主人たちのことを詳しく述べている。あいにく、彼女は商業化された経済と地域資本主義とを充分に注意しては区別していない。本間家の富と影響力は両方に及んでいた。

2　すなわち、これは諸藩への公的な貸付金は除外してのことである。工藤は、ほぼ 250 億円（言い換えれば、おおよそ 1 万 US ドル）という貸付金の今日での価値を見積もるために、1 両 = 今日の 3 万円、という公式を用いた。同じ変換によって、酒井藩に対する本間家の貸付金と寄付金は、今日の価格でほぼ 300 億円、言い換えれば大体 1 億 2,000 万ドルになるであろう。

表3 1843年から1874年までの本間家から庄内藩への寄付金および未徴収貸付金

日付	寄附金（寸志金）	放置・未徴収貸付金（才覚金）
1841–1849〔天保12–嘉永2〕		48,772 両
1850.12〔嘉永3〕	1,000 両	
1851.12〔嘉永4〕		10,000
1852.12〔嘉永5〕		20,000
1855.11〔安政2〕	1,800	
1856.3〔安政3〕		10,000
1859.7〔安政6〕		8,000
1860.閏3〔万延1〕	2,200	10,000
1863.1〔文久3〕	660	6,000
1863.10	10,000	
1864.1〔元治1〕	10,000	20,000
1865.9〔慶応1〕		9,000
1866.4〔慶応2〕		15,000
1867.9〔慶応3〕		900
1867.11		18,000
1868.2〔慶応4〕		12,500
1868.2		15,000
1868.4	61,400	
1868.4	32,000	
1869.3〔明治2〕	5,000	
1869.8	50,000	
1871.8〔明治4〕	10,000	
1872.4〔明治5〕	15,000	
1873.10〔明治6〕	16,500	
1874.6〔明治7〕	10,000	
合計 1843–74	225,560 両	203,172 両

〈注〉これらは現金の寄付金と未徴収の現金の貸付金の合計である。それらには他の贈り物や寄付金は含まれていない（例えば、1853.12 の大砲五門、1864.4 の1万6000俵のコメに対しての米札など）。1871年より以前の日付は、旧暦の計算で付けられている。
出典：「1841–1868」―『鶴岡市史』中 1975：51（『鶴岡市史』の表の合計は不正確であることに注意されたい。数字は『酒田市史』1971 によって正確にしている）。「1869–1874」―『鶴岡市史』同上：202。

　本間家はまた藩内最大の地主ともなった。光丘は商売で得た富の一部を水田に流用した最初の人物で、年貢の軽い水田数百 ha を集積した。1800年の本間家の水田保有地は総計 588ha に達した。1830年には、この保有地は約2倍になっていた。本間本家は商業・金融の取引をうまくやるために16の分家を利用し、さらに、所有する水田の2,000人ほどの小作人を監督するのに

第2章　庄内と酒井藩

3層となる米取扱人の階層制を次第に生み出していった。[3]

　しかし、本間家の金融事業と土地所有の規模は、他の家を大きく上回るので、本間家を典型と見ることは、大いに誤解を招くおそれがあるであろう。第二の大地主は加茂港の商人秋野茂右衛門であった。彼は18世紀の後半におよそ140haの土地を集積し、その後の30年間に、その数字を2倍以上にした。秋野家も、おそらく本間家の模倣をしたのであろうか、所有地を持つ農民を代理人に指名し、63村以上に散在する所有地の小作人との契約締結や管理を任せた（Kelly 1982a：55–57を参照されたい）。しかし、秋野家でさえも並外れていた。50~200haの所有地を持つ何人かの他の町の商人は、そこまでの管理をしていなかった。これらの商人の大地主に加えて、19世紀には10~100haを保有する在地大地主となった数多くの農民がいた（二口の佐藤東蔵と三本木の阿部徳三郎に関しては、Kelly 1982a：55–61を参照されたい）。そして最後に、おそらく5~10haの水田を所有する自作地主たちがいた。19世紀における彼らの数を見積もることは冒険的だが、その数は100人を超えたに違いない。

　このように、庄内の地主（「地主」だが、より正確には在地大土地所有者）は、町人と村人の両方を含み、規模や所有地管理は非常に多様であった。彼らは、所有地の集積の仕方も違っていた。売買文書の私的交換による土地売買は、直接頻繁に行われていた。しかし、これは非合法だったため、普通は登記されないか、あるいは村の土地帳簿に密かに書き留められるだけだった。また、現金貸付の見返りとして、一定期間、30年間というのが多かったが、土地取得優先権を設定することも一般的であった。登記された保有者は、たいてい優先権保有者の「借地人」のままであった。本間家と秋野家は、前者の方法を好む傾向があった。しかし、すべての大地主が共有していたのは、年貢の軽い水田への関心であった。そして、ほとんどすべての地主は、小作人の家族の労働と道具を当てにし、小作させることを望んだ。土地所有の集中は、

3　この土地管理についてはJohnson 1983と鎌形 1956：214–22を参照していただきたい。これらの書き手や他の多くの書き手とは対照的に、明治期になった1890年代までは、本間家の所有地でさえ、商業投資を超えた農地関係の資本主義的再編成には至らなかったと筆者は主張する。

それ自体は農地資本主義を意味するわけではない。

　そのような商業の繁栄の陰には、藩や多くの小自作農のたび重なる窮乏があった。簡単に言えば、藩は、増加する経費と一定の年貢の総収入の板挟みになった。藩主が神田にある藩邸で過ごすことがますます多くなるにつれて、藩の江戸要員は増大した[4]。贅沢な生活だけでなく、インフレーション、将軍の城での儀式の必要、幕府の事業のための予測できない特別の課税のそれぞれが、損失を招いた。しかし損失の多くは、もし藩が平野全域で米生産の拡大をすすめていたなら、減らすことが出来たかもしれない。藩には、それが出来なかった。そしてなぜ出来なかったかが、19世紀の政治と経済を形づくる上で、極めて重要なことであった[5]。

　1820年までには、この平野53,000haの内のおよそ36,000haは耕作されていた。28,000haは水田、8,000haは畑の面積だった。当時、水田は0.1ha当たりおそらく2.1石の収穫高をもたらしていた。豊作の年は、総生産高はおよそ580,000石であったであろう[6]。それに対して、藩で把握していた面積は、合計で17,000haの水田と3,000haの畑だけであった。さらに、それぞれの平均収穫高は、変わらなかった。つまり、水田0.1haにつき僅かにおよそ1.1石、畑0.1haにつきおよそ0.7石であった。このように、およそ225,000石という藩の把握していた石高は、この平野全体の利用可能資源のわずかに3分の1強で、19世紀初期における藩の収穫高の2分の1をやっと超えたに過ぎなかった。主要な年貢と補助的な年貢の徴収の算定は、この貧弱な生産高を基

4　大部分の藩主と同じように、酒井家は江戸に三つの藩邸「上屋敷」、「中屋敷」、「下屋敷」を保持していた。藩主自身は上屋敷に住んだが、上屋敷は1715年以後将軍の城の北側にある神田橋の近くにあった。中屋敷は柳原に、下屋敷は下谷にあった。

5　この節は筆者の以前の庄内研究の根底にある論点を概括しているが、筆者の研究は、際だった社会的葛藤の舞台、つまりこの平野の、主要な一つの川の流域における灌漑を説明するために、行政、土地所有、生産について詳述した。今回、筆者はより全体的な意義を強く主張しようとしている。

6　これは以前の研究で筆者が手に入れた見積り高である。筆者はその後及川四郎およびその他の人たち（1953:22–23）による見積りを発見した。彼らは1800年までに1,333,600俵に達したこの平野の生産力を見積もるのに、他の文書を使っている。1俵＝0.4石の公定レートによると、これは533,440石になるであろう。天領と寺領を差し引くと、藩の領地の産出能力は、40万石程度であっただろう。

第2章　庄内と酒井藩

にしたものであった。

　明らかな解決策は、徴税率を上げるか新たに検地をするかであった。その
ような提案は時折おこなわれたが（例えば、井川 1966：8-9）、1623 年から 1874
年までの 250 年間には総合的な土地の再調査はなかった。かわりに、藩は財
政的に生き残るために、借入金の定期的な注入（借入金の多くは、後に切り捨て
られた）と富裕商人からの寄付金に頼った。これは藩の土地についての苦境
の原因であるとともに、その救済手段でもあった。藩を窮地から脱出させよ
うとしていた富裕商人の多くも、年貢負担が軽い土地を持っており、あら
ゆる年貢の改革に抵抗した。彼らの寄付金は、「報酬」とも、あるいは単に
年貢に代わるものとしても見られるかもしれない。いずれにしても、年貢徴
収の改革と商人からの借入金のどちらが相対的に有利か、行動の方針として
公然と論議されたことは一度もなかった。18 世紀を通じて、危機のたびに、
藩はそのような寄付金で農業から上がる年貢の不足を埋め合わせるように
なってしまった。寄付金はそれを提供した人々に商業上の利益をもたらし、
また彼らの水田の保有地が増加するにつれて、より高額な年貢からの保護を
もたらした。それは、何の根拠もなく案出されたものではなく、自然に出現
したものでもない、年貢徴収の一つの型であった。むしろ次第に形となって、
結局それが何を意味するかも一部しか理解されなかった。

　藩が収用することの出来なかった余剰農産物は、この田園地方の全域にわ
たって平等に分布していたのではないということも、同様に重要である。水
田地帯開発の過程とその北限での稲作の予測のつかない変化は、農民に対し
て、また藩に対しても、苦難を作り出した。農業生産性は近世史研究におけ
る論点の一つである。Hanley and Yamamura（1977）は、米の生産高は全期間
を通じて次第に上昇したと主張している。これは全国的な総計の段階では真
実であったかもしれないが、庄内のデータははっきりしていない。われわれ
が持っている現在のもっとも有力な証拠は、佐藤誠朗の京田通にある三つの
隣接した村々の内部帳簿（歩刈帳）からの年間収穫高の例と、二口村名主で
大地主の佐藤東蔵の個人的な記録との照合である。この村々には、古い水田
も、新たに開発された水田もあった。そして彼のデータは 1780 年から 1870

年に及んでいる。彼は次の 20 年毎の収穫を算定している。

1780 年—1800 年　実際の 0.1ha につき 1.3—1.5 石。

1800 年—1830 年　実際の 0.1ha につき 2.1—2.2 石。

1830 年—1850 年　実際の 0.1ha につき 1.6—1.7 石。

1850 年—1870 年　実際の 0.1ha につき 1.7 石。

これらの収穫は、18 世紀末期から 19 世紀の最初の 30 年までの上昇する収穫高と、次の 50 年間の低い平均収穫高を暗に示している。[7]

Hanley and Yamamura（1977）は、収穫高が上昇したのは、新しい耕作技術と道具、改良された品種、労働の強化、それに魚粉や油粕などの金肥の使用によると考えている。たしかに、これらはある地域ではより高い収穫高を促したが、庄内の事例はまた異なった地域独特な様相を示唆している。井川（1967）は、江戸時代後半にはこの平野での耕作技術の変化はほとんど見られず、金肥が相当量使用された事実もなく（『大山町史』1957：200 の 1841 年の覚え書きも参照されたい）、それに庄内の農業経営者を有名にした米の育種や品種改良は明治時代になるまでは始まっていなかったと主張している。庄内における江戸時代の品種の大部分は「細い葉」（細葉）の類に属していた（井川 1967：274–75 の I、768–1850 年間の小松家記録参照）。1885 年に農業担当の県職員の一人が、庄内の細葉種は、茎は強いが病虫害を受けやすいと述べた。その細葉の類は、5 年間のうちの 3 年間は平均以下の収穫で、5 年間のうちの 1 年間は平均以上の収穫を上げたと彼は見積もった（同書：275）。庄内は水田の生産力の全体的な上昇は経験しなかったと井川は結論したが、筆者も同じ意見である。もっと正確に言えば、いくつかの水田の「収益性」には相対的な増大があったのである。新田の土質と保水力が向上するにつれて、その収穫と納めるべき年貢の差は、以前の、高い年貢が課された水田に比較して大きくなった。それは、そのような新田を集積することが出来た人々、とくに大土地所有者に好都合な改良の一様式であった。

7　佐藤誠朗（1965）。あいにく、現在のところ、筆者はこれらの収穫をめぐる偏差やさらに細かい区分を提供することは出来ない。佐藤は、20 年毎の数字を引き出した生の表はもう持っていないと話している。筆者もその記録の現物はまだ見ていない。

第 2 章　庄内と酒井藩

　一方、小自作農は、年貢を完納しようとする中で、急激な収穫高の変動に
直面し続けた。年貢を支払うことが出来なかったときには、彼らはおそらく
いくつかの方法でその不足分を調達しただろう。親類、友達、代わる代わる
回ってくる無尽講はたいてい限られた資金しか提供することが出来なかっ
た。[8] 多くの場合、さらに思い切った手段が必要だった。年貢の軽い水田は、
質入れや大土地所有者に売ることが出来た。肝煎、大庄屋、地区の藩役人は
個人的な金銭の貸付は禁止されていたが、これはありふれたことだった。そ
して藩財政をまかない、次の収穫に先立って種籾と食糧の供給を確かなもの
とするために、定期的に利息の付いた貸付米を提供した。[9] 例えば 1793 年、
藤島村の村民たちは 5,700 石の年貢が滞っていることに気づいた。この大部
分（4,370 石）は、30 年前の 1755 年の壊滅的な収穫高が原因だった。[10] これら
の未納年貢に対する年利息だけで 285 石と 17 両に達した。1793 年までに
は、この村の 2,165 石という登録された収穫高の半分以上（1,100 石）が元の
登記された所有者から放棄されていた（『山形県史』資料編 17 1980：212–21, とく
に 217–19）。

　小自作農たちは、このように役人から借金し、重税を課された水田を放棄
して、年貢の軽い水田を売ったり質に入れたりという負のスパイラルの中に

8　これは 1790 年の桜林村差引帳（『山形県史』資料編 17 1980：437–42）の、代わる代
わる回ってくる無尽講の名簿によって暗に示されている。

9　これは種夫食米（たねふじきまい）として知られていた。1749 年、藩は農民たちが田植え用の種籾と収
穫期までの飯米を保持するように、不足をまかなうために春に村々へ米の前貸しを実施
した。定則は、登録された村の収穫高 100 石について 7.2 石であった。これらの前貸しは、
取入れ後に 30% の利息で、米で返済することが出来たが、この利息は備蓄財源として
貯蔵されることになっていた。前貸しはまもなく強制的となったが、そのうちに実際の
春の米の配給は中止された。30% の利息負担だけは秋に徴収され、すべての他の年貢よ
り前に返済しなければならなかった（『山形県史』資料編 17 1980：1097）。この強制的
な徴収は、後で見てみようと思うが、1870 年代の抗議者たちによって取り上げられる
ことが度々あった。

10　より正確には、未納総額は 10,950 俵であった。「石」は土地評価の単位で、「俵」は
年貢の単位だった。酒井藩の公式の 1 俵は 0.4 石（すなわち 4 斗入り）だったが、農民
たちは検査と運送中の損失のために、例によって 1 俵当たり 0.12 石を加算するように
要求された（論争の原因となるこの追加は、延び米（のびまい）として知られていた）。このように、
納税者は 10,950 俵を提出するために 5,694 石の米を必要とした。

押し込められた。その結果、村を居住・耕作・納税義務の一つの単位とみなすという藩の基準は、藤島にも庄内平野の他の地域にも当てはまらないものとなった。藩で把握していた保有地、耕作、居住の形態は、18世紀末までには途方もなくずれていた。連帯責任の村は、行政の虚構に過ぎなかった。Scheinerの「徳川時代のほとんどの小農は、50から100の家族から成る、安定した同質の村落に住んでいた」（1978：44）は、庄内にとってはありそうにもない説である。

　これは、その後の農民たちの集団行動にとって、何を意味するのか。社会秩序の急進的な立て直しの呼びかけにおいて村落共同体での考え方がどれほどのものであったにせよ、それは19世紀の庄内に暮らす村人の社会的経験にはほとんど影響を与えていなかった。これは、行動の動機づけにおける「共同体」の有効性を否定するものではない。また、それは村人たちの日常生活にとって拠り所となっている共同的な関係を無視することでもない。しかし、土地所有、耕作、そして居住の違いがあることから、われわれが現存の秩序を問題にするとき、村落共同体への呼びかけに力があると決めてかかってはいけない。たしかに庄内において、村落は政治的に力のある者にとっても抗議する人々にとってもたびたび便利な組織単位であったが、村落自体が主義主張によって人々を呼び集められることはめったになかった。

　それでも、藩の破産状態と小規模自作農の稲作の危機についてはすでに述べたので、郷村の救いようのない自暴自棄を示唆することは避けたい。緩和した要因には、支配者の家父長的な温情主義と呼ばれるようなもの、あるいは、また別の人たちが貢納関係について協議された「道徳的な秩序」と適切に評価したありふれた手段を含んでいた（例えば、Scott 1974, Thompson 1971）。例えば、よく知られているように、不作の年の税の減額を保証するなど、いくつかの処置がたびたび行われた。219年間にわたる藩の平均税率（1636–1867。著者不詳の1867年の記録参照）の記録が残されている。それらの記録は、この平均値が43年間は公式に記載された収穫高の47%、82年間は45%から47%の間であり、68年間は40%から45%の間に下がったことを示している。26年の間で、藩の平均収穫高は、とくに不作の後では40%以下に落ちた。

第 2 章　庄内と酒井藩

藩の改革時には、全面的な負債の切り捨てが小さな自作農に利益を与えることもあった。他の要因は、温情主義の手順というよりはむしろ藩行政の実効性の問題であった。私的な販売、借金、市場取引に対するすさまじい数の制限事項は、それらが無力であることを主として証明した。土地の放棄と移住は、困窮した人々にとっても、より良い機会を望む人々にとっても、選択可能な手段として存続した。そして小さな自作農は、大規模な土地を所有する商人による藩への寄付金と、貸付金の切り捨てのおかげで、主要な年貢の増加には縁がなかった。

　ここで、18 世紀末期と 19 世紀初期の土地集中に伴う土地保有状態はどうだったのかと思う人がいるかもしれない。今までの研究者たちの間では、家族労働が経費には含まれない「自作農」が、もっと合理的に労力や土地利用を考える（そして私的財産としての土地所有権のより安心な根拠を求める）えり抜きの農業経営者と、非常に不安定な小作人や土地を持たない農民から成る下層階級へと次第に分化していくと慣例的に解釈されてきた。実際には、庄内においては 19 世紀のほとんどの間、小作人であることはもはや重荷となるものではなく、登録された農民の地位とあまり違いはなかった。大地主が小作人を移動させたり立ち退かせたりする権利を行使した例はわずかである。しかし『山形県史』資料編 17 1980：930–34 には多くの騒ぎを引き起こした一つの事例がある。筆者はまだ明白な証拠を見つけていないが、この世紀のほとんどの間にわたって、地主の取り分には「100 束につき 3 俵」という「慣習的な」上限があったようである。[11] 平均以下の収穫の時は、小作人は地主に割引を要求し期待した。そのような割引を指す言い方、手当てあるいは手当て引きは、藩の税制上の譲歩に対しても使われた。さらに稀ではあったが、

11　「百苅三俵」。水田を買ったり、それを先取特権として受け取ったりする人は、その登録された収穫高や面積を信用することは決してなかった。さらに、徳川以前の束の単位（束または束苅り）は、公式の脱穀した穀物単位（石）よりも、収穫や収穫物の分け前を量るのに使われた。100 束は、中程度の稲田のおよそ 0.1ha 分だから、3 俵で 0.1ha につき 1.56 石となる。借地契約（俵田作り）においては、耕作者が納める量は渡口米として知られていた。このことから、その土地の地主の税は控除され（その支払いは耕作者の責任として存続した）、差額（作徳米）は地主の取り分であった。

より一般的な慈善事業も期待された。例えば、1831年京田通の困窮農民に対する300両の秋野茂右衛門の寄付（京田通難窮百姓救いのため寸志金、原文は前掲書158–60）の例がある。最後に、小作地は通常納税義務は軽かったということを覚えておかなければならない。抜け目のない大地主阿部徳三郎は平均して地租が15%に過ぎない土地を100haも集積した。年貢や「小作料」の形での小作人の負担は、重い年貢の水田を耕作する農民より多いことは滅多になく、むしろ少ないことが多かった（例えば、東蔵の小作人の取決めについての佐藤の見積もりを参照されたい）。たしかに小作料とその英語の同義語「rent」は、おそらく19世紀初期の「渡口米」の不正確な翻訳であり、それは多くの農民にとってほとんど藩への年貢に等しいと思われたに違いない。

　そういうわけで、庄内は一様の繁栄も広範囲での食料不足や不況も経験しなかった。おそらくもっとも多くの人々が影響を受けたのは、絶対的貧困ではなく、家運の変動ではないか。われわれが真っ先に心に留めて置かなければならないのは、どんな時期にも存在した、農村の全住民に及ぶ繁栄と窮乏の差、それにどんな家族にとっても時とともに変動する運命であった。

　階層化と流動性の間のこの緊張状態は、1768年から1868年の100年間における、桜林村（飽海）について井川が集めた数字の中で明らかにされている（表4）。[12]　桜林は、16世紀後期から17世紀初期に開発された平田地区の古い地域にある村であった。この村の石高は256.1501石であった。65%の本年貢は古い村々にとってさえ高いものであった。[13]　1768年までの村内の保有高でも自分たち家族での耕作高でも、相当の階層化があった。次の100年間も階層化は持続したが、流動的でもあった。村の内と外に、ある程度の動

12　井川 1973〔『最上川流域の歴史と文化』掲載論文「幕末・維新期における米作単作地帯の土地保有と農業経営」〕。このような土地保有の表は、もちろん19世紀の農村の二次的文献には豊富にある。しかし、井川のこの研究は、多くの記録を組み合わせて、一つの村の全戸の土地保有と耕作高に関する資料を作成することができたという点で、珍しく、貴重なものである。すなわち、似たような表はたいてい居住している村の内の所有地や耕作状態を報告しているに過ぎない。したがって、それらは実際の階層化をゆがめ、庄内のような地域では事実上役に立たない。

13　『山形県史』資料編17 1980：446–47。この1851年の文書は、合計で45%に及ぶ雑税と貸付返済額を暗に示している。

第 2 章　庄内と酒井藩

きがあったが、さらにそれ以上に、数十年間にわたって、桜林のほとんどの家の保有高には頻繁な変動があり、保有高の大きさにも、借受高と貸付高の均衡の間にも、また自作地の割合においても変動があった（与五郎の小作人についての井川の資料は、さらに重要な特徴を説明している。小作人たちは後援者として一人の地主を頼りにしているのではなかった。表 5 および表 6 を参照されたい）。土地の階層化と家族の流動性の同じような状況は、詳細に分析された他の庄内の事例、例えば、田川の京田通の二口村の事例によって示されている（佐藤誠朗1965）。

❖　抗議、危機、改革、1630 年 –1830 年

　それゆえ、Hanley and Yamamura が財産総計が増大することを際立たせ、Scheiner and Sasaki は構造上ある階層が没落する条件を力説しているが、筆者は藩、商人そして農民の財産は不安定なものであったことを強調したい。このような変化は徳川時代に何度か訪れ、社会的な抗議、政治的危機、そして経済的改革に火を付けた。19 世紀の衝突のちょっとした「前史」として、1630 年代、1670 年代、そして 1790 年代というもっとも重要な三つの時期に注目したい。

　酒井忠勝の検地から 9 年後の 1632 年終わり頃、この平野の最北部の地区の約 280 人の農民が、増額された年貢徴収に抗議して、自分たちの田畑と家を放棄し、鳥海山を越えて秋田へ逃亡した。[14] 藩役人はこの地域の 2 人の大肝煎をこの逃散に責任があると考え、捕えた。これらの大肝煎は酒井家が庄内に入る前から地域の強力な指導者であり、他の土豪たちと同じように相互不信感を抱きつつ新しい行政階層制の中に融け込んでいた。1633 年早春、農民たちは捕えられ庄内に戻された。偶然にも、1633 年は藩行政を調査するために幕府が各地に巡見使を派遣し始めた年であった。その年の夏、最初

14　この事例に関する文書は『山形県史』資料編 17 1980：907–13 に出ているが、その大部分は長井 1973：2–17 にも見られる。この事件は『鶴岡市史』上巻 1974：265–69 で論じられ、Burton 1976：149-50 でも言及された。

の巡見使が庄内に到着した時、藩の重臣たちは前の2人の大肝煎を投獄して
おき、事件の情報を隠そうとした。1633年末に釈放された時、その2人の
うちの1人高橋太郎左衛門は弟と一緒に江戸へ向けて旅に出た。彼らは江戸
で、苛酷かつ圧制的な酒井藩の政策に対する詳細な告発の申立て（目安）を
幕府の役人に提出した。酒井藩の検地帳は農民の年貢の負担をほぼ2倍にし、
何千人もの農民が家族を身売りすることを余儀なくされていた、と彼らは主
張した。藩は「人返」を命じたので、もはや奉公人のために喜んで前金を払
おうとする者もいなくなった、というのであった。彼らの訴状は老中松平信
綱に受理されたが、老中は太郎左衛門を直訴という行為をおこなったという
理由で処罰しなかったばかりか、彼と彼の弟に相当の知行を与えた。農民が
年貢の削減を受けたという事実はないようである。『鶴岡市史』上巻（1974：
267）は、松平と酒井忠勝との近しい親戚関係に照らしてこのことを解釈し
ている。松平信綱の娘が、前年、酒井忠勝の世子と結婚していたようだ。も
し松平が太郎左衛門を処罰していたら、酒井家の競争相手の幕府の役人たち
に対して酒井家の行政上の失敗を強調し、さらなる抗議を引き起こしただけ
だったろう、と推論している。褒美を与えられたことによって、太郎左衛門
はまた行政職に復帰した。そのことによって、藩は旧来の地元の指導者たち
を取り込むことができた。

　太郎左衛門の訴状が受理されたことは、1633年のもう一つの事件に照ら
して評価されなければならない。これは内陸にある酒井忠勝の弟の領地で
起こった〔白岩一揆〕。農民たちは、ちょうど巡察中の巡見使に対し、1,000
人を超える餓死者を出した苦しみの10年間のことを申し立てる訴状を提出
した。これが却下されると、38人の農民が訴願を直接江戸に提起し、一方、
他の数百人が城を強襲して数人の上級役人の首を切った。幕府は農民の指導
者たちを罰し、白岩藩主の酒井忠重を領地から立ち退かせる処置を取った。
領地は幕領に戻った。おそらく、同様の抗議の拡大を恐れて、松平は解決の
ための働きかけをし、酒井忠勝はそれを受け入れたのであろう。[15]

15　忠勝の弟、追い出された忠重は庄内へ帰り忠勝の世子を廃して自分の子を立てよ
　うとした。彼の陰謀は、1640年代ずっと、家臣間の派閥的な論争をかき立てた（『鶴岡

第2章　庄内と酒井藩

表4　桜林村居住民の居村保有高・耕作高 1768 年―1868 年

桜林村居住民、1768 年〔明和 5 年〕

家	居村保有高合計（石）	借受高合計（石）	貸付高合計（石）	耕作高合計（石）
8 新之丞	29.9		0.2	29.7
16 喜右衛門	21.4	7.5	0.2	28.7
勘三郎	25.6	2.4		28.1
22 惣兵衛	19.6	1.9		21.5
12 新　助	8.4	12.5		20.9
市十郎	20.9		0.3	20.7
5 与五郎	18.0	2.1		20.1
6 六兵衛	17.8			17.8
4 勘十郎	11.9	5.2		17.1
2 久三郎	15.9			15.9
19 与兵衛	5.4	5.6		11.0
21 長兵衛	11.7	0.9	1.6	10.9
15 仁　平	0.6	6.8		7.5
17 喜兵衛	8.5		1.3	7.1
市　平	0.1	6.6		6.7
権　半	1.5	4.6		6.2
13 重三郎	12.9		9.8	3.1
久四郎	0.1			0.1
三十郎	0.1			0.1
23 林秀寺	3.9	0.8	4.7	0
合　計	234.2	56.9	18.1	273.2
入作 6 人合計	57.4		2.5	54.8

桜林村居住民、1790 年〔寛政 2 年〕

家　族	居村保有高合計（石）	借受高合計（石）	貸付高合計（石）	耕作高合計（石）
5 与五郎	37.1	7.4	11.7	32.8
22 惣兵衛	27.0			27.0
8 新之丞	23.1	0.2	0.4	23.0
1 新十郎	18.8	3.8		22.6
2 久三郎	16.0	6.3		22.3
11 勘治郎	18.0	4.7	0.5	22.3
10 藤四郎	21.7	0.6	0.2	22.1
21 長兵衛	13.2	4.8	0.7	17.3
4 勘十郎	11.1	4.8	0.7	15.2
14 六郎兵衛	13.3	0.1		13.4
6 六兵衛	14.3		1.1	13.3
13 重三郎	13.4		0.3	13.1
15 仁　平	5.5	6.6		12.2
12 新　助	6.4	4.1		10.5
16 喜右衛門	3.7	5.1		8.8
和　七	8.8	5.5		14.3
市　平	0.1	5.4		5.5
17 喜兵衛	10.7		4.4	6.3

		居村保有高合計（石）	借受高合計（石）	貸付高合計（石）	耕作高合計（石）
23	林秀寺	3.5			3.5
9	長　作	0.2			0.2
7	安右衛門	0.2			0.2
19	与兵衛	0.2			0.2
	九左衛門	0.2			0.2
	喜三郎	0.1			0.1
	三十郎	0.1			0.1
20	兵治郎	0.1			0.1
	合　計	266.6	59.4	20.0	306.0
	入作 8 人合計	61.5		61.5	

桜林村居住民、1838 年〔天保 9 年〕

家　族		居村保有高合計（石）	借受高合計（石）	貸付高合計（石）	耕作高合計（石）
5	与五郎	67.1	15.4	10.9	71.6
10	藤四郎	19.0	11.1	0.3	29.7
1	新十郎	19.4	1.8		21.2
19	与兵衛	5.3	11.8		17.1
4	勘十郎	9.3	6.8		16.1
2	平左衛門	15.7	1.7	1.6	15.8
12	新　助	5.2	9.5	0.3	14.3
6	六兵衛	4.3	8.9		13.3
8	新之亟	18.5	2.9	9.2	12.2
7	安右衛門	4.3	6.6		11.0
16	喜右衛門	3.4	4.9		8.3
11	勘治郎	18.0	0.6	12.3	6.3
9	長　作	0.2	5.4		5.7
13	重三郎	8.8	3.9	7.2	5.6
15	仁　平	0.1	5.2	0.1	5.2
18	嘉右衛門	0.1	4.5		4.6
14	六郎兵衛	3.6	0.3		3.8
17	喜兵衛	5.5	0.2	4.5	1.3
3	与　八	9.6		7.8	1.8
22	惣兵衛	2.1	0.1	1.5	0.6
20	兵治郎	0.1			0.1
21	長兵衛	0.3			0.3
23	林秀寺	3.0		3.0	
	合　計	222.9	101.6	58.7	265.9
	入作 11 人合計	34.1		34.1	

〔原文表注に「平左衛門は明治元年久三郎となる」とある〕

桜林村居住民、1868 年　〔明治元年〕

家　族		居村保有高合計（石）	借受高合計（石）	貸付高合計（石）	耕作高合計（石）	家族人数（15〜55 才）
1	新十郎	26.9			26.9	6（4）
2	久三郎	23.7	1.3	0.1	24.9	5（2）
3	与　八	21.7	2.8	1.1	23.4	5（3）

第 2 章　庄内と酒井藩

4	勘十郎	11.1	11.8		22.9	7 (4)
5	与五郎	59.8		37.9	21.9	10 (4)
6	六兵衛	16.7	4.9	4.4	17.2	5 (3)
7	安右衛門	2.2	17.1		19.3	7 (5)
8	新之丞	20.4	4.3	6.1	18.6	5 (5)
9	長　作	5.0	12.3		17.2	4 (3)
10	藤四郎	21.3	3.9	8.3	16.9	5 (4)
11	勘治郎	12.8	0.7		13.8	6 (4)
12	新　助	6.7	3.9		10.6	4 (4)
13	重三郎	4.0	4.1		8.2	5 (4)
14	六郎兵衛	5.2	2.7	0.9	7.0	6 (6)
15	仁　平	0.1	5.9		6.0	4 (1)
16	喜右衛門	3.6		2.5	1.1	1 (1)
17	喜兵衛	0.8	0.3	0.2	0.9	7 (4)
18	嘉右衛門	0.1			0.1	6 (4)
19	与兵衛	0.2			0.2	5 (4)
20	兵治郎	0.1			0.1	6 (3)
21	長兵衛	0.3		0.3		1 (0)
22	惣兵衛	4.4	1.1	3.3		2 (2)
23	林秀寺	3.0		3.0		
	合　計	250.1	76.0	63.2	260.3	
入作 5 人合計		14.0		14.0		

＊（　）内は 15 歳から 55 歳までの人の人数を示す。　出典：井川 1973：302–305。

表 5　与五郎（表 4 の番号 5）の農業経営　　1768 年—1868 年

	1768 年	1790 年	1825 年	1838 年	1850 年	1860 年
居村保有高	17.3	22.9	63.8	63.5	57.1	53.5
他村保有高	0.7	14.1 (6)	3.8 (7)	3.6 (6)	4.4	6.3
借　地　高	2.1	7.4	0.4	15.4	10.4	——
貸　付　高	——	11.7	9.9	10.9	43.2	37.9
耕作地高	20.1	32.8	58.3	71.6	28.8	21.9

注：所有高はすべて石で表わしている。　出典：井川 1973：313。

表 6　与五郎の借地農経営表　1868 年〔明治元年〕

小作人	保有高（石）	耕作高（石）	A 借地高（石）	借地している地主数	A の内、与五郎からの借地高（石）
2 久三郎	23.7	24.9	1.3	4	0.1
3 与　八	21.7	23.4	2.8	2	2.7
4 勘十郎	11.1	22.9	11.8	6	8.1
6 六兵衛	16.7	21.3	4.9	4	2.2
7 安右衛門	2.2	19.3	17.1	7	4.1
9 長　作	5.0	17.2	12.3	3	2.0
11 勘治郎	12.8	13.6	0.7	3	0.1
12 新　助	6.7	10.6	3.9	4	1.5
15 仁　平	0.1	6.0	5.9	3	5.0
18 嘉右衛門	3.6	1.5	0.4	1	0.4

| 居村住民への貸付け合計 | | 26.2 |
| 与五郎の小作所有地合計 | | 37.9 |

出典：井川 1973：317。〔小作人氏名番号は、表 4 と同じ番号〕

　40 年後に抗議が起こった二つ目の事件も、解決を見出す過程が政治的に複雑であることを説明している。1660 年代末期には、幕府の徴税と藩の経費が藩の歳入を超えていたと同時に、この平野の水田への転換が急速に進んでいた。1671 年、有望な若い家臣高力忠兵衛は、生産と生産者への管理を強化するため郡代に登用された。高力は、春の検査、厳しい年貢取り立て（例えば、農民の名前と検査役人の名前をつけた札を、提出する各俵に差し込むことになっていた）、さらにすべての未納年貢に 30% の利子負担をすることを制定した。彼は直接大坂へ送る西廻り航路を促進し、大坂に藩の倉庫を開設した。1677 年に「8 地区の総農民」（八組惣百姓）から藩大目付への張り紙による訴状が提出され、1681 年に巡察中の幕府巡見使へも訴願（目安）が差し出されが、いずれも過重な利子負担と春請免（その後の生育状況を無視する）の強制に対し厳しく抗議するものであった。このような政策は、何千人もの農民を赤貧と移住（潰れ百姓）へ追いやっていた。また、その訴願では、高力は自分で作った私的な貸付け禁止規則を破り、彼や家臣、商人たちは大規模な貸付けを行い金になる新しい水田を集積している、と主張した。こうした告発は、続く数年間にわたり同じような訴願の形で（江戸へ運ばれ、藩の有力者へ手渡され、大庄屋の屋敷の前に立てられた棒に結びつけられてなど）、高力が 1681 年ついに交代させられるまで繰り返された。[16]

　三度目の財政危機と藩政改革は、18 世紀末の幕府の「寛政の改革」と同じ時期に起こった。1760 年代の末、藩の有力者たちは、7 代目藩主の激しい浪費と幕府の儀礼に関わる法外な徴税により拡大する負債を処理するため、財政回復策を作成することを本間光丘に求めた。当時は、藩も個々の家臣

市史』上 1974：273–75）。

16　これらの訴願の大部分は匿名であった。相馬半兵衛が大胆にも中川通の三つの村の「代表」として自分の名前を書き添えた時、彼は死刑に処せられた。彼は仲間の村人たちから「正義の人」（義民）として記念され、彼が役人にその文書を突き出した場所は、阿弥陀像を安置して崇められた（長沼 1983：66–68）。

第 2 章　庄内と酒井藩

たちも、関西地域、とくに大津の金貸しと米商人から、翌年の貢租米を抵当にして多額の借金をしていた（一般に大津借、「大津貸付金」として知られていた）。本間は地元の金で、大部分は自分の金で、この負債を借り替えた。低い利子は家臣たちから感謝され、藩の米の総収入はこれまでより大きな割合で地元酒田の米商人の手で取り扱われることを本間は保証した。彼はまた、凶作の年に貸し出すことが出来るように、それぞれの郷通の穀物倉庫に備荒籾を貯蔵する制度を復活させようとした。1755 年と 1765 年の大凶作では、この方式では不十分であることが判明した。地元の貯えが適切に蓄積されれば藩の総収入が安定し、幕府からの借金を返済できると光丘は考えた。しかし、これらの方策や他の措置も、一時的な救済をもたらしたに過ぎなかった。10 年もしないうちに、藩の借金は 8~9 万両に達し、年利だけで 1 万 5 千両になった。忠徳が藩主となった後の 1772 年、藩主に就いて初めて鶴ヶ岡に帰る際、帰郷の旅費全額を江戸で調達できず途中の福島までしか賄うことが出来なかった。それで急いで庄内から送金させ鶴ヶ岡に到着することが出来たと、『酒井家世紀』は記述している[17]。

　藩は 1780 年代を通じて商人からのさらなる寄付と貸付けを受け、さらに家臣に年々の知行配分の半減を強行してやっと事態を切りぬけた。1780 年代終わり頃の江戸では、新任の老中松平定信が、50 年前の自分の祖父の発議に基づいた計画に従って、幕府の財政を再建しようとした。それは、行政における効率や武士の金銭の使い方における節度、庶民の消費へのさらなる抑制、そして経費を切り詰め歳入を増やす等の諸方策から成るものであった（Ooms 1975：77–104, Soranaka 1978）。1790 年代の初め、松平は酒井藩主忠徳に、同様の改革によって酒井藩の窮乏した財政状態を健全化することを求めた。危機感が高まっているなか、村の帳簿を見ることの出来た地元僧侶の中川通藤島地区の有様を詳しく書いた嘆願書が、忠徳に送られた（『山形県史』資料編 17 1980：212–21；上記 45 参照）。

　忠徳は有力者たちと商人の債権者たちに助言を求め、まもなく農村経済の

17　『鶴岡市史』上 1974：344–45。その年、神田と下谷の両藩邸が江戸の大火で焼けた。2 か月後、酒田の大火で 2,000 以上の家を焼失した。

商業化に対するまったく異なった二つの提案を受け取った。それらは藩上層部間の重大な派閥的意見の相違をも表わしていた。本間光丘から出された一つ目の提案は、商業上の結びつきの合理化、すなわち藩の負債について関西の債権者と改めて交渉し直すこと、ますます増えていく庶民に対する税の削減、さらに彼らの未納年貢と借金の合併整理であった。光丘は年利5分で藩に2万両を融資しようと申し出、もし藩がこれを7分で村に回せば、藩の負債に充当出来る利益が得られるだろうと主張した。そうすれば今度は村が、この7分の低金利の融資を使ってより高利の借金を完済し、膨大な借金を支払えるだろうという主張であった（『山形県史』資料編17 1980：222–24）。

　農村経済の商業化への対処についてずっと楽天的な二つ目の提案は、光丘に対抗する白井矢太夫によって描かれた。白井は中級の家臣で、藩内における荻生徂徠の新儒教の教えの熱心な支持者であった。白井は、郷村の窮乏の主要な原因が自作農民への徴税項目がどんどん増えていくことにあると認めた。しかし、これは主として村、郷通、郷方役人による公金の私的な貸出しが原因だと彼は考えた。さらに多くの融資で解決を約束するような計画は、このような役人の腐敗に絡まるだろうと、警告した。むしろ負債の切り捨て、雑税の軽減、農民の離村の禁止、商人の水田取得の禁止、より公正な行政、その他の措置を勧めた（前掲書200–204）。

　この二つの派閥間のわずか2年の争いの後、白井はようやく改革を実行する役を勝ち取った。彼の計画の中心は、農民の負債の大規模な切り捨てであった。これには藩からの83,311俵と13,892両、藩と郷方役人からの533,000俵と10,100両の借用未払い分、商人や寺院からのすべての貸付け（総計不明）が含まれていた。彼の改革には、ほかに雑税の削減、郷普請などの懸物（かかりもの）の軽減、村所有になっている放棄された水田の農民への割当て、不在地主の所有水田の課徴金による困窮村民救済基金（困窮与内米）の設立、郷村支配機構の整備などがあった（『鶴岡市史』上 1974：358–62）。

　例えば1774年の藩の不足額27,100両（Kelly 1982a：47–48の予算書参照）と1811年の17,000両の不足額（表7）を比較してみれば、白井の計画は藩財政にとって最小限度の利益を与えるに過ぎなかった。〔訳に当たって若干形式に違

51

第2章　庄内と酒井藩

表7　概算予算総額、庄内藩、1811年

文化八年御成箇浮役米金元払大概積

高	191,218石6斗
平　均　免	44%
取　米	218,754俵程
その他の取米	46,002俵
惣　米　合	265,636俵
此	**払**
大殿様始め御一族	15,350俵
江戸荘内家中物成	112,225俵
大庄屋物成渡	965俵
御切米御扶持渡	50,700俵
大庄屋給米その他	11,095俵
合	190,335俵
残　　　米	75,301俵
此　代　金	21,514両2歩 (10両=35俵)
外　諸　役　銭	7,922両
残　　　合	29,436両2歩
此	**払**
江　戸　御　入　用	29,105両
荘　内　雑　用	8,968両1歩
予　備　金	2,000両
合	40,073両1歩
不　足　金	10,636両3歩

いがあるがケリー氏が参考にした『鶴岡市史』上1974：375の原表を第7表として採用した〕。

それに、少なくとも郷村のいくつかの地域では、優先権保有者たちは耕作者から土地を取り上げ、自分の名前を土地台帳に記入することによって負債の切り捨てを阻止することが出来た（長沼 1983：80–81）。白井自身も引き続く政治上の内紛によって信用を落とし、1811年に、本間と密接に結びついた相手に取って代わられ、本間がまた助言と資金調達のために引き入れられた。

酒井が北海道沿岸の一部の防衛を命じられたのも、この頃の事であった。負債に加え、防衛関連費用の増加は藩の金庫にとってさらなる重荷となったが、酒田商人、とくに本間にとって、「蝦夷地」のこの最初の植民地開拓は、もう一つの米市場を開くことであった。本間は今や支配的派閥と良好な関係にあり、北海道航路を開設した。江戸人口の膨張、大坂地域の酒造業者と綿花栽培者の増加、これらによる米の需要の増大と時を同じくして、19世紀最初の30年間における水田への投資は儲かった。この繁栄の時期に、秋野も本間もともにその所有地を2倍に増やしたことをわれわれは既に見てきたが、その時代は、政治的な安定と経済的な支払い能力を脅かす一連の不作に見舞われた1830年頃に終わった。

❖　貢納と商業の諸関係

19世紀初めまでの庄内は稲作単作地帯で、酒井家に与えられていた。藩

の総収入、商人の投資、それに 145,000 人の農民の財産は、年毎に変動する稲作の収穫高と価格にかかっていた。米の収穫高は平均的には上がっていたが、水田の開墾を奨励する際の特別な減免や、それに伴う年貢徴収の方式のゆえに、この米の収穫高の多くは藩の目を逃れた。しかし、生産物は、実権を持つ者たちによって「効率的」に搾り取られ、その残りの生産物も庶民にむらなく分配されたわけではなかった。農民たちは依然として病虫害と北国の気まぐれな天候によって毎年変動する収穫高に直面していた。農民たちは、江戸や大坂まで広がり高度に商業化した米取引での市場価格の変動にも、同様に影響を受けやすかった（付録参照）。しかも、彼らが米を作っていた何十万もの水田は、土壌や水の状態も年貢率も幅広く多様だった。このような状態は、本間家のような直接市場に参入が出来た大土地所有者に好都合で、彼らを引き付けた。もっとも、1830 年においても、本間家の所有地の合計は、この平野の米作面積の 4% に過ぎなかった。それでは前章で述べたように、江戸時代が終わりに近づくにつれて、庄内ではどのように初期産業化が進んでいったのであろうか。

　農場付随雇用と農村家内工業は多くの地域の重要な特徴であった。大坂後背地の綿加工（Houser 1974）、諏訪盆地の養蚕業（齋藤 1982）、長州地方の紙製造や塩採取（西川 1981）と同じような庄内郷村の原始的工業化はあったのだろうか。筆者は、あったとは思わない。時折仕事をする行商人（ユカゲ）や、村の家々から少量の米を買って町の米業者へと運ぶ販売代理人の、広範囲にわたる網状組織があった。1842 年に作成された温海組の小さな商人と小売店主の台帳は、21 か村中 11 か村の 118 人を記載していた（『山形県史』資料編 17 1980：752–57）。2 年前には、押切組の五つの村には 73 人の認可を受けた小売商や商人がいたが、この中には 10 人の穀物運搬人、17 人の行商人（ボテ）、18 人の行商の八百屋、九つの店を構えた八百屋、5 人の「古道具屋」（古道具売りと古手売（ふるてう）り）、7 人の魚屋、3 人の綿織物商、2 人の酢と醤油販売人、1 人の雑貨小間物商、1 人の豆腐造りが含まれていた。別の職人の名簿には、大工、木挽き、鍛冶屋、屋根葺き、染物屋、油絞り、麹屋が含まれていた。それでも、そ[18]

18　『三川町史』1974：177-78。認可は大庄屋の責任で（そしてたしかに特権でも）あっ

第 2 章　庄内と酒井藩

のような商業活動にもかかわらず、研究者たちが初期産業化というような農村産業の兆候はほとんどなく、資本と労働の再配置が始まったばかりだった（Kriedte 他 1981；Tilly 1983）。

　筆者は、また、小作人を抱える大土地所有の形態を農地資本主義として特徴づけたいとも思わない。19 世紀の大部分の間、これらの大土地所有者は、新しい方法で稲作を拡大したり、自分たちの雇用や労働の配置を合理化したりすることによって「企業」化することはなかった。所有地を資本集約的な、また資本主義的な農業の方向へ向けて合理化した初期の近代イギリスの田園地帯の「人を改良し続ける地主たち」と、彼らはまったく似ていなかった。二大地主の本間と秋野が、どちらも水田を買ったりその耕作を割り当てたり、小作米を集めたりするために、手続きや代理人の職階制を設けたのは事実である。それでも、彼らは、本質的には藩の年貢の強制取立てに類似し、それを手本とした土地管理と余剰を手に入れる機構を作りだしたのであった。1880 年代の終わり頃まで、技術の改良（とくにこの平野の灌漑、排水の改良については Kelly 1982a）、種子の多様性、肥料への投資が最小限度のままであったことは、同様に重要である。「金を産む金」と「資本としての金」を見分けることの重要性にこだわるとすれば、19 世紀の庄内には、その最後の 10 年、そして集団的な抗議の四つの時期の後まで、技術や農業生産の新興の資本主義的再編の徴候は少なかった、と結論しなければならない。

　それどころか、藩政、商取引、稲作は、従属関係と商業活動を互いに補強し、強制する網状組織だった。これを、社会的範疇のすっきりした三角形として描くことが出来る。

こうして、藩が商人からの借金、寄付、献金、払戻金によって潤沢な資金を

た。商売や技術の認可を得ようとするには、さらに郡代の承認が必要であった。

維持する一方で、商人は藩の米販売や他の公認の専売権のために富を築くという関係が常に形成されていたと考えることもできるだろう。両者とも米作農民から地代を取り立てたが、米作農民たちは借用、割引、臨時の負債切り捨てや、慣習的な制限によって、これらの取立ての厳しさを和らげた。

　これは心がそそられる三角形ではあるが、19世紀の庄内を描くもっとも有用な形ではない。なぜなら、これらの社会的範疇を一枚岩と見てしまう傾向があるからである。19世紀の衝突は、1600年代および1700年代の抗議と改革の三つの事例が示唆したものを想起させるであろう。つまり、争いの筋書きは、藩の家臣たち、町の商人たち、村の農民たちの、各二者間と三者間にあった対立に沿って刻まれていた。藩の家臣の中に、政策と役職を求めての縦の派閥的闘争と、上役たちと郷方役人の間の横の裂け目を、われわれはすでに見た。商人たちは御用と非御用商人に分けられ、本間と提携している商人と本間の主導権に反対する商人に分けられ、また、鶴ヶ岡、酒田、人山の地域的な対抗関係に分けられた。

　農村の商業化もまた、自給自足生活と利潤という二分法に単純化することは出来ないであろう。村の農民たちはすべて、抵当に入れられた土地、金の貸付け、土地借用、小規模取引きの網の中に引き込まれていた。それは、ときには自暴自棄になって、ときには利益を求めてのことだった。自給自足の農業から利益を得るための農業への転換は、商業的な土地利用関係への多種多様な方向をつかまえるには大雑把すぎる。19世紀初期には、庄内の農村の全住民が均質な小作農民だったわけではなかった。所有権、耕作、居住地、田植え時や収穫時の家内労働と外部労働の利用、消費や年貢と小作料のため、市場での販売のための生産、農業と非農業活動における労働の配置、購買と販売、こういう家内経営の特徴は、農村の全住民に構造的な多様性をもたらし、個々の世帯にさまざまな戦略を立てる機会を与え、互いに無関係に変わることが出来た。「農民」（百姓）とは、生産事情と市場への適応、種々のもろさや可能性をおおい隠す言い方だった。1830年の庄内は、拮抗する範疇の三角形ではなく、商業的な米単作の中で、貢納と商業の諸関係が入り組んだ織物であった。

第3章

見事な領民たち
──1840–41年の転封反対運動──

略年表

※〔 〕1872（明治5）年までの旧暦表示

1840（天保11）年11月	長岡への所替が申し渡され、転封中止を訴える活動が始まる。
1840（天保11）年12月〔11月〕	西郷組百姓12人が転封中止愁訴のため江戸へ上る。
1841（天保12）年〔閏1月〕	徳川家斉が没する。
1841（天保12）年4月〔2月〕	中川谷地で数万人が集まる。
1841（天保12）年〔5月〕	川越藩の養子松平斉省が没する。
1841（天保12）年8月〔7月〕	転封命令が撤回される。

　前章で略述した1630年代、1670年代、1790年代の出来事は、庄内におけ
る酒井家支配の最初の2世紀間における、庶民の非難、上層部の派閥間の対
立、藩の政治上の危機がもっとも顕著だった時期である。それでも、そのど
れもが持続的な集団抗議を含んでいたわけではなかった。たしかに、何十も
の家族が山を越えて秋田へこっそり逃亡したというような動きは1632年に
あった。しかし、1840年代、つまり1840–41年と、1844年までは、持続し
た集団抗議の発生を確認することはできない。最初の持続した集団抗議は、
酒井を別の藩主と取り替えようとする幕府の企てに挑み成功した。だが酒
井が庄内にある幕府の領地に対する管轄権を我が物とすることを阻止しよう
とする2度目の努力は、不成功に終わった。これらの行動が、米の不作とそ
れに付随する経済的危機の直後に続いたことを考えると、この飢饉の10年
がそれに続く対立を起こしたのではないかという当然の疑問が生じる。した
がって、これらの運動について再考する前に、まず1830年代の窮乏の概略
を述べなければならない。

第 3 章 見事な領民たち――1840-41 年の転封反対運動――

❖ 飢饉と藩の秩序

幕府と諸藩の双方にとって、1700 年代後期の財政危機よりもさらにひどかったのが、多くの地域で凶作となり、江戸では政治的緊張が増大した 1830 年代の 10 年間だった。1830 年代後半には、幕府では 50 万両の半分以上の年間不足額を生じていた（Beasley 1972：51）。幕府の大権と優位への直接的な挑戦は若い水戸藩主徳川斉昭と数人の藩内知識人によって明確に表明され、彼らは幕府の政策立案を外部の「有能の士」へ開放するようにせき立てた。この 10 年間の暴動と「打ち毀し」の中でもっとも劇的だったのは、大坂の幕府の下級役人、大塩平八郎による民衆の反乱への呼びかけであった（Morris 1975：180-216、Najita 1970）。この暴動はすみやかに鎮圧されたが、大塩の反抗的な挙動と自殺は、浅野侯の四十七士の仇討が元禄の世を感動させたように、天保の人々の想像力をかきたてた。後になってから、歴史家たちはこの時代（すなわち天保期 1830-44）を幕府の終わりの始まりと呼んでいる。例えば Najita にとっては、理想主義的行動の中心であった急進的な政治批判が、「王政復古」へと向かう時代であった。

東北地方の他地域と同様に、庄内は藩にとっても農民にとっても同じように厳しい収穫不足とそれに付随する困窮を経験した。これは藩がその主要な年貢率に関して受けいれることを余儀なくされた多大な削減に反映されている。1812-26 年の 15 年間の 45.5% という平均値から、次の 15 年の平均値は 41.1%（付録参照）に落ちた。天候不順、害虫の異常発生、収穫高の下落は 1828 年に始まった。その年の年貢率平均値は 43.3% だった。1830 年にわずか 40.2% だったが、1832 年にはまた大凶作で 41.4% だった。米の収穫は 1833 年にはさらに悲惨だった。生育期の気候によるすさまじい惨害の連続は、収穫の被害の割合を暗に示す。春の田植えの期間に水不足があり、異常な低温があった。この後に 7 月、8 月、9 月と大雨、広範囲にわたる洪水、強風が続いた。刈り取られた稲束がまだ田圃で乾かされていた 11 月 7 日〔旧暦 9 月 26 日〕に大雪があり、そのひと月後には大地震があった。悪いことがぶり返すたびに米の値段は着実に上がった。10 月までは、地元の市場価格

は 7 月の価格の 130% だった。12 月の地震後、通常の年の収穫であれば市場は落ちついたであろうが、米価は 7 月の米価の 190% であった（個人および藩勘定を要約している。齋藤 1982：50 参照。それに、『鶴岡市史』上 1974：389–93）。

　藩は機敏に反応した。その夏の命令で藩からのすべての穀物と豆類の移出を禁止した。10 月末、役人たちは 12,000 俵の「慈善米（御救米）」の配給を命じた。その内訳は、3 郷 5 通のそれぞれに 1,000 俵、そして鶴ヶ岡と酒田、支藩の松山、幕領の大山もそれぞれ 1,000 俵であった。（実際に配給されたのは収穫後の新米であったので、藩はまったく、あるいはほとんど備蓄してなかったと思われる）。藩はまた、鶴ヶ岡と酒田の取引所における米の先物取引（延べ取引）を全面的に禁止し、1783 年以来初めて、酒醸造の一時禁止も命じた。移出の禁止と同じように、この命令は少なくとも一部の酒醸造業者から無視されたが、酒醸造へ向けられた米の量はおそらく制限されたであろう。家臣にも容赦はなかった、上級家臣たちはその年のすべての俸禄を停止され、それより少ない手当（合積）に替えられた。

　収穫不足は、前年よりもさらに深刻な年貢取り立ての譲歩を強いた。1833 年の藩の年貢率平均値は 37.0% に下落した。郷方役人たちは村役人たちを訪問し、身寄りのない病人を含め、すべての困窮者の登録簿を作成しようと努めた。追加の米が藩の蓄えから彼らに配られることになっていた。山浜通だけで 2,398 人が困窮者と確認され、12 月末に 1 か月分の配給食糧が供給された。これは、一日に付き 1.5 から 2.5 合の割合で算定された。1 か月後、山浜通は 43% の増加の 3,439 人になり、この地区の全住民の 15~20% に相当していた。しかしながら、今や一日の食糧の配給は 1 から 1.5 合に削減されていた（齋藤 1982：51–52）。

　およそ 195,000 石（これは基本的な年貢およびすべての雑税額を含む）の年貢合計に対して、その年の藩の収入は 95,425 石であった。新年以降、藩のすべての米の備蓄を調査した郷方役人たちは、次の収穫期まで全住民に与えるには 120,000 石の不足があると見積もった。これはひどい誇張だったように見えるが、それで不安になった他の役人たちは、加賀や他藩から米を買い付け、1834 年中に配給制度を設立した（前掲書：52–55）。

第 3 章　見事な領民たち──1840–41 年の転封反対運動──

　収穫高の不足の大きさは、藩役人や肝煎たちをひどく心配させたのは明らかである。もっとも、移出と酒造の禁止、さまざまな配給制度の大部分は、困窮を軽減するのに効果がなかったのではないかと筆者は考えている。禁止は広く無視され、配給の規模は不十分だった。温海組 12 か村での 1834 年の最初の 8 か月間の御救米の配給記録は（前掲書：54–55）、その詳細さに感銘を受けるが、実際の総額は非常に小さかった。不足高の影響を弱めるのにより効果があったのは俸禄の停止と年貢率の縮小であった。藩はまた、各組に多くの量の販売用藩米を供給した。実際に、これらの販売は度々貸付で行われ、それで藩は確実に返済してもらうのに苦労することになった。

　翌年、1834 年の秋は大豊作だった。そこで藩は、蓄えが確実に郷倉に貯蔵されるように努めた。それにもかかわらず、低温、洪水、冬の初めの嵐が、次の 3 年間（1835–37）にわたり凶作をもたらした。1835 年の藩の年貢率平均値は 32.6% に減らすことを余儀なくされたが、それは 1834 年の収穫が大した余剰を生み出さなかったことを意味した。農民たちは藩の蓄えから借り続けた。例えば、1837 年までに山浜通では貸付米金が合計 32,938 俵と 3,242 両に達した。[1]

　翌年の生育期の天候は、同じように不穏なものだった。そして夏の盛りに、改革担当の郡代たちはすべての大庄屋たちに未納年貢と貸付米金は切り捨てにしようという申し出を回覧した。1838 年の収穫期の直前、彼らは一括した改革計画を発表した。滞納している年貢は雑税も含めて切り捨て、負債を再編し、困窮百姓が未払い債務から救われるようにした。彼らはまた雑税を削減し（困窮百姓を支えるために）不在地主にさらに 2.5% の付加税（与内米）を追加したが、これは地元の予備の蓄えに加えられることになっていた。同時に、彼らはすべての雑税と村入用の徹底調査を命じ、地元の蓄えを分配するための指針を公布した。半分は困窮に苦しむ一般住民に、もう半分はとくに窮乏の者のために使われることになっていた。彼らは、分配は大庄屋が規制すべきことで、不足のすべては藩ではなく、組の責任であることを強調し

─────────────
　1　大庄屋向けの明細書（『鶴岡市史』上 1974：401）は、藩役人からの 11 種類の貸付と前金、「地主」からの 1 種類、山浜通の各組からの 3 種類を載せていた。

た。このように改革の趣旨は、以前の他の改革同様、古い負債を切り捨て、やり直しに努め、将来藩の蓄えから借りる必要がなくなるように地元の予備財源制度〔高20石に一俵の割で新与内米を賦課し貯え凶作に備えた〕(『鶴岡市史上巻』1981：402)〕を設けることであった。この計画には、農業行政を引き締める他の布告がついていた。郷方役人は公務上の旅費を抑えるように命じられた。[2]郡奉行の巡回時には、混乱を避けるために、足軽3名が同行した。他方、藩の努力にもかかわらず、村役人が都合し貸し付けた百姓への莫大な米金の整理は不徹底であった。

　しかし、齋藤正一による山浜通の大庄屋文書の分析は、郷方役所自身がこれらの財政改革を徹底できなかったことを示唆している。山浜通の貸付米金の多くは、実際は、例えばある家族が年末に年貢を完納出来なかった場合に、個々の郷方役所が農民に利息をつけておこなう前貸し金であった。その家は、村の帳簿上は借金を支払ったことになるが、個人的に役所に返金することになる。もっとも、多くの場合これらの役所は、実際にはその家の名前で米（あるいは米の領収書）を提出しなかったのではないか、と筆者は思う。むしろ郷通の記録上、その額は滞納している組から支払われるべきものとして処理された。また、切り捨てられたのは藩庁や諸役所から拝借した元になった米金だけであり、利息分は組全体から取り立てられることになったので、多くの農民や村々は多額の借財をかかえたままであった。こうして、旧借切り捨ては、諸改革が意図したようには、穀物倉庫の貯えの増加を許さなかった。[3]

　この平野は、10年以上にわたって自然災害、不作、そして役人の疑わしい策略によって苦しめられたが、農民や町民が役人の行為または不作為に抗議して暴力行為に及んだり、腐敗した役人、財産の隠匿者、便乗値上げを目論む者に裁きを受けさせたりしようとした証拠が事実上皆無であるのは注目に値する。援助と分配を求める多くの嘆願があったが、この時期の文書につ

　2　彼らは質素な食事をすることになっていた。米と一緒に摂る物は「一汁一菜無酒」であった。これは決まり文句であった。1793年の文書の同一の訓戒を参照されたい（『山形県史』資料編17 1980：207）
　3　筆者はここで齋藤1982：62の数字を利用しているが、その数字には筆者はやや異なった解釈をしている。

第 3 章　見事な領民たち——1840–41 年の転封反対運動——

いての筆者の研究は、直接的な大衆行動に関する一つの記録を発見しただけ
である。この行動は 1833 年の 10 月半ばに起こった。山浜通の 5 か村の数百
人の住民が 2 軒の地元搗屋を襲い、秘かに蓄えて、値段を操作したとして非
難した。1834 年の 7 月になって、やっと最終判決が出されたが、それは厳
しいものであった。終身刑 2 名、藩外追放 3 名、飽海への追放 1 名、他の
11 名にはより軽い刑罰、村のすべての本百姓には「叱り」が言い渡された（『山
形県史』資料編 17 1980：934；齋藤 1982：50 参照）。

　江戸、大坂、いくつかの地方都市で、打ちこわしや一揆、大塩平八郎の乱
などが起っているときに、この庄内の一見静かな状況をどう解釈すべきであ
ろうか。当時の報告者や後の世の歴史家たちは、困窮の規模をはなはだしく
誇張したり、公式の救済手段の誠実さと有効性を無視したりしたのだろうか。
筆者はどちらでもないと思う。実際に災難があり、状況が悪く、藩の対策は
うまくいかなかった。平均年貢率の下落、ふくれ上がる地元の負債、多数の
困窮者調べ[4]、藩役人の臨時の禁止命令等は、すべて前例のない規模での凶
作と農村の混乱の証拠である。ともかく「飢饉」は、嘆願書や覚書の中に印
象的な言葉として残された。幸いにも餓死者の記録は見当たらないが、抗議
が少なかったのはおそらく、酒田市内や周辺部で腸チフスが短期間流行した
ためであろう（斎藤 1982：58）。

　とはいえ、空腹や怒りの程度がどれぐらいかを測ることは不可能なことだ
が、その程度によって、不満が駆り立てられたり静められたりすると考える
のは疑問である。「近代初期のイングランドにおける飢饉と社会秩序」を綿
密に調べた試論の中で、Walter & Wrightson（1976）は、飢饉は常に無秩序を
生むと仮定するわれわれの傾向に異議を唱えた。

4　齋藤 1982 の諸例を参照されたい。これらの覚書の中には非常に衝撃的なものもあっ
た。また、飢えと栄養不良を避けるために「救荒植物」についての実用的な助言を提供
するものもあった。ある表には、ゴボウの葉、ノコギリソウの葉、ヘビウリの茎、フジの葉、
ブナの木の葉、スギナも、その他常食としてせっせと野生の植物を利用した農村の住民
たちでも通常は堆肥にしたものの品目も含まれていた（長沼 1983：86）。そのような助
言は広くいきわたっていた。例えば、秋山他 1979：18 の中の、中部地方の 1837 年の「救
荒植物」の一覧表の写しを参照されたい。

16世紀後期と17世紀初期の人々がどの程度まで飢饉の脅威を意識していたかは、いくら強調しても強調し過ぎることは難しい。周期的な凶作と食糧不足は、近代初期ヨーロッパに付きまとった脅威であり、この時代を不安にさせる大きな要因の一つであった。伝統的に歴史家たちは、飢饉が社会秩序に対して引き起こした脅威を過大視する傾向があった。われわれは飢饉の影響はより複雑な性質のものであったということをそれとなく示すことによって、そのような仮定を和らげたいと思う。というのは、それは疑いもなく社会的混乱の一因となり得る一方で、飢饉の認識、その過去の記憶、その未来の発生の恐怖は、社会的安定の維持における積極的な要素として役立ち得るという証拠があるからである。飢饉を意識したことは、少なくとも近代初期イングランドの情況の中では、社会秩序を支えるいろいろな価値や関係を強めることが出来た、とわれわれは信じている。(1976：22；20世紀のベンガルの飢饉の期間中の暮らしの文化的意味とその意味の行動に対する、より悲劇的なかかわり合いについての同様の論議については Greenough 1983 参照。)

19世紀の日本でも、急変動する収穫高（次第に上昇する平均値を中心にしてだが）と藩財政の慢性的な不安定さは、「収穫不足」「飢饉」「困窮農民」という言葉によって、非常に強烈な、そしてたびたび強い印象を与えることになった。しかし、国家と農民の関係についての文化的な背景は、19世紀の日本においては、近代初期イングランドや近年のベンガルの過去とはかなり異なっていた。

　江戸時代の一つの特徴は、不満を表現するために長年つづいている定式化された様式の嘆願書が広く行き渡っていたことであった。もちろん、それに対して、人に行為を命じたり禁止したりするお触書は広く出されていた。19世紀までに、庶民の嘆願する「権利」は、幕府役人によって厳しく抑えられてきた。にもかかわらず、それは相変わらず不正を正し過重な負担の軽減を求める最初の手段であり、もっとも一般的な方法であった。嘆願の風習は広

第 3 章　見事な領民たち——1840–41 年の転封反対運動——

く知られていたのだ。提出の作法と手順、領民の「困窮」に対しての典型的な懇願とお上の「恩恵」、うやうやしい言葉遣い、文書形式は、この研究の中でたびたび目にするように、すべて高度に標準化されていた。[5]

　嘆願の頻発は、役人の阻止にもかかわらず、庶民の訴訟についてのより全般的な粘り強さの一部として理解することが可能である。これは、この地方限定の「事件（一件）」を含み、その告発、反論、証言は大庄屋の書類箪笥の帳面に多く見られる。それらは土地、水、金銭についての家と家との間あるいは村落間の苦情や言い争い、また他の日常の口論である（Henderson 1975 の村「契約」の要約、Kelly 1982a の多数の事例を参照されたい）。また、幕府に訴え出て民事訴訟での判断を求める庶民の間断のない流れもあった。1808 年の勘定所で返済を勝ち取るために、江戸郊外出身の在地商人ヌイノスケが根気強い努力を続けた訴訟の生々しい話を Henderson は伝えている（Henderson 1965：131–62）。総計 50 両の不動産取引で債務を履行しなかった茶屋の経営者に対する判決を得ようと 5 か月間にわたって彼は努力し、自分が泊まった訴訟宿（公事宿）の主人に、最初から最後まで手引きしてもらった。[6] 7 回の審問、12 回の連続審理、さらに多くの調停を通じて、彼はくじけることがなかった。最終決定からは、彼は目的を「達した」ように見えるが、Henderson の記述だけでは、金銭上の償いはまだ不確かであった。ヌイノスケの経験は、不可解な法廷手続きや、役人の過度な形式主義（厳密な用語や手続き）あるいは無

5　書体さえも様式化されていた。青蓮院流の書道は徳川時代の初期に広く世間一般に広まっていて、幕府によって公式の書道の流派として採用されていた。これは御家流として知られるようになった。その後、すべての公式文書をこの書体で書くことが必要となったが、それはこの国の全域にわたった。また、時間を超えての公文書に視覚上の均一性を与えた（青木 1981：182–83）。

6　大坂と江戸の訴訟宿（公事宿）についてのすぐれた描写を見るには、滝川 1959、南 1967、青木 1981：191–203 を参照されたい。宿屋の主人たちは、訴訟への有資格者として、法廷および訴訟をしようと宿泊している人への義務感を持って組合をつくっていた。彼らの人脈、書法、証拠書類の整え方、複雑な訴訟手続きの知識は、幕府の法廷に出るどんな原告にとっても、江戸に上ってくるどんな嘆願集団にとっても、欠くことのできないものであった。滝川と青木は、当時の川柳にとらえられたように、馬喰町や小伝馬町の公事宿の近所の雰囲気を描写している。例えば「ムクドリに導き渡す馬喰町」（青木 1981：197）。

数の書類や証拠が要求される（「証文証拠これあり」）という実例である[7]。彼の執念深い、訴訟好きな精神は、たしかに並はずれたものであったが、多くの人々の幸せに関わる嘆願は、地方での議論や高位の職権を持った人々の面前での訴訟の手腕、戦略、経験に頼れるかもしれないということをわれわれに示している。

19世紀初期の日本の手続き上の複雑さの中にも、よく踏みならされた道があったということは、欲求不満や直接的な行動を排除したわけではなかった。ヌイノスケのような個人が直面した民事訴訟における主な困難は、せいぜい気乗りのしない仲裁者である法廷で、相手にとっては不利な判決を手に入れることにあったが、彼らにとって公的な決定は、お互いの協議がうまくいかなかった時の、なるべく避けたい最終手段であった。嘆願することには、それ自体の矛盾した事情が必然的に含まれていた。実際に、二つの決定的な矛盾を含んでおり、それが一緒になってより大きな矛盾を引き起こす。一方で、嘆願は、困窮や悪政への注意を喚起する一般に容認された方法だった。しかしながら、訴訟手続きでは、嘆願書はすべて本人の直接の上役へ提出しなければならないと規定されていた（村民は大庄屋へというように）。それに上役は、その不法行為が問題になっているまさにその当人である場合がよくあった。このことは、幕府へ訴えるために、藩のピラミッド型の階層の外へ行こうという気を困窮者たちに起こさせた。これは、訴えを妥協的に解決する一方で、当事者たちを厳しい罰にさらしながら、その要求を劇的に表現したものである。手短かに言えば、嘆願によって抗議は拡大・激化した。もう一方で、もし嘆願が審問してもらうための公認で無難な手段だったとしたら、まさにそのような慣行によって、抗議に対して言葉の上での制約を設けることになるだろう。その言いまわしや形式は憤りを表明すると同時に、怒りを抑制し、その怒りを苦難と恩恵という規格化された語彙の中に無理やり閉じ込めもした。そういうわけで、嘆願は憤慨と抑制の間の緊張を具体的に表現した。そして、これがどのように解消されたかが、すべての集団行動の

---

7 ヌイノスケの粘り強さはまた、今日の日本を訴訟のない社会だとする主張が19世紀においては慰めにもならないことを意味している。

第 3 章　見事な領民たち——1840–41 年の転封反対運動——

進路に影響を及ぼした。

　1830 年代の庄内では、憤慨よりも遠慮のほうがまさっていた事を証明した。この 10 年間の初めから終わりまで、農民たちと町人たちは、窮乏から救ってもらうための書面の嘆願の中で、藩の行動を求めた。差止め命令、追放、譲歩の絶え間のない流れが、これらの要望に対する、よく眼に見える返答であった。また、この平野の至る所で、村の人々へ向けて嘆願書は 1 行ずつ読まれたので、聞き取れるものでもあった。大地主も、京田通の「困窮した農民」に対する秋野の 300 両の寄付のように、時々の慈善行為をおこなった。そして、さらなる人心の動揺を抑えたのは、上に述べたような行為がよく知れ渡ったことであり、その実効性ではなかった。2 万人が住む地域の至る所に分配された 1 千石の米は、心配していることを示す明白な意思表示であったが、長い間多くの胃袋を満たすことは出来なかったであろう。それでも、藩は代々の「慈悲深い支配」をなおざりにしていると非難されないように注意した。藩はそれが保証できない時も、生存への権利に公的に憐みを示した（Scott 1976）。その対策がいかに不十分であったとしても、より深刻な暴動への訴えを回避することができた。庄内では、統治者と臣下、地主と小作人の間の礼儀にかなった交渉は、どこかよそで起こった騒動に影響を受けた紙の上の争いに限られていた。[8] この国の他地域でもはや使い物にならなくなっていた貢納関係という織物は、1830 年代の財政困難によって試練を受けたが、引き裂かれはしなかった。

❖　「貧乏大名」庄内へ？　幕府の転封命令

　財政困難にもかかわらず、庄内は 1830 年代の最悪の天災を免れた。藩は、東北地方の他の地域よりも実際にうまくやっていた。江戸の物好きたちはまもなく酒井忠器に「神田大黒様」というあだ名をつけた。「大黒様」というのは、民間信仰の福の神の一人である。この言葉は、他の多くの藩主たちが江戸の

　8　藩の役人たちは、大塩平八郎の乱への呼びかけを聞いて、衝撃を受けた。この知らせによって、翌年かつてない規模での負債切り捨てが断行されたのかもしれない。

出費を厳しく切り詰めなければならなかった時期に、彼が神田の邸で楽しみ続けたぜいたくな生活をたしなめるものだった。藩の唖然とするような収支決算書の赤字と、増え続ける農村の負債額を考えると、これは良心的な行政の褒め言葉などではなく、算盤の論理に対する向こう見ずな軽蔑であった（19世紀におけるほとんどの藩の重臣たちのふるまいは、商いへの没頭と商才と利潤追求とに無縁であったことを証明している！）。しかし、忠器は自らの人目についた浪費の代価を払わなければならなかった。彼の浪費は物好きたちのとげのある言葉と同じように、幕府役人の注意を引いた。そして、藩が10年の間切り抜けてきた収穫不足よりも、藩に対してより深刻な問題を突如として引き起こした。

　最初の一撃は、忠器への日光東照宮の修理のための重い割当金であった。次に、1840年11月24日〔旧暦の11月1日〕、その厳しい要求が原因でまだ目が回っていたところに、藩は三方領知替えの幕命によって茫然となった。酒井が庄内の領土下賜を受けて218年の後に、忠器は、日本海に沿ってさらに南に位置する、ずっと小さな長岡藩への領知替えを命じられた。長岡藩主牧野忠雅は江戸のすぐ北西の川越へ転封することになり、川越の松平斉典は庄内の新領主に指名された[9]。

　この命令の背後にある江戸城の政略は、不可解なものであった（『鶴岡市史』上 1974：406–408、斎藤 1975：275–79、津田 1975：264–65 参照）。しかし、前将軍家斉の寵愛を受けた側室の、我が子松平斉省（「なりさだ」ともいう）のためにいだいてきた積年の野望だった。斉省は家斉の55人の子女のうちの第24子であった。55人の子女のうちの少なくとも半数は成人に達し、彼らのために地位と家を見つけるという、わずらわしい問題を幕府の役人に提起していた。

9　将軍は古参の家臣である藩主たちを転封させたり、その領土を調整したりする権利を常に主張していたが、17世紀の将軍たちは、その権利を決まったようにいつも行使した。三方領知替えでさえ前例があった。しかし、Bolitho（1974）とその他の人々が示しているように、その権利は徳川末期にはあまり行使される事のない特権であった。ここで述べられている運動に関する記録は、小野 1964：37–142、内藤 1841、著者不詳 1842、『山形県史』資料編 17 1980：935–1019、『酒田市史』史料篇 5 1971：779–92 に見られる。『鶴岡市史』上 1974：406–31、榎本 1975：234–41、Borton 1938：99–106 には有益な解説がある。

第 3 章　見事な領民たち──1840–41 年の転封反対運動──

1827 年斉省が 10 歳のときに、彼の母は彼を 7 万石の川越藩主松平斉典の養子にやることができた。そこで彼女は、松平家をより大きなより蓄財のできる藩へ転封させようと企み始めた。過去 10 年間に比較的にうまく事を運んでいたという江戸での評判と、富裕な本間家の存在のために、庄内に引きつけられた。そして、酒田での密輸と手ぬるい沿岸警備のうわさをまき、江戸城内の対立関係を利用して、家斉に 1840 年 11 月に転封命令を出させることが出来た。

　忠器はその時、鶴ヶ岡にいた。早追いによってこの知らせが 7 日後に彼のもとに届いた時、家臣たちはただちに対応に没頭させられた。彼らは、この転封が、庄内の 14 万石から長岡の 7 万石へと、公式の領地の価値の 50% の減少を伴うことに、とりわけ衝撃を受けた。さらに、転封は将軍の命令（大命）という普通でない形式でふりかかった。200 年の間、そのような大命が撤回されたり、直に反対されたりしたことは一度もなかったので、忠器の重臣たちは、覆す見込みはないとすみやかに結論を下した。最初から、彼らの対応と策略は、転封に要する莫大な経費を支払うための資金の調達と、領地の減少の影響を弱めるための添地（そえち）を手に入れようとする企てに絞られた。[10] 忠器の在府の嫡子忠発（ただあき）は、父に事態の進展状況を知らせ続けたり、役に立つかもしれない江戸城内の役人に贈り物や賄賂を渡したりすることに利用された。

　本間光暉（みつあき）はこの緊急の知らせを受け、12 月 1 日〔旧暦 11 月 8 日〕に登城した。彼は藩の郷方役人とともにこの転封を調整することを求められた（これらの城内の討議についての詳細を提供しているのは彼の日記である『酒田市史』史料篇 5 1971：779–82）。光暉は自らの収入についても詳しく尋ねられ、都合のつく金額を調べるよう命じられた。転封費用は、当初 30 万両を見込まれていたが、数日後、これは 7 万 3 千両となった。光暉は、結局調書を提出し 4 万両を少し上回る金額を都合した。

　他の大商人も、同じように協力的ではなかった。例えば、加茂港のもっと

10　彼らが激しく議論した第三の問題は、酒井家の墓の処分であった。すなわち、鶴ヶ岡の菩提寺に葬られている代々の藩主の遺骸を掘り出すかどうかの問題であった。これは彼らがいっとき大命への反感を抱いた唯一の領域であった。

も富裕な商人の秋野茂右衛門と大屋八郎治には、それぞれ 2 千両の要求がなされたが、商売の窮境を申し立て、1 千 5 百両しか提供しなかった（『山形県史』資料編 17 1980：162–63）。藩の当初の目標は 7 万 3 千両だったので、藩は多額の金を得るために町人と農民に割り当てた。未納年貢納入とすべての貸付金返却を領民に催促する矢継ぎ早の指図と、これらの割当金は、直接的な反対を引き起こした。この反対は、川越藩主が庄内の新しい領主として予定されているという知らせによって、さらに煽りたてられた。川越藩の松平家は、永年にわたる「貧乏大名」の家系として全国的に知られていて、その政策は厳しく、強圧的であった。[11]この一家は、過去 2 世紀にわたって 11 回も転封させられていた！

　そういう次第で、転封命令は実際に藩のすべての住民にとって脅威となった。藩主は歳入の厳しい減損と、もはや扶養することができなくなった多くの家臣の召し放しを行わなければならないという事態に直面させられた。商人たちは、いやな選択に直面させられた。商売上の特権や酒井とその家臣たちへの貸付金の保持を期待して酒井に従って新封地へ行くか、それとも自分たちの所有地と庶民への貸付金を守り、新藩主斉典との商業上の結びつきを協定するために庄内に留まるか。すべての地主は、大地主も小地主も、相当の過少登録や過少課税が明らかになるであろう新たな検地を恐れるのに充分な理由があった。重役たちが転封の条件をよくしようと試み、本間が移転するかとどまるかについて煮え切らない態度を取っている間に、他の商人たち、郷方役人たち、農民たちは、転封への直接的な反対を表明した。それに続く 6 か月間の彼らの扇動は、次の三つの関連した形式を取った。江戸と他藩での直接の嘆願、庄内の寺社での集団的な祈願、農民たちの大集会。まもなく本間も、この運動を支持すべきだと思うようになり、その後幕府内の権力関係が変化するにつれ、藩自体も暗黙のうちに支持するようになった。そして

11　そのような政策を特徴づけるために使われた言い方は「苛斂誅求」だった。それと対照的な言葉づかいは、「仁政」あるいは「慈悲深い政治」であった。「徳政」という言葉も、そのような温情主義的慈悲の同義語として使われたが、19 世紀においても、それは「負債切り捨て」という特別な意味を保持していた（例えば、『鶴岡市史』上 1974：359；林家 1977：26–27 参照、Verley 1967：194–201）。

第 3 章 見事な領民たち──1840–41 年の転封反対運動──

それはとても奇妙な「民衆の抗議」へと発展し、その後の経過については、一方で民衆がどう参加したか、また一方で民衆の要求がどのように抑え込まれたかを注意深く検討しなければならない。

❖ 嘆願、集会、祈願

　行動は、転封命令が酒井家に届いた日の翌日から始まった。藩の役人たちが転封の経費を計算している間に、1 人の医者が主立った商人と役人らをひそかに訪ね、羽黒山にある修験道の合祀神社の別当に助力を懇願してはどうかと提案した。時を遡ること 1634 年、神社領地への酒井の課税から守るための動きの中で、この羽黒の別当は寛永寺の住持と会っていたが、寛永寺は徳川家の保護を受けていた。羽黒の別当は、それによって合祀神社を有力な寛永寺の翼下に身を寄せるために、羽黒が真言宗から天台宗へと転じるとする協定を結んだ（松本 1977：647–48）。その 200 年後、この医者は、将軍への直接の経路を試してみてはどうかと言ったが、町奉行から警告を受けた。後に、有力な町人たちが、この別当と話し合うために代表を送ったが、別当は明らかに神社の利益を危険にさらすことになるので、不適当として拒絶した。

　次の動きはさらに大胆不敵であったが、それも成功はしなかった。12 月 16 日〔旧暦 11 月 23 日〕、この城下町の西部にある西郷組の 12 人の住人が転封阻止の嘆願文を持って江戸へ向かった（図 3 参照）。その文の文頭は、「恐れながら荘内二郡の身分の低い農民たちは、一丸となって窮状を訴えるこの書付をもって嘆願致します」となっていた。それは酒井藩時代の「情け深さ」に対する、あふれるような賞讃で始まったが、国替えという事件の中にある厳しい苦難の恐ろしさを鋭く想起させた。婉曲な表現と忠節の表明を伴って、この原文（『鶴岡市史』上 1974：415–16）は、次のように読み取れる。

　　私どもの殿様、酒井左衛門尉様のお所替えという今度の仰せ付けをお聞きして、田川と飽海のすべての百姓どもは、老若男女どもまで、皆々苦悩と悲嘆で胸がいっぱいになりました。殿様の御家族は 200 年以上にわ

図 3　黒森村の集会（致道博物館所蔵）
1840 年 12 月 10 日〔旧暦 11 月 17 日〕、最近の国替えに反対する行動について話し合うための、黒森村住民の彼らの寺での集会。

たって当地におられ、私どもは代々の殿様の御厚恩にお頼りしてまいりました。もちろん、昔は収穫不足がありましたが、8 年前は前代未聞の大凶作でございました。荘内以外の地域では、数え切れないほどの餓死者がおり、これらの地域からこじきたちが群れをなして荘内に押し寄せて参りました。しかし、荘内の私どもの殿様は町中村中の居住者たちに沢山のお米とお金を下され、その上に御寛大に沢山のお金をお拝借として差し出して下さいました。殿様は荘内藩内の救助として配給するために、諸国から米を買うことをお取決めになられました。それで藩内の金持衆もかなりの額の救いの金銭を出して下さいました。その結果、荘内では 1 人のこじきも罪人も出ず、皆々有難涙にくれております。殿様は、これまでの凶作の年々にも同じようにふるまわれて蓄えもつきはて、他国の金持ちより多額の金銀をお借入れになられました。殿様は、これら

71

第 3 章　見事な領民たち——1840–41 年の転封反対運動——

を荘内の人々に貸付金として差し出されましたので、1 人の餓死者も出ず、町村のどんな家族も値打ちのある品物を質においたり売り払ったりすることはありませんでした。もしも、このような昔からのお拝借の米と金が途絶えるということになれば、私どもは年貢を十分に支払うことが出来なくなり、耐えがたい損害に直面することになるでありましょう。そして、その上に、もしも私どもの思いやりのある殿様がお国替えなさるを得ないとすれば、藩内のお金持ちは、みな長岡まで殿様のお供をさせていただきたいと嘆願するでありましょう。藩の百姓どもは、近年の凶作のために、これらのお金持ち達からかなりの額のお拝借をしております。もしも突然に、これらを支払わなければならないとしましたら、大変な難儀が生ずるでありましょう。一同心配して、殿様に当地にとどまっていただく外はないと嘆いております。その気持ちは、荘内では誰でも、子どもでさえも、神々へ願掛けをしていると言ってもいい程になっております。皆々精進して湯殿山、羽黒山、金峯山、鳥海山、その他の御城下のありとあらゆる神仏に参詣をしております。一同、殿様がこれまで通りに当地にとどまられますように、涙ながらに懇願申し上げます。恐れながら、私どもはうやうやしく上の通り嘆願申し上げます。荘内 2 郡の百姓どもは今、私どもの情け深い殿様がいつまでも荘内に御在住なさることをお許しになる御寛大な仰せをうやうやしく求めております。お百姓ども皆々一緒に御嘆願申し上げます。

　天保 11 年 11 月

　　　　　　　　　　　　　　田川及び飽海の村々百姓ども

御公儀様 御役所 へ

　この一団は江戸に到着し、馬喰町の公事宿小松屋に泊まった。しかしながら、幕府役人に直訴する前に、彼らは酒井藩士に阻止され、帰国させられた。それでも彼らはくじけずに、冬の期間、藩中に張り札を配布し、国替えに伴う義務的な奉仕や、庄内から長岡までの備蓄米の船積み、今後の行動について注意を喚起した（例えば、『山形県史』資料編 17 1980：947）。

西郷組の活動の中心になった1人に、書役の本間辰之助がいたが、彼は酒田の本間家の親戚ではなかった。彼は鶴ヶ岡の宿屋加茂屋の出身で、西郷組大庄屋の養子となっていた。この時の加茂屋の主人文治は、この城下町で支持を集めることに積極的だった。加茂屋の女性が文隣和尚（1799–1863）と結婚していたため、実は関係があった。この寺〔玉龍寺〕は鳥海山の山麓の江地村にあった（小野 1964：47–49）。文隣も引き入れられ、彼の寺は北庄内の拠点となった。1月5日〔旧暦1840年12月13日〕、21人がこの寺から江戸へ向けて出発し、そのうちの11人が無事に藩士たちの目を逃れて江戸に到着した。そこで、彼らは佐藤藤佐に迎え入れられた。佐藤は飽海で生まれたが、19歳で勉学のために上京し、公事師（幕府および藩要職への嘆願書や他の用事についての庶民相手の専任者でまとめ役）となるために江戸に残っていた[12]。佐藤から援助してもらうことは白崎五右衛門から勧められていた。白崎は米沢藩校で教えを受けていたが、1830年代に本間家のもとで働くために酒田へ移転した。このように、本間光暉は、一歩踏み出し、転封反対運動に賛成して、舞台の背後で画策し始めていた[13]。

　佐藤は、5名の幕府の重臣が2月11日駕籠に乗って城に入る機会をとらえて、11人の飽海の農民が重臣たちに直訴するための策略を考え出した（『山形県史』資料編17 1980：963–67；Borton 1983：104 参照）。このような嘆願は苦情を表明する時の慣例によるやり方であったが、それは本人の直接の主君を跳び越えることによって基本的な規範を犯したという理由で、たびたび死刑を招いた。作法に従って最後の一杯の酒を分かち合い、決然として鉢巻きを締め、男たちは江戸城の桜田門外へ導かれた。そこで彼らは、ひしめき合っている群衆の中で身をかがめた。駕籠が1丁また1丁と見えてくると彼らは2

12　Henderson（1965：169）と彼の主要な資料（滝川 1959：8–10）は、公事宿の主人と佐藤のような公事師の間に明確な区別を設けていた。公事師は影の多い、芳しくない始末屋とみなされていた。青木（1981：205）は公事師の部類をより広く解釈している。

13　光暉は、いくつかの点で活動的であった。彼は米沢藩主上杉へ交渉の申し入れをした。光暉はそれまで上杉へたびたび貸付しをしていたが、今度は上杉へ7千両の融通の申し出を行った。光暉はまた、新しい藩主から求められる寄付を避ける言い訳になるように、すべての大地主がその土地を永平寺へ譲渡する計画と国替えを混同させるように努めた。

第 3 章　見事な領民たち——1840–41 年の転封反対運動——

人 1 組になって飛び出した。嘆願書を二又に分かれた棒に挟んで差し出しなが
ら、彼らは頭を下げて叫んだ。「恐れながら、荘内の百姓御嘆願」（図 4 参照）。
各組は、追い払われ、駕籠の囲りを固めていた徒侍たちに縛りつけられ全
員が拘留された。しかしながら、意義深いことに、彼らは至って穏やかに扱
われた。捕り方は彼らを「模範的な農民」（百姓の亀鑑）としてほめたたえた。
彼らは、酒井邸へ送り返され、飽海へもどされた。

　故郷では、「飽海の 11 人」に示された寛大さの話が全住民を励ました。そ
して、いくつかの集団が秋田、仙台、水戸、その他の藩の藩主への同じよ
うな嘆願書を携えて旅に出た。3 月の終わり頃までに、庄内平野でのいくつ
かの大集会を通じて、広範囲に及ぶ反対の意思が表明された。3 月 29 日〔旧
暦 2 月 7 日〕から 4 月 1 日〔旧暦 2 月 10 日〕までの 4 日間、酒田近くの浜で全
飽海農民の集会があり、1 万人以上が参集した。藩役人は立会人として出席
したが、干渉することはなく、形式的な警告を発するだけだった。36 人の
代表がこの集会からの嘆願書を鶴ヶ岡城へ持参した時、彼らは家老の 1 人か
ら丁重な歓迎を受けた。藩は、大集会を止めるための努力とともに、これら
について幕府へ報告するという正しい行政手続きを続けていた。しかし、酒
井による庄内の「永久の」支配を支持する示威運動をするために集まってい
るおおよそ 4~5 万人の「まったく愚かな農民（まったく愚昧の百姓；長沼 1983：
93）」についてのこれらの報告は、明らかに幕府の役人たちをおびえさせよ
うと意図されていた。

　藩の表向きの態度が、少なくとも命令を撤回させようとする人々の努力へ
の暗黙の支持へと変わりつつあったのは明らかだった。だがそれは、藩が領
民の不安を気遣ったり、その運動自体が体制転換につながると考えたりして
いた表れだとは思えない。酒井の重臣たちはおそらく、江戸での政治環境の
変化により強い印象を受けたのだろう。2 月 20 日〔旧暦 1 月 29 日〕、家斉が死
去した。彼は公式には 4 年前に引退していたが、舞台裏で権力を行使し続け
ていた。今や、12 代将軍となった家慶は、名実ともに後継者となった。こ
のことは、藩主たちの相当に鬱積した不満放出を引き起こした。例えば、23
名の非常に有名な外様大名（大広間外様大名）は家慶に対し、酒井転封のよう

図4 江戸城での嘆願（致道博物館所蔵）
飽海の農民の第一団は、幕府の重臣たちへの嘆願書を押し付けようと企てる。

な一方的な決定についての不満を著しく無遠慮な言葉で表現した共同の声明書を作成した。

> 私どもへの御内達もなく、私どもは少しも知らされていませんので、私どもはへりくだって、この御通知を提出いたします……酒井左衛門尉（すなわち、酒井忠器）は先祖代々公務につかれた御家柄の出でございますのに、何故今度転封をして長岡城を引き継ぐよう仰せつけられたのでございましょうや。私どもは、ここに、私どもが御申し聞かせいただきたいと望んでおりますことをお知らせ申し上げます（Bolitho 1974：35 からの引用；『鶴岡市史』上 1974：418 参照）。

藩の上層部は、いまだに大集会を警戒し、それらを抑えられるという確信

第 3 章　見事な領民たち──1840–41 年の転封反対運動──

はなかった。もっとも人々を驚かせたのは、上藤島村の六所神社周辺の中川谷地で起きた数日に渡る騒動であった（図 5 参照）[14]。狩川通と中川通の至る所に張り出された声明に呼び寄せられて、およそ 7~8 千人が 4 月 6 日〔旧暦 2 月 15 日〕の夕方、この神社に集まり、庄内での酒井の「永久領有（お座り）」のための祈願を行い、さらなる行動について「話合い」をおこなった。

　郷方役人は注意深く群衆を監視したが、彼らは太鼓や鉦、大きな法螺貝を使って、騒々しい雰囲気を作り出していた。役人たちは、横山村の伝四郎を含む数人の指導者たちに問いただしたところ、江戸まで藩主のお供をする許可を求める嘆願への支持を集めることを聞き、よりいっそう不安にさせられた。伝四郎と他の者たちは、忠器の出府予定は 4 月 12 日〔旧暦 2 月 21 日〕になっていることを聞いていた。ひとたび江戸へ入れば、忠器はただちに長岡へ行かなければならないだろうことを彼らは懸念した。農民の集団が藩主の行列に加わることは、藩主の厳正な儀礼の先例のない冒涜となるであろう。しかし指導者たちは、自分たちの集会場所を注意深く選んでいた。忠器の行列の道筋は、上藤島村をまっすぐに貫いて鶴ヶ岡から清川街道に沿っていた。役人たちは礼儀正しく、現状では「少し無分別」だが「気持ちは賞讃に価する」ことを認めていた。断固とした態度で、大声で群衆に解散を命じた。

　しかし、翌日になると農民たちはさらに大人数で戻って来て、村々から大挙して神社へ向かって行進した。自分たちが行列に参加することは許されないだろうということが分かり、他に取り得る策として封鎖について話し合い始めた。当日とその翌日、材料が集められ、道路を障害物でふさいだり、橋を壊したり、清川にある藩の船（それは藩主が最上川をのぼる旅で乗ったものだった）を移動させたりするのに、さまざまな策略が考え出された[15]。

　9 日〔旧暦 2 月 18 日〕午後 2 時、中川通の藩役人たちは、藤島村大庄屋屋敷にすべての肝煎を召集した。その当時、藩役人たちは忠器の行列にお供をす

14　六所事件の検討のために、筆者は長沼源作（1983:96–107）の最近の著作に頼った。彼は、以前は研究者たちが利用できなかった、個人的に所有された日記帳を利用していた。

15　参勤交代のための指定された道は、通常の交易用の海上ルートではなく、内陸を通る陸路を行った。一般的に徳川末期には、人々は陸上を旅し、商品は船で運ばれた。

図5　1841年4月、中川谷地での田川の異議申立人たちの集会（致道博物館所蔵）

ることや行列の混乱を煽動することについて警告を繰り返し、伝四郎とその他の指導者たちを拘留することを命じた。しかし、これが進行している時でさえ、人々は田川全域の村々からあふれ出し、大集会を行うために六所神社の付近の中川谷地へ流れるように続いた。[16] 参加者の複数の記録によれば、その晩の参加者総数は5万5千人で、中川通から1万7千人、狩川通から1万5千人、黒川組から1万人、京田通から5千人、余目と丸岡近くの幕府直轄地の村々から8千人だった、と記されている。もしそうだったとしたら、それは田川全領民の3分の2を意味するであろう！　これらの記録は、もう1人の横山村の指導者源太の肖像も含めて、いくつかの記念すべき半身像の絵をわれわれに残している。源太は際立った色の胴着〈火事羽織〉に身を包

16　谷地は湿地で、焚き木、盛り土の材料、狩猟その他のために利用された藪の地帯であった。19世紀までには谷地の数も減り、面積も少なくなった。中に入ったり利用したりすることは、村落や藩に規制された。

第 3 章　見事な領民たち——1840–41 年の転封反対運動——

み、ゆるやかに垂れた頭巾[17]をかぶっていた。彼は、戦装束で黒漆塗りの折りたたみ式軽便腰掛けに腰掛け、側には旗じるしをはためかせ、郷倉（これは上藤島にもあった）の前で目立ったポーズを取っていた。彼は結局、藩兵たちにむりやり移動させられ、神社の中に引き下がった。

　この集会は注意深く統制されていた。「掟」が立札に掲示され、互いに口論しないように、作物を踏み荒らさないように、藩役人に雑言を浴びせかけないように、火の元不用心にならないように、人々に警告した（『鶴岡市史』上 1974：419–21；『三川町史』1974：232–34）。各村の代表たちは、掟を守らせるために群衆の間を巡回した。指導者たちは、人々が地域ごとに巨大な輪になって集まるように計画していた（図5, 6 参照）。それぞれの輪の中で彼らは自分の組の旗（「合印」）の下に整列することになっていた。各組は、代表者を討論や話し合いのために輪の中へ送り出すことになっていた。輪の周りの各組の位置は、彼らの地域内の地理的な場所におおよそ一致していたし、全体の場面は「二元的な力と五つの自然の要素の二つ」から成る宇宙論的構造に合わせられていた（「陰陽五行」；吉野 1980 参照）。広々とした中心部には北極星「北晨」の旗があって天の領域（天に法る）を示し、一方、人で埋められた輪の周囲は地の領域（地に法る）であった。これは輪の南西（天）と北東（地）の方角にある、旗の立った通路によってより強化されていた。組の旗の色は、その所在地で決まっていた（東の藤島組は赤など）。公的な行事に対する、このような宇宙論的な配列への感受性は当時広く行き渡っていて、その意図するところは御蔭参り（Davis 1984）や神道の祭礼に似ていた（桜井 1979：226–30）。つまり、行事というものは、「晴れ」の行為であり、「褻」すなわち「日常生活、とくに農業生産の呪術宗教的な力」(Davis 1984:216)を生き返らせる行為であった。

　この「呪術宗教的な力」は、さまざまに表現された。「合印」に加えて、

17　この頭巾は、平安末期の名の知れた盗賊、熊坂長範が好んで身に着けたと言われる、長い布切れの「熊坂頭巾」だった。源太の外見を説明するのに「踏ん籠み」という言葉も使われたが、その意味は不明瞭である。「踏ん籠み」は、女形がよく身に着けた歌舞伎の衣装の一つでもあり、藁靴を表わす方言でもあった。

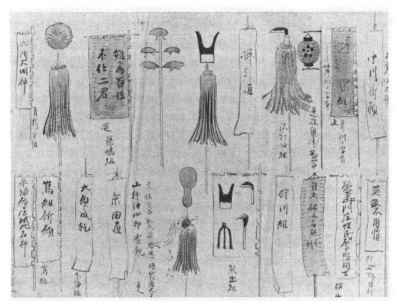

図6　1841年4月、中川谷地集会で掲げられた旗（鶴岡市郷土資料館所蔵）

他の旗が鍬、鎌、他の農具、ある種の作物の絵を掲げた。瓢箪はよく見られる印だった。Ouwehand（1964：123, 182以下）とその他の人たちは、日本の民間信仰の中にある、彼らの明らかに超自然的な「うろ」の特質に注意を引いている。西瓜などの瓜類も多くの旗に見られ（図7）、超自然的な力としての暗示的意味を持っていた（Ouwehand：208）。そのような瓜が地面に動かないでいる間に熟したということは、〈おすわり〉つまり酒井は庄内に居すわるべきだという洒落であった。

　第3番目の型の旗には、酒井の庄内知行の継続を求める集会の要求が書かれていた（再度、図6参照）。多くは、以下の言い方が例証するように、巧妙な言葉遊びで表現された。

　1.「何卒居成大明神」。もし「大明神」が「大名様」と読み取られれば、これは「どうぞ、ここにお残り下さい、殿様」と意味することができる。しかし、「大明神」について言えば、「いなり」（旗には「居成」と書かれている）も、農業と商売繁盛の民間に普及している神、稲荷大明神を思い出させた。それ

第 3 章　見事な領民たち——1840–41 年の転封反対運動——

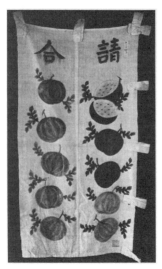

図 7　瓜の形象の特徴を描いている、1841 年の抗議の旗
（玉龍寺所蔵）

で、この文句は、酒井への訴えであると同時に、稲荷大明神への訴えでもあった。

2.「正一位稲荷大名地」。これは、「いなり」（「ひらがな」で書かれている）と「大名地」つまり「藩主の領地」についての、また神々に呼びかけるための敬称である「大明神」を思い起こさせる同様の言葉遊びを含んでいた。「正一位」は神の最高位であった。

3.「雖為百姓不仕二君」。（百姓たりと雖も二君に仕えず）これは、「私どもはただの農民に過ぎませんが、2 人の主人には仕えません」として理解し得る。そして、その意図するところは、武士は 1 人の主人にのみ忠節を尽くすという武士道においてのよく知られた訓示を思い出させることであった。

これらの旗は、1 週間前に酒田の浜の大集会で掲げられた旗と似ていた（『山形県史』資料編 17 1980：949–51；内藤 1841：二つ折り判 8 および 16 枚目）が、記録によると、ここの組織者は中川通や狩川通から来た肝煎や普通の農民であった。加茂屋文治や文隣和尚、本間辰之助からの支援があったかは明らかでなく、また藩もたしかに中川通の群衆への警戒をゆるめたわけではなかった。

80

ますます多くの人々が谷地に到着し、そして夕方が夜になるにつれて、輪の中でも輪の外でも議論は続けられた。ついに真夜中近くになって、忠器が鶴ヶ岡に残り代わりに代理人を江戸へ送るように懇請する嘆願書が起草された（長沼 1983：101）。多くの者は、これだけでは不十分だと感じた。約 1,000 人の群衆が大庄屋の屋敷に乱入して伝四郎を放免させた。他の者たちは、後から来る行列の荷物を運んでいた先発隊が通りかかったところを襲った。背後に暴力の脅威を感じながら（「打ち殺せ！打ち殺せ！」）、運搬人たちと護衛たちは慌てて城へ逃げた。

　11 日〔旧暦 2 月 20 日〕の夜明けに、藩役人多数が兵卒を伴って大庄屋の屋敷に到着した。集会の指導者たちは、さらなる行動に出ないよう、呼び出され厳しい警告を受けた。どうやら源太とその他の指導者たちはその危険を察知したらしく、役人たちが真夜中の嘆願の受け入れを検討してくれるようだと、群衆に知らせるために戻った。こうして集会の目的は達せられたので、みんな解散すべきだと言った。

　群衆はこれを相手にしようとはせず、今や自分たちの主張を裏切ったとして、指導者たちに喰ってかかった。少なからぬ混乱が生じ、源太に大声で脅しをかける者たちもいれば、さっさと退却していく指導者たちを追いかける者たちもいた。源太が宮司の家に避難すると、群衆は、もしも彼を差し出さないなら、家を取り壊すと脅した。結局、彼と他の指導者たちは藩兵によって保護的に拘引された。それでも不満な者たちは、横山村へ出かけ、源太の家を壊そうとした。このような事件の展開は群衆の気をそらし、彼らは大方午後までには、困惑しつつ帰宅していった。

　その間、忠器は出発が遅くなった言い訳に、病気だという申立てをするため、江戸へ使者を送っていた。程なくして、13 日と 14 日〔旧暦 2 月 22 日と 23 日〕、藩は田川全域から集めた肝煎と藤島で会合を開いた。藩の決心を強調するために、大変珍しいことだが、何人かの重臣が顔を出した。彼らは集会の意向を幕府の役人へ伝えることに同意し、軽い懲罰的な裁定を下しただけだった。18 日〔旧暦 2 月 27 日〕、厳戒態勢の中で忠器は城を出、中川通を通って、旅の第一歩を踏み出した。妨害は少しもなかった。

第 3 章　見事な領民たち──1840-41 年の転封反対運動──

　藩主に対する挑発的な行動をおこなったために怖じ気づいてはいたが、田
川と飽海の人々は大集会を開き続けた（例えば、中川集会と同時発生の酒田の浜で
の再度の集会）。これらは、4・5 月の幾つかの嘆願への導火線となった。4 月
23 日〔旧暦 3 月 3 日〕、39 名が「田川・飽海の代表」として江戸へ向かって出
発し、その 1 週間後、他の集団が江戸と水戸へ向かって飽海を出発した。彼
らの嘆願は一つも考慮すべき事柄として受け入れられることはなかったが、
庄内では集会は続いた。『山形県史』資料編 17 1980：981-82 と長沼 1983：
105-107 は、「殿様を連れて帰るために」江戸に向かうことを決めた、さら
に別の中川谷地集会の記述をしている。実際には、そのような行動は取ら
れなかったが、6 月末の田植えが終わった後、少なくとも合わせて数百名の
集団で、江戸と東北の他の諸藩へ向けて次々と嘆願を行った（『鶴岡市史』上
1974：424-25）。

　表 8 がそれとなく示しているように、請願者たちは村民の多様な代表者で
あった。それでも、これらの旅の財源の多くは、明らかに町の商人たちによっ
て供給された。例えば、3 月末、加茂屋文治と他の数人は藩の納方役人より
借りた 300 両を用意しておき、他の商人たちからさらに 915 両の寄付を懇請
した（『鶴岡市史』上 1974：427-28；加茂の商人たちの、もっと早い時期の寄付について
は、423 ページ参照）。この金銭は、請願者たちの江戸への旅の費用を賄うため
に農村の指導者たちに与えられたが、この旅は当時 1 人につき約 3 両を要し
た。

表 8　1841 年春、他藩へ働きかけた庄内の請願者の登録保有地

所有高 (石)	米沢への人数	秋田への人数	会津への人数	仙台への人数	合　計
40-30	2	6	0	1	9
30-20	6	6	2	0	14
20-10	3	2	1	2	8
10-5	0	3	2	0	5
5 以下	1	12	3	1	17
不明				1	1
合計	12	29	8	5	54

出典：これらの数字は井川 1972：48 に引用されているが、内藤 1841 に由来することが示されている。
引用は原文と照合されている。

　請願集団と大集会の他に、集団行動の第三の形は、この平野の主要な寺社

への参詣、庄内の山々の霊地詣での編成であった。集団を羽黒へ連れて行こうとした商人たちの最初の努力が別当に拒絶されて失敗した事の次第をわれわれは見てきた。日光東照宮への「自由な参詣」（「万人講」）を組織しようという計画は、藩によって思い止まらせられた。しかし、春までには、加茂屋文治も文隣和尚も、この平野中の村々から集まるよう呼びかけ、「酒井が永久に庄内に居残りますようにという祈り」（「御永城御祈祷」）を捧げるように励ましていた。参詣の中には、「裸の祈祷集団」（「裸参り」）の形を取るものもあった。祈りの効果を実感することは常に難しいが、神々が祈りに応じてくれていると「本当に信じて」いなかったかもしれない主催者や祈願者にとっても、祈願「拝む」という行為は、気力を集め、集中させ、心を落ち着かせ、決意を固める方法であることは、広く受け入れられていた。一般民衆の支援の結集と当局への力の示威運動は、それでも合法的であった（それらは滞りなく幕府に上申された）が、参詣も同じように政治的な意義を持っていた。

　そうこうしているうちに、幕府内の様相が急速に変わっていった。6月5日〔旧暦4月16日〕に、家慶は重役のほとんどを引退させ、水野忠邦を老中に就任させた。幕府権力の衰微と深刻な財政危機に対処するためである。しかし、水野がさっそく出した改革令は、他の役人や藩主たちに激しい反対を引き起こした。領地移転は、続いて起こった権力闘争の中での論点となった。[18]家慶と水野はそれを至上命令として、幕府の特権の重要な試金石と見做したが、水戸やその他の藩はそのような中央権力の行使は阻止されるべきだと断固として主張した。藩主たちも、庄内地方や影響を受ける他の藩で、転封後に全面的な争いが起こるのではないかと心配を募らせていた。5月、川越の若殿斉省の突然の死によって、事態はさらに複雑になった。転封は、初めはこの若殿のために命令されたのであった。川越藩の上層部は、庄内への移動の準備をし続けたが、一方、6月から7月にかけて庄内の指導者たちは言い

18　忠邦は1834年以来老中として幕政にかかわっていたが、力を振るえたのはこの時だけだった。天保の改革として知られたが、彼の命令は苛酷な節倹の法、改鋳、強制貸付、利子の制限、郷村出身職人の江戸からの追放などを含んでいた（Beasley 1972：63–65；Bolitho 1974：216–21；林 1970：90–91の家慶と水野の風刺画を参照されたい）。

第3章　見事な領民たち——1840-41年の転封反対運動——

逃れをしたり、味方を捜し求めたりした。

　その間庄内では、村民や町人が煽動を続けていた。運動の高揚を維持し続けるためや費用を集めたり配ったりするため、集団での参詣を奨励するために、若者たちは組織され郷村を動き回っていた。これらの動きを調整するのに文隣和尚が役立ったことは、「乂隣記」（『遊佐町史資料』3 1978）から明らかである。また、誰もが熱意をもって時間や金銭を提供しようと考えていたわけではないのは、組織の動きから見ても明白である（『山形県史』資料編 17 1980：979-81）。

　これらの組織は、一般的な民間伝承の化身にならって、自分たちの姿を変えた。例えば、「天火地火連中」、「赤天狗党」、「青天狗党」があった。天狗は民衆にとって強力で効力のある姿であった。「大きなくちばし、長い翼ときらきら輝く目を持ち、人間の体と腕と脚を持った半人半鷹として」、深山の天狗は「危険に満ちて、善悪両面を持った、超自然的な力」を体現していた（Blacker 1975：182、図8参照）。天狗は、上層部の腐敗や不正な行為の復讐をすることを求められる事もあった。[19] それゆえにこれらの天狗党を、力強く奥深い民衆の道徳的気質に発した抗議行動の一つの形として見ることは心がそそられるが、この事例では、そういう見方は天狗の形象を深読みしすぎることになるのではないかと思う。多くの飽海の村々で、夏の「獅子舞」は「天狗舞」として知られていた。舞の先導者が、より一般的な獅子の面よりも天狗の面を被ったからである（五十嵐 1977：778-80）。日本の多くの地域において豊作を祈る夏祭りでの踊りは、村内の若者連中によって行われていた。これらの若者連中は、時おり地元の基準を押しつけたり、逸脱した者を罰したりすることが出来た（Varner 1977）。おそらく、いくつかの抗議行動を調整するために文隣和尚によって、若者連中は徴募されたものだろう。

19　例えば、歌舞伎の「高時」では、天狗が独裁的な執権北条高時を、その厳しかった統治者在任期への報いとして、なぶったり苦しめたりするために、どんどん速くなっていく田楽踊りに誘い込む。

図8 天狗の面
（出羽ノ雪　酒造資料館所蔵）

❖　成功

　三方領知替令として全国的に知られるようになったものは、8月17日〔旧暦7月1日〕、幕府によって正式に撤回された。水野の欠席を確認した上で、転封を中止した。「上の思し召しにより転封の沙汰に及ばず、このまま庄内領知たるべし」（小野 1964：45）。それは酒井の味方で水野忠邦の主要な批判者だった水戸藩主徳川斉昭にとって、格別な勝利であった。江戸の物好きたちは、城内の術策を物見高く眺めて来たのだが、忠邦の敗北をすばやく風刺詩に変えた。

　　　川越も　渡り止りて　沙汰ながれ　（小野 1964：124）

この17音節の川柳は、文字通りには「川越の移転は、命令が断念された故に中止された」と訳せる。

　　　水の役　水戸取揚　流れたら　長の日延の　春は来ぬらん　（同書）

第 3 章　見事な領民たち──1840–41 年の転封反対運動──

この 31 音節の狂歌の当たり障りのない文字通りの解釈は、「水番が水門を開いて用水路の水を流し始めたら、日脚の延びている春の日々が近づいている」というようになるだろう。それはまた、風刺的にも読める。「水野は水戸侯の陰謀によって、その力を失い、長岡転封さえも断念してしまった」、すなわち、「水の」は忠邦、彼の役目（やく）は水戸侯の策動によってひそかに傷つけられた。永久的な延期（長の日延べ）に伴って、春の安全と喜びが酒井へやってきた、という読み方である。

　庄内では、転封の取消しは万人に歓迎された。この知らせは、急使によって 8 月 21 日〔旧暦 7 月 5 日〕に鶴ヶ岡に届いたが、人々は祝賀のために城下町の街中にあふれ出た（図 9）。裕福な町人たちと村役人たちによって酒樽が開けられ、餅が搗かれ、振る舞いがあった。飲み騒ぐ者たちの多くは、急に「大黒舞」を舞い始めた。この舞は神田大黒様という酒井の評判を受け、最新の大流行のもので、数年間は人気を保つと思われる舞であった。これは「数え歌」で、韻律効果を出すために、頭韻が繰り返された。以下のように。[20]

　　　一に　今まで居た国を　　　二に　俄（にわか）に所替え　　　三に　酒井の重役は　　　四つ　よろしく計（はから）ふて　　　五つ　いずれの評議にも　　　六つ　無理な事なれば　　　七つ　長岡引越しは　　　八つ　やむとの御沙汰なり　　　九つ　公儀も極りて　　　十に　当国お居（すゑ）りお居り　　　ますます酒井の大黒舞は、みさいなみさいな

さらに、この唄は、酒井侯への突然の転封命令を端的に表現し、転封の撤回に成功した藩の重役たちの努力を褒め称えた。とは言え、踊り手たちは疑いなく、単なる歌詞よりも自分たちのリズミカルな調子に活気づけられた。

　このように、抗議は、お祭りの音楽のリズムへと解消していったが、藩の役人たちは、少し不安な気持ちを持ち続けていた。抗議集会や江戸への直訴に対しては、藩は建前上禁止していたが、転封撤回までは、頻繁に、公然と、

20　小野 1964：123 を参照されたい。大黒舞は、民間信仰の大黒神、大黒天に呼びかけて祈る、祝いに使用される舞いを表わす、より一般的な名称でもあった。

図9　鶴ヶ岡での祝賀（致道博物館所蔵）

無視されていた。役人の中には、この事の中に、再び秩序を回復し統治を始めようとする自分たちの能力への挑戦を見た者もいた。いくつかの行動を厳しく禁止しなかった事を幕府役人へ伝えられることに、不安を持った役人たちもいただろう。どちらにしても、少なくとも何らかの名ばかりの懲罰処置が必要と思われた。

　そしてその処置は名ばかりであった。9月のあいだ、大庄屋たちは、村役人と主だった者数百人の「自発的な」誓約からなる「起請文」の準備をした。個々に署名されたものもあり、連名で差し出されたものもあった。すべての者がこれまでの運動と縁を切り悔い改めて謝罪し、二度と役人たちの言いつけにそむいたり直接の嘆願を企てたりしないと約束した。藩は大変軽い罰を与えた（例えば「叱り」や10~15日の自宅監禁）。しかしその後、年末に藩は1万2千俵の「慈善米」を配った。

　それでも、藩はこれらの行動が、忠誠心と領主への感謝によって駆り立てられた、立派な百姓による自主的な行動として記念されるように気をつけ

第 3 章　見事な領民たち——1840–41 年の転封反対運動——

た（佐藤三郎 1976：180 参照）。鶴ヶ岡の宿屋の主人加茂屋文治は、後世に伝え
るため転封反対運動に関連する文書を集め始めた。この回顧録は解説付きの
87 点の挿し絵から成る巻物の形を用い、出来事のすべての過程を描写した（著
者不詳 1842）。文治は、それに「夢の浮橋」という表題をつけた。もっとも、
彼が実際に絵を描いたり原稿を書いたりしたのかは疑わしいが。彼の計画を
聞いて、藩は 1 人の役人を差し向けて、彼が集めた文書や仕上がった巻物を
調査し、藩が阻止運動に関係した事を示す資料が含まれていないかを確認し
た（『鶴岡市史』上巻 1974：431–32）。

　かくして、「天保義民運動」は地元の民間伝承として、困っている情け深
い藩主を支援するために、あらゆる危険を侵し、義理堅い感謝の気持ちか
ら立ち上がった勇敢な町人と農民の物語となった。この見方は 1920 年代
と 1930 年代、米騒動や小作争議の時期に、いくつかの話の中に現われた。
1921 年、地元の郷土史家斎藤美澄は、転封反対運動に関する文書を集めた。
彼は解説的な論評を加え、それに「天保快挙禄」（天保期の輝かしい業績の記録）
という表題をつけた。これは、飽海の著名な保守的な人の集まりである「飽
海郡学事会」の援助によって出版され、学校の教科書として備えつけること
が望まれた。それは 1927 年、江戸時代の百姓一揆研究で有名な小野武夫に
より、当時の本間家当主の許可を得て、小野の著書に収録された。[21] 1840–41
年の出来事は、広く知られる不当な反領主の「農民一揆」と対照的に、立派
な臣下による正当な行動の一例として賞讃された。

　これらの出来事について、後世の歴史家たちは、大衆の声を生かしてうま
く組織的に民衆をあやつって動員したことを強調したり、真の大衆の運動
だったことを否定したりするのを好んできた。黒田伝四郎（1939）は、斎藤
美澄の農民の行動を美化した伝記を批判し、この運動は主として本間家に
よって操縦されたと主張した。井川一良（1972）は、出来事を地方役人と富
裕な村人によって操られたものとして描写した。しかし、大衆行動の自発性
と強制についてのこの論争は、あらゆる方向へ押したり引いたりした複雑な

　21　それは小野 1964：37–142 の中で復刻された。小野の 1927 年初版は、Borton のこ
　の運動についての論じ方の主要な情報源である。

運動を単純化し不明瞭にしただけだった。おそらく 1841 年の夏まで、村の若者連中が参詣に参加するように駆り立てなくてはいけなかった。しかし、証拠によると、酒井の役人と本間は、下からの圧力によって転封命令反対の方へ押しやられたこと、そして大衆の集会や参詣は強制だけではとても持続できなかったことは明らかである。たしかに、中川谷地の集会は谷地があふれるほどの大人数だった（対照的に、われわれは転封に抵抗する、もう一つの酒井の組織的運動を後に検証しようと思う。1869 年には、上からの厳しい指示があったが、下からはやる気のない、熱心でない参加があっただけであった）。

　もちろん、大庄屋たち（自分たち自身の地位が脅かされていた）の指導と手引き、それに本間と藩役人の策動がなくてはならないものであった。誰でも、江戸で嘆願書を出すことの困難は、容易に想像することができる。旅の資金を調達すること、嘆願書を作成して清書すること、どういう風に誰と交渉を持ったらいいか知ること、さらには江戸言葉を理解すること等である。[22] その上、地方の行動は江戸や他藩の出来事と複雑に関係していた。これはまた、幕府の権威と藩の特権の相対的な力が不安定な状態にあった、まさにそのときに起こった。転封命令と庄内の抵抗は、ただちに水野忠邦が幕府の政治的主導権を再び主張する事を阻止するための、水戸の斉昭ら領主たちによる江戸における争いの一部となった。しかし、命令の撤回が江戸における斉昭の策略によるものか、庄内における抗議と不安のせいなのかは、藩の上層部の策略か庄内民衆の自主性かと同じように早急に決めることは意味のない事である。

　たしかに、1840–41 年の運動は、庄内での現存の政治・経済制度を維持しようと努めた点で、「保守的」であった。それは幕藩体制の貢納と商業の網の内部にその根を持ち、その解決を見出した。人事異動に脅かされながら、この運動は国の結合状態や分裂を利用した、地元の現実的な防御であった。

　Scheiner の隠喩（1987）を採用すれば、道徳的な「盟約」が江戸時代末期、この北国の平野において、まだ支配者と臣下を結び付けていたという論証と

22　江戸言葉についてのある庄内農民の覚書には、土地の者で江戸へ上る者は江戸の住民の会話の 4 分の 1 しか理解できないだろうと注意がなされていた。（「江戸言葉つかひの事」『酒田市史』史料篇 7 1977：873–74）

して、この運動をさらに深く解釈したい気にさせられる。筆者はこれに反対したいと思う。その理由は、Scheiner が支配者による「上からの保護」を必然的に伴う「盟約」、すなわち「より力のある者の慈悲深い行為によって上から」（同書：45）おこなわれる寛大さの実施を強調していることが不快だからである。その言葉を額面どおりに受け取ることには危険がある。村人たち、商人たち、藩役人たちの協力を作り出したのは、完全に一致する利害関係ではなく、互いに共通する利益であった。彼らの嘆願の過度の敬虔さを示す美辞麗句にもかかわらず、彼らの上級領主の慈悲心に幻想を持つ農民は少なかった。儒教の善行の礼儀正しい決まり文句の下に、徳政即ち地代削減、税の譲歩、すぐに利用できる貸付、負債切り捨てなどの実際的な理解があった。これらは、しつこく懇願されたときにのみ施された。公の救済は道徳的義務として正当化されるかもしれないが、それは社会的な交渉の中で確立された。

　それは、もちろん「見事な農民たち」にとって、心を縛るものであった。彼らは公の救済と恩恵を求めなければならなかったが、それらを要求することは出来なかった。彼らは忠誠の表明と貧困の叫びによって、服従の舞台の上へ引っ張り出された。しかし、ほかならぬその服従が、彼らの上位の人たちに「情け深い主人」としてふるまわせた。酒井とその家臣、地主とその小作人は、1830 年代の生活の苦しい時代を通じて耐えられると分かった年貢と公の救済の均衡を確立していた。農民たちが幕府や他藩の領主たちへの嘆願文の中で、自分たちの領主たちを褒め称えた、まさにその言葉遣いが、適切な支配の義務と正当な貢納の限界を言い直すものだった。そのような嘆願者たちの後ろにいて、地元の上層部や大地主たちは、勢力と特権を乱用することが今後ますます難しくなった（後で分かるように、不可能ではなかったが）。村人たちは、今回の酒井の延滞金の催促や、酒井とその家臣たちを移動させるための、金銭と労働の新たな賦課に抵抗した。しかし、さらに彼らは年貢の新しい限度を制定する新しい領主との対決の結果を恐れた。お互いを守るためにも、酒井藩の上層部と庄内の農民たちは、恩義と反抗というおなじみの言葉を受け入れた。それは、結局は功を奏する一方で彼らをしばることにもなったのである。

第4章

従わない人々
―――1844年大山騒動―――

略年表

※〔　〕1872（明治5）年までの旧暦表示

1669（寛文9）年〔2月〕	庄内藩支藩の大山藩が幕府領となる。
1749（寛延2）年〔3月〕 ~1750（寛延3）年〔2月〕	幕領の大山等が庄内藩の預り支配となる。
1769（明和6）年〔7月〕 ~1842（天保13）年〔5月〕	幕領の大山等が再び庄内藩の預り支配となる。
1842（天保13）年〔5月〕	預地が引上げられ幕府の直接支配となる。
1844（天保15）年3月〔2月〕	庄内藩に幕領の大山等の預地支配を命じる。引き渡し4月28日。
1844（天保15）年〔4月〕	大山騒動関係者4名が江戸幕府に駕籠訴をする。
1844（天保15）年8月〔7月〕	大山騒動の首謀者が捕縛される。
1846（弘化3）年6月〔閏5月〕	大山騒動についての判決処分が申し渡される。
1864（元治1）年〔8月〕	酒井忠篤に預地2万7千石余加増され、新徴組を家臣同様に付与される。

　庄内藩は、長岡転封阻止の一件（1840–41年の抗議）を、義民による庄内最大の美談として記憶しようとした。ところがその後、藩内の幕領を庄内藩の管轄（預かり支配）としようとした際の民衆の反対運動は、庄内最大の汚点として酷評されることとなる。この件で、阻止運動の矛先が向けられたのは庄内藩だった。騒動で露呈したのは、大山と鶴ヶ岡の酒造業者の長年にわたる商業上の対立と、庄内の幕領内の町と村の酒造業者の対立である。前者〔大山と鶴ヶ岡の酒造業者の対立〕が、継続して幕領支配を望む大山の人々の反発の強さを物語るものであったとすると、後者〔庄内の幕領内の対立〕は幕領内の村々が阻止運動への参加に消極的で、そのために運動が結局は失敗に帰したことを物語るものであったと言えよう[1]。

1　当時の文書には、参加者や役人「幕府・藩」がこれを大山騒立『鶴岡市史』上432

第 4 章　従わない人々——1844 年大山騒動——

❖　酒と幕政

庄内藩の中には 17 世紀に幕領となった小さな地域が、大山町周辺（25 か村、石高 1 万石）、余目（24 か村、5 千石）、丸岡（15 か村、1 万石）の 3 か所にあった（第 2 章・地図 2・3 参照）。さらに庄内の北隣り（現秋田県）にも飛び地（14 か村、2 千石）があり、これらを合わせて一つの幕領となっていた。

1842 年春、庄内藩主酒井忠器は、30 歳の長男忠発に家督を譲って隠居した。庄内藩の転封命令はすでに撤回されていたものの、江戸では老中水野忠邦が依然として改革を進めており、忠器の隠居は庄内の預かり支配を中止する好機だと考えた。この幕領は忠器の 37 年にわたる在位期間中、庄内藩の管轄下に置かれていたのだ。水野は、庄内の幕領を担当する幕府代官所（尾花沢）に指示して、大山に陣屋を置き、手附松山粂太郎と手代 2 名を常駐させた。この措置は、全国に分散していた幕領を整理する一環として実施されたものだが、庄内に対する報復措置でもあった。水野はさらに、1842 年に始まった大規模な印旛沼掘削工事の御手伝普請を忠発に命じた（Bolitho 1974：217–18）。1843 年半ば、忠発はもっとも困難で費用のかかる工事の担当を命じられた。庄内藩は、人夫 6,000 人を派遣し、その費用も負担した（『鶴岡市史』上 1974：443–50、秋山高志等『図録農民生活史辞典』1979：46–53）。

だが 1843 年 11 月、水野が罷免されるとその過激な改革も頓挫し、印旛沼工事は延期となり、水野の数々の政策も否定された。[3] 数か月後の 1844 年 3

参照）と称していると述べられているが、現代の歴史家は大山騒動としている。本章は、『山形県史』資料編 17 1980：1019–49、黒正 1959、『三川町史』1974：237–40、『大山町史』1957：118–40 に記されたオリジナルの文章に拠っている（その一部は、『鶴岡市史』上 1974：432–42 に記録されている）。

2　同じ年に、幕府による再検地に抵抗する大規模な近江一揆が起こっている。彼らは検地の命令と役人による不当なやり方の双方に抗議した。彼らは死に至る苛烈な弾圧を受けたが、結局検地は延期された。一揆関連の文書は小野武夫によって「天保義民録」としてまとめられ、『天保快挙録』（1964：263–383, Borton 1938：107–20 も参照のこと）の一部として出版されている。

3　水野忠邦は翌 1844 年短期間再任したが、その影響力は大幅に低下し、大山騒動では何ら直接的な役割を果たさなかった。

月27日〔旧暦2月9日〕、水野の後任の老中らは、忠発の願いを聞き入れ、幕領を庄内藩預かり地とした。再び酒井氏の支配下に置かれることとなった幕領、とくに大山では激しい抵抗が起きた。抵抗の原因となったのは、幕領の領民が特権を享受していたことと、大山の酒造業者と、庄内藩および鶴ヶ岡の酒造業者とが長年緊張関係にあったことである。

酒の醸造は商行為であり、原料である米の供給と価格に影響を及ぼすことから、幕府もとくに神経を尖らせていた。したがって酒は、統制される最初の生産物となった。酒造業者に免許を与える株仲間制度が作られ、酒造業者は地域ごとに独占的な「仲間」を形成し、米の生産量に応じて酒の生産量を統制した（全部造り、三分の二造り、半分造り、三分の一造り、造り停止）。だがこの統制は、ほかの生産物同様、穴だらけで、無免許者による醸造や、酒株を持つ業者による過剰生産は、常に争いの種となった。[4]

1600年代の大半、酒の生産や販売は鶴ヶ岡の商人が支配していたが、1700年代半ばに大山の酒造業者に取って代わられた。彼らは田舎の小さな町を、庄内平野最大の酒造中心地とした（図10）。19世紀に入ると、約670世帯2,900人に膨れ上がった町には、約35軒の酒造業者がいた。[5]生産される酒の半分は庄内地域向けで、城下町や酒田港の飲み屋、田川飽海一帯に出荷された。残りの半分は酒田港から主に新潟、あるいは北海道の松前に向けて出荷された。

競合する鶴ヶ岡の酒造業者は、大山酒の繁栄は幕領の大山が不当に優遇されているからだとみなしていた。大山は、庄内藩が酒生産に課していた役銭（年間約120両）を免除され、代わりにはるかに低い23両の役銭を幕府に収め

---

4 割り当てを超過する分量を造るためや摘発によって生じる罰金を分担するための大山の免許を持つ酒造業者の間で取りかわされた非公式な協定書2例については、『大山町史』1957：246を参照のこと。さらにこれらの事例は、米不足が続いた1830年代からのものである。大山酒についてもっとも詳しく論じているのは、同書228–328で、本章でもここから多くを引用している。天領における村の酒造業者についての資料は、『三川町史』1974：181–190 佐藤東蔵1983：160–77 を参照のこと。

5 1846年の記録では667世帯2911人で、これはその75年前とほとんど変わらない数字である。そのうち542世帯は「本百姓」、109世帯は「水呑」、数世帯が寺と山伏である（『大山町史』1957：222–23）。

第 4 章　従わない人々——1844 年大山騒動——

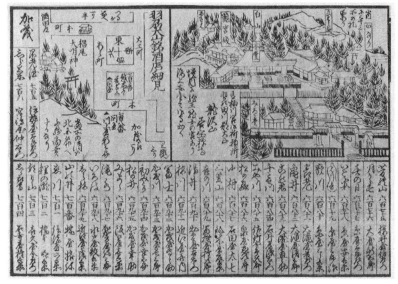

図 10　羽州大山銘酒店細見（鶴岡市郷土資料館所蔵）

ていた。鶴ヶ岡の業者は、藩内で売られる安い大山酒に役銭をかけ、生産量も制限すべきだと藩に圧力をかけた。しかし大山酒の流入は減らなかったため、1774 年に鶴ヶ岡の酒造販売業者である柏倉久右衛門を、藩内での唯一の仲買業者に任命し、定額の役銭を一括して納めさせた。藩は酒の容器（大山の酒造業者は、人気のあった携帯用樽の使用を禁じられていた）、販売時期（5 月 1 日以前は藩内での販売は禁じられていた）、輸送（船や馬ではなく人足のみ利用）にも制限を加えていた。しかしこれらにもあまり効果はなかった。業を煮やした鶴ヶ岡の業者による 1794 年の詳細な報告によると、割当量の 4 倍以上もの酒が、酒田や鶴ヶ岡の販売業者や飲み屋に売られている（『大山町史』1957：246）。つまり柏倉は、大山の酒を制限するのではなく、逆に売込みを積極的に進めたことを示している。これは、藩内酒造業者が大山の酒役銭大幅増額を藩に訴えたのに対して、大山の酒造業者は柏倉を通じて嘆願し、役銭を据え置く代わりに藩内・鶴ヶ岡の業者に対して補償金を支払い、庄内藩に対しても 3 年間毎年寸志を差し出すことで決着をつけたことからも裏付けられる（前掲書 248）。

形勢が変わったのは、1800 年代に入ってからである。1803 年に柏倉が解任され、1805 年に大山等の幕領が酒井氏支配に戻されると、大山の酒造業者はより実効的な支配を受けるようになった（『山形県史』資料編 17 1980：800–802）。1830 年代に続いたコメの不作は、彼らにとってさらなる打撃となった。大山酒への需要は減り、米の供給も脅かされた。藩が酒造業者への米の販売を全面的に禁止した年もあった。その後、販売は割当制となった。1833 年、たとえば大滝三郎の借財は 851 両に達し、その冬の仕込みを行うために、大地主の秋野家から酒造米 200 俵を前借しなくてはならなかった（『大山町史』1957：300–302）。大山の酒造業者はさらに、大幅な販売制限を行おうとする酒田の町奉行との長い対立に巻き込まれた（前掲書 251–53）。

　このような苦境に立たされたものの、大山は依然として酒造の町だった。1843 年、町役人 12 人（名主 2 人、年寄 5 人、長百姓 5 人）のうち 11 人が免許を受けた酒造業者だった。そのために 1842 年に大山が再び幕領となると、これを歓迎した。役銭は減らされ、手附に任命された松山は、販売制限の一部撤廃や、庄内地域以外での大山酒の販売に大いに貢献した。酒造業者に依存する町の大工、桶屋などの職人も、商売や生産品から藩が徴収する税を免除された。土地の所有者も、年貢が再び引き下げられたのを歓迎した。幕領の方が税率は低く、雑税の種類も少なく、米切手や現金で税を納めることも許されていた。[6]

　したがって、1844 年 4 月 1 日〔旧暦 2 月 14 日〕に彼らに届けられた知らせ（田植えの繁忙期である 6 月 13 日〔旧暦 4 月 28 日〕に藩への引き継ぎを行うと決めたのは、おそらく意図的だったのであろう）に、大山の領民が激しく反発したのも当然であろう。ほどなく、大山最大の酒造業者である加賀屋、同業者で名主の 3 名および大山領北端の肝煎が、郷蔵に対策本部を設置し、嘆願書を作成して、大山、余目、丸岡の村々に回覧した。そして、幕領 73 か村三役連署の嘆願

　6　1840–41 年の転封反対運動に大山領民が消極的だったのは、この違いからも説明できるだろう。実際、転封命令についての尋問において、1788 年には大山最大の酒造業者であったものの 1830 年代には倒産寸前であった墨井弥左衛門（加賀屋）は、加賀屋と大山酒全体を、未来の領主に紹介するために、息子の万平を川越に送っている。大山に戻った万平らは、捕えられ、万平はのちに鶴ヶ岡の牢で死んだ。

第4章 従わない人々──1844年大山騒動──

書が松山粂太郎に提出された（黒正 1959：124 と『大山町史』1957：122）。松山粂
太郎がその受け取りを拒否すると、彼らは直接江戸に届けようと、さらに長
い嘆願書を書き（『山形県史』資料編 17 1980：1019-21）、厳しい課税と、境界線や
灌漑をめぐる争いで藩内の村々と差別されていると訴えた。18世紀後半か
ら 70 年にわたる酒井家の厳しい政策によって、大山の人口は急激に減少し
（約 1000 戸から 700 戸に）、同様に幕府領内の農村地帯でも人口は減少したとも
指摘した。最近、再び幕領となったことで人口は増えているものの、今後の
衰退は差し迫った問題だと警告し、「小前一同 村役人総代」が署名した。

　三つの幕領の代表として 6 人が指名され、江戸への直訴を行うこととなっ
た。ところが、幕領内部および幕領間の対立によって事態はすぐに複雑化す
る。まず、湯野浜という小さな港から船で江戸をめざすという当初の計画は、
湯野浜の名主が舟を出すことを承知しなかったために失敗した。そこで最上
を目指し内陸の道を通ることとなったが、余目の代表 2 人が親の病気という
表向きの理由によって脱落し[7]、結局 4 人だけが江戸に向かった。大山の首
謀者たちはほどなく、余目の年番名主民弥と清助が庄内藩に内通しているこ
とに気づいた。彼らは 4 月 16 日〔旧暦 2 月 29 日〕の夜、民弥を大山の郷蔵に
呼び出し、滅多打ちにした。さらに民弥は清助を呼び出す文を書かされ、清
助もまた激しい暴行を受けた。その数日後、内通者と疑われる大山領内の他
の 2 人の家を群衆が襲撃した。一方、江戸にたどりついた 4 人は 4 月から 5
月初めまで江戸に留まり、5 月 18 日〔旧暦 4 月 2 日〕にようやく嘆願書を老中
土井利位に、その 3 日後に勘定奉行に駕籠訴を強行した。だが訴状は取り上
げられず、4 人は尾花沢の代官所に引き渡された。

　江戸への直訴が失敗し、幕領の引き渡しの期日が迫った 6 月 13 日〔旧暦
4 月 28 日〕、それを防ぐのは直接行動しかないと悟った大山の指導者たちは、
その前に村人全員を大山に結集して人垣をつくるよう、村方三役に依頼した
（『大山町史』1957：124）。湯野浜の村名主・組頭が村人への通知を拒否すると、
彼らの家も襲撃され、破壊された。引き渡しの日が近づくと、藩は主な街道

　7　この時の病気は口実だったが、常にそうというわけではない。直訴は死罪または長
　期刑の覚悟が必要で、家庭の事情から辞退するのも可能だった。

96

や船着場に役人を配置して、幕領の農民たちが大山に集まるのを阻止しようとした。それでも数千人が大山に到着し、寺数か所や町の裏にある城山で野宿した。彼らは村の名前や紋をつけた木綿旗を作り、提灯やたいまつを用意し、寺の鐘やほら貝を鳴らして、気勢を上げた。そして予定通り、幕府の大山陣屋を人々が取り囲んだ。町に通じる道には矢来を設け、鶴ヶ岡への街道上の橋を破壊した。これに対して藩は、完全武装して弓矢、鉄砲などの武器を携えた足軽3隊で町を取り囲んだ（『山形県史』資料編17 1980：1027）。幕領と藩との連絡役である御預地勘定奉行林元左衛門は、大山陣屋手附松山との交渉を試みたが、松山は力ずくの引き渡しには消極的となっていた。足軽隊は町の周縁部に一昼夜留め置かれ、松山と林の交渉が翌朝再開された。そして矢来を撤去し、兵が鶴ヶ岡に引き上げることを条件に、江戸から新たな指示が届くまで引き渡しを延期するとようやく決定した。

　数か月後の8月11日〔旧暦7月11日〕、幕府から派遣された関東八州取締役方役人数名が大山に到着した。すでに江戸では、幕領の庄内藩への引き渡しを敢行し、抗議に加わった人々を処罰することが決定されていた。彼らは田中太郎左衛門の家に連行された。太郎左衛門は、大山村取締役田中徳右衛門の分家だったが、6月の騒動の後、これ以上抵抗しても無駄だと思ったからであろうか、密かに酒井側についていた。太郎左衛門は関東取締役のために、騒動の指導者を捕らえるための罠を用意した。まず、内通者の余目の清助や民弥を捕らえたと偽り、大山の郷蔵に留置した。そして引き渡しについての訴えを申し出よとのお触れを出した。それに応じてやってきた墨井寛兵衛、田中三郎治などの指導者は捕らえられ、太郎左衛門家の土蔵に閉じ込められた。引き続き関係者が一斉に捕らえられた。『大山町史』（1957：127）によると、捕らえられたのは田中徳右衛門を含む21人である。さらに73か村には忠誠の証として、村々から一人ずつ証人を差し出すよう命じた。[8]

　幕府の役人は塩野町で裁判を開いた。塩野町は庄内の南の越後にある町で、

8　もちろん志願者は少なかった。角田二口村は結局くじ引きを行い、くじを引きあてた文蔵が日当300文の「手間」を受け取り、死罪または重罪の場合は、家族が弔慰金100両を受け取るという契約書に署名した（『山形県史』資料編17 1980：1021–22）。

第 4 章 従わない人々──1844 年大山騒動──

米沢藩預かりの幕領であった。米沢藩は、大山からの囚人を移送するために
多数の警護者を派遣した。首謀者たちは、本縄のうえ宿駕籠か腰縄で送られ
たが、加賀屋弥左衛門のみ鶫鶏駕籠で送られた（図 11）。取り調べは容赦の
ないもので、荒町の酒屋吉右衛門はその間に自殺したと伝えられている。裁
判が進むにつれ、さらに多くの村役人や村人が出頭を命じられ、その数は
3,000 人以上に達した。折しも米の収穫期の 10 月であったため、多くの人が
免除を嘆願したが、受け入れられなかった。これがどのような性格の「裁判」
であったかは不明だが、「被告」らが連名で提出した証言の文書からは、結
論がすでに決まっていたとは彼らが思っていなかったことがわかる。文書に
は、庄内藩の統治に対する申し立てが詳しく記されていた。たとえば、幕領
であったころより庄内藩が多くの雑税を取り立てていると繰り返し述べ、ま
た年貢も水増しされていたと告発していた。藩と幕領の村の間の土地と水を
めぐる争いの際、公正な取り扱いを受けなかったのも不服であった。藩士は
土地や農民への配慮を欠き（田畑や谷地を踏み荒らし、苦情を申し立てた者に暴行し
た）、藩の役人は正当な理由もなく捕らえたり、不当な罰を与えたりすると
も訴えていた（『山形県史』資料編 17 1980：1025–28）。

　塩野での「裁判」は 1844 年の年末まで続いた。そして、庄内藩への引継
ぎが行われた 12 月 26 日と 27 日〔旧暦 11 月 17 日と 18 日〕と時を同じくして、
判決が下った。墨井を含む首謀者 5 人は江戸に送られ、最終的な判決を待つ
ことなく獄死した。これは当時では珍しいことではなかった。23 人は鶴ヶ
岡の牢屋に入れられ、判決は 1846 年 6 月になってから言い渡された。50 人
以上が警護されながら鶴ヶ岡と大山から尾花沢の代官所に送られ、3,500 人
余の処分が申し渡された。そのうち 3,400 人には、役職や石高に応じて過料
が科せられた。その額は、年寄・名主・肝煎が 5~10 貫文、長百姓は 3 貫文、
本百姓は 100 石につき 2 貫文だった。牢に入れられていた 23 人には禁固、
追放、所払、遠島というさらに厳しい運命が待ち受けており、全員が財産を
没収された。闕所となった者は家や土地を取り上げられ、もっとも刑の重い
者はすべての動産・不動産を没収された。23 人は大部分が大山の町役人や
酒造業者で、酒造業者は免許も没収された。その他は、大山や丸岡周辺の肝

a

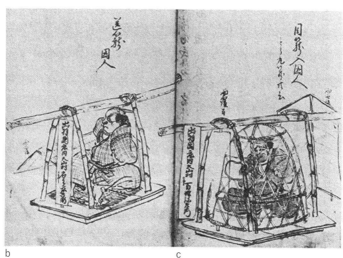

b　　　　　　　　c

図11　捕らえられた大山領民を塩野の裁判に移送。
（鶴岡市郷土資料館所蔵）
　　a　腰縄で護衛に付き添われ追い立てられる囚人
　　b　本縄の上宿駕籠で移送される囚人
　　c　鶉鶏駕籠で移送される指導者の加賀屋弥左衛門

第4章　従わない人々——1844年大山騒動——

煎、農民、僧侶で、余目出身者はゼロだった。さらに松山粂太郎と手代2人、
庄内藩の関係役人9人も処罰された（処罰の詳細は、『山形県史』資料編17 1980：
1046–49、『大山町史』1957：134）。

　大山騒動の結果、鶴ヶ岡と大山との商業関係は当然非常に悪化したが、そ
れはどちらの益にもならなかった。田中太郎左衛門の裏切りにあった大山の
町は二分され、騒動に加わらなかった酒造業者が主な町役人に新たに任命さ
れた。庄内藩は大山酒への規制を強化し、地域経済における酒造業者の優位
性は失われた。さらに、大坂近辺の酒造業者との競争も激しくなり、新潟や
松前への移出も減少した。1843年、大山の酒造業者37軒は米2,468石を使っ
て酒を造っていたが、それが1865年には34軒の合計750石にまで減った。[9]
興味深いことに、鶴ヶ岡の酒造業者もその恩恵はあまり受けなかったようだ。
1843–65年に生産量を伸ばしたのは村の小規模酒造業者で、これは江戸時代
末期の「地方を中心とする成長」というSmithの説（1973）と一致する。さ
らに、大山の反対運動が村役人や余目の村人の裏切りにあって一つにまとま
らなかった理由も、これで説明できるだろう。余目の酒造業者は、大山の業
者に苦しめられ、心を許すことができなかった（『大山町史』1957：276–79）。

　実際、大山騒動を研究している現代の歴史家の間では、騒動を主導したの
は大山の中心的な酒造業者であったというのが通説となっており、それを否
定することはできない。だが果たして6月12–13日〔旧暦4月27–28日〕に数
千人もの町民や村民が人垣を作ったのは、藩の圧政を不満とする彼らに強い
られたからだろうか。多くの場合、徳川時代の農村部における酒造は、魅力
的な事業であり、水田を増やす根拠となり、冬場の農閑期に地元農民に仕事
を提供する手段でもあった。[10]だが、大山の酒造業者が地元経済の支配者だっ
たと過大評価するのはまちがいだろう。酒造業者は、それほどの労働力は
必要としていなかった。それぞれ2~5人を常時雇用し、それに加えて冬は
4~10人が臨時で働いていた。したがって、大山全体でも直接雇用していた

9　『鶴岡市史』上1974：442の表および440参照。表には誤植がいくつかある。田中徳
右衛門の没落の詳細は『大山町史』1974：302–304。

10　低温発酵をするために、日本酒は10月から3月初旬にかけて醸造された。

のは、せいぜい数百人だった。そして、賃金も低く、1849年冬場の日当は
ひとりあたり 50~200 文だった。水田を大幅に増やした酒造業者も数人いた
が、ほとんどはそれほどの土地を所有していなかった。要するに、大山酒造
業者の抵抗は、商業的利益の低下に対する防衛反応であり、地歩を固めてさ
らに勢力を拡大しようとする強烈な要求からではなかったのである。

　小規模な土地所有者にも、庄内藩預かりに反対する彼らなりの理由があっ
た。幕領であった角田二口村で見つかった証拠によると、藩は現金や米切手
による年貢の支払いを認めず、藩に有利なように米と現金の換算を行ってい
た。幕領であった1842年と庄内藩の管轄となった1847年、角田二口村の年
貢は約 160 石で、いずれの年も、約 42 石を米で納め、残りは現金で支払った。
だがその額は1842年の70貫文から、1847年には105貫文に跳ね上がった(さ
らに1864年には、138貫文『鶴岡市史』中1975：56)。数十年にわたって固定的な
換算レートを享受してきた幕領が、増税に直面したのである（増加分は藩が保
管し、幕府に渡されることはなかった）。

　以前の転封命令時と違い、民衆の自発的な反乱を称賛する必要はなく、中
心的酒造業者自らが騒動を起こしたといえる。大山騒動は、権利を侵害され
た酒造業者数名と、それに刺激されて人垣を作った農民多数が立ち上がり方
向づけられた複合的な動きだった。そして、この騒動によって藩は1843年
の夏の間窮地に追い詰められた。庄内藩預かりを阻止しようと幕府の地方役
人が共謀したからである。だが藩と幕府上役が歩調を合わせたこともあって、
その企ては失敗した。そのために首謀者には厳しい処罰が課せられた。今回
の騒動は、幕府の特権だけでなく藩の利益をも危うくするものであったため、
庄内藩上層部は幕府役人の協力を得て時間をかけて反乱者を尋問することが
できた。塩野と尾花沢の 2 か所で行われた尋問、囚人の移送、罰金者 3,500
人、これらは極めて小さな幕領から幕府が得られる収益をはるかに超えるも
のだった。

　また、大山騒動の章の締めくくりとして紹介したいのは、全国的に有名な
人物がこの騒動の時期にこの地方をたまたま訪れていた事である。しかし、
庄内での民衆の動きは他の地域の運動の盛り上がりや目指すものとは奇妙に

第 4 章　従わない人々——1844 年大山騒動——

も一致していない。1843 年、著名な国学者平田篤胤の弟子である鈴木重胤
は、庄内を通って、秋田で謹慎中の平田篤胤を訪ねた。そして江戸に戻る途
中、再び庄内を通り、1844 年 6 月末に大山に滞在した。大山騒動が終わっ
た直後のことである。彼は酒造業者大滝三郎（光憲）の家に滞在した。大滝は、
伊勢に旅して、荒木田末寿のもとで学んだ 1821 年以来、国学に傾倒してい
た。鈴木重胤は約半年大山に滞在し、大山と鶴ヶ岡で万葉集や平田篤胤の思
想についての講義を行った。大滝は 1830 年代のほぼ 10 年間、破産の危機に
瀕していたが、敷地内に小さな家を建て、鈴木重胤はそこに賢木舎という塾
を開いた。重胤はその後の 15 年間に少なくとも 7 回大山を訪れ、武士や町
人の弟子を教えた。熱心な弟子の中には、米商、町医、神官、城下町鶴ヶ岡
の下級武士数名、酒田の僧侶、加茂の秋野家の人々などがいた。他の平田学
派と同様に多彩な顔触れだった。重胤は大滝の息子のひとりを養子に貰いう
け、1850 年代末には、江戸市場に打って出て販売を増やそうという大山の
酒造業者の試みにも協力した。有力な卸売業者に大山酒を売り込もうと惜し
げもなく重胤に資金を提供したものの、重胤の商売下手もあって、彼らの努
力は水泡に帰した。この事業は、すでに傾きつつあった大山の酒造業者にさ
らなる追い打ちをかけたのである（『大山町史』1957：201–70）。

　大滝三郎の名前は、大山騒動関連のどの文書にも記載されておらず、騒動
の指導者と重胤との関わりも明らかになっていない。人々のつながりはむし
ろ、知的なつながりが商業的、行政的な対立を超えて広がり、対立を緩和
したことを示唆している。この点は、平田篤胤の儀礼上も、書物上も尊王
を支持する思想は、新たな「王政復古」論の中心であったからだ。1850 年
代、賢木舎の弟子たちは他の人々とともに藩の体制に抵抗することになるが、
1844 年の篤胤の思想は、地元の不幸な反対運動に直接影響を与えるもので
はなかった。1840 年代の庄内にはまだ、幕藩体制に代わる急進的な政治論
や新しい経済力に対する素地はなかった。この藩で久しぶりに起こった民衆
の集団行動は、貢納関係と商業関係の内部にある緊張によって引き起こされ
たのである。

102

第5章

庄内の明治維新

略年表

※〔 〕1872（明治5）年までの旧暦表示

1864（元治1）年9月〔8月〕	酒井忠篤が江戸市中警護の功により2.7万石を加増される。
1867（慶応3）年5月〔4月〕	検地帳改めが始まる。
1868（慶応4）年〔3月〕	新政府軍の総督府が庄内藩の追討を命じる。
1868（明治1）年11月〔9月〕	降伏帰順、酒田の亀ヶ崎城に軍務官と民政局が設置される。
1869年2月〔1868年12月〕	会津若松への転封を命じられ、転封反対運動が起こる。
1869（明治2）年7月〔6月〕	磐城平への転封が命じられ、翌月阻止される。
1869（明治2）年8月	酒田県（第一次）が設置される。
1869（明治2）年〔9月〕	庄内藩の名称を大泉藩と改める。
1869（明治2）年11月〔10月〕	川北三郷の農民が要求を第一次酒田県に提出する（天狗騒動の始まり）。
1871（明治4）年〔7月〕	廃藩置県で、大泉藩は大泉県と改称する。
1871（明治4）年〔11月〕	庄内一円が第二次酒田県となる。

　1850年代、幕府を支持する佐幕派と朝廷・大藩の権威強化をめざす倒幕派との対立は庄内藩にも波及し、家臣間の対立が起こった。だが1860年代初めにはそれも鎮静化し、藩上層部はこぞって佐幕派となった。優柔不断な幕府が機能停止に陥り、江戸で陰謀が渦巻いていた1860年代半ば、藩首脳は領民支配を強化し、農業生産と商業活動の双方を奨励するためにいくつかの方策を講じた。これらは当然、町民にも農民にも不評だったが、特筆すべきなのは、日本各地に広がった騒乱や暴動がピークに達した1866年でさえ、庄内は平穏だったことだ。本間家からの惜しみない財政支援もあって藩は軍備を増強し、1868年、新政府軍と戦った。民衆の不満が高まり、のちに天狗騒動として知られる騒動が起こったのは、庄内藩が降伏して分割された後の1869年–71年のことである。騒動の矛先は、酒田港と飽海郡を直接支配

第 5 章　庄内の明治維新

しようと新政府から派遣されてきた役人に向けられ、騒動を鎮静化しようという試みはその後何度も失敗した。1871 年、明治政府の大隈らは、旧藩上層部の下に田川と飽海を再編成するという極めて異例な手段を取らざるをえなかった。これが誰もが予期しなかった庄内の「維新」である。

❖　藩による締め付けの強化

　鈴木重胤は 1844 年から 1857 年まで庄内を定期的に訪れ、恩師平田篤胤に学んだ国学と尊王論を講義した。講義には少数の熱心な藩士、商人、僧侶が参加した。江戸詰の藩士のなかにも、江戸の過激な思想に触れて同じような考えを抱くようになった者もいた。これらの人々は「改革派」を形成し、1858 年に藩主を酒井一族のなかでも公武合体派の人に交代させようと画策した（『鶴岡市史』上 1974：469–77）。だが 1860 年代前半にはその多くが辞めさせられるか、沿岸警備のために北海道に送られ、幕末には藩上層部すべてが佐幕派となった。1863 年に鈴木重胤は江戸の自宅で暗殺され、同年、庄内藩は他の 12 藩とともに江戸市中警護を命じられた。さらに 1 年後、幕府に歯向かう長州藩の征伐に加わるよう命じられた。その費用を調達するために、藩は 49,400 両を領民に課し、さらに 40,200 両を御用商人から取り立てた（3 万両は本間家が拠出した『鶴岡市史』中 1975：54）。庄内藩士は騒乱が激しさを増した 1866 年も江戸の市中警護を続け、1867 年に江戸の薩摩藩邸を焼き討ちにするために 1,000 人の兵を送った。

　この間、庄内藩の実権を握っていたのは江戸詰めの家臣で、藩主も代々江戸に住み、庄内に帰ることはほとんどなかった。1861 年 21 歳の酒井忠寛が藩主となったが 1 年後に死去したため、当時 10 歳だった義弟の忠篤が跡を継いだ。次の数年間、江戸警護で頭角を現した中級藩士が若き藩主の側近となった。松平親懐（1839–1913）と菅実秀（1830–1903）の二人である。いずれも、幕末からその後の民衆が蜂起した酒田県の時代にかけて、実権を握り続けた。

　江戸の混乱を恐れつつも、藩政には自信を持っていた庄内藩首脳は、政治権力を再び強化し、生産と経済の統制を図ろうとした。1864 年 9 月酒井忠

篤は江戸市中警護の功を幕府に認められ、田川と秋田の土地約 2 万 7000 石を加増された。1844 年の大山騒動以降、これらの領地を統治してきた藩は、村ごとに異なっていた税率を一律とし、石代納や米札ではなく米で納めさせる等の方策を通じて、村々から年貢を全額取り立てようとした。そこで、大山組の村役人たちは組の大庄屋に見直しを嘆願したが、これは 20 年前の騒動を思い起させるとともに、次の 10 年間に民衆が突きつけるさまざまな要求の前触れともなった。村役人たちは、年貢の 7 割を引き続き酒田米札で払うこと、藩の普請に課せられる郷普請米を免除し組ごとの普請にすること、藩による種夫食米強制貸付を免除されること、村の費用の賦課金を米でなく現金で支払うことを認めてもらおうとした（『鶴岡市史』中 1975：58）。藩は現金と米札で納めることには同意したようだが、米と現金の換算率は村にさらに不利になるように設定した。それでも 20 年前のような暴動は起こらなかった。

　その後 1866 年の秋になると、米の不作と価格の高騰により、騒動が起こるとのうわさが庄内に広がった。10 月 9 日〔旧暦 9 月 1 日〕、藩は年貢合計 1 万俵分についての「手当米」を支給し、その後それを 3,000 俵分増やした。これは 15 万俵を超える総収入からみると、わずかな量であった。11 月 2 日〔旧暦 9 月 25 日〕、鶴ヶ岡で抗議集会を開催するという張り紙が出され、11 月 5 日〔旧暦 9 月 28 日〕の夜には、城下町の山王神社に町民と各地からかけつけた農民数百人が集まり、米や商品の値上がりへの不満を口々に訴えた。集会は米問屋数軒の襲撃へと発展し、少なくとも 1 軒が押し入られた。[1]

　その後も 11 月から 12 月にかけて、平野部では大規模な集会が開催され、その一部は過激化した。余目と清川では、農民が集団で大庄屋数名の家に押しかけ、雑税の減免とその年の本年貢の 50% 削減を要求した（井川・佐藤 1969：17）。11 月半ば、加茂港の貧民 360 人が、御用商人の秋野茂右衛門と大屋八郎治に対して、冬季の 11 月から翌年 3 月までの 5 か月間、1 世帯につき 1 俵の米を貸し付けるよう要求した。役人は、他の地域に対して悪しき前例を作るわけにはいかないので、それは不可能だと述べた。だが秋野と大

1　藩役人重田又玄の日記に、この集まりのことが簡単に記されている。(井川1972：52)

屋は、要求について村役人たちと話し合い、三つの回答（世帯ごとに米を貸し付ける、割引価格で販売する、施米を行う）を検討した。そして結局、最初は 300 俵、結局は 400 俵の施米を実施することとなった。

　1866 年は、日本中が動乱の年となった（たとえば Totman 1980: 219–24 参照）。青木（1971）は、民衆の不満がピークに達したのが 1866 年と断定している。彼は少々大げさに全国一律的にとらえているきらいがあるが、実際に大規模な集団行動は各地で起こった。Sippel（1977）は、武蔵国（江戸の西部と北西部に位置し、松平の川越藩を含む）で起こった武州一揆について詳細に説明している。6 月後半の 6 日間、暴徒が 300 もの町や村に広がって、豪商や富農の家を襲撃し、蔵を打ちこわし、帳面を焼いた。これは民衆の「不満噴出」であったかもしれないが、熱に浮かされたような「集団的な暴力行為」ではなかった。Sippel は、むしろ「懲罰の対象として金持ちの家を選び、統制ある襲撃を行った」と主張している（Sippel 1977: 301）。

　庄内の歴史家も、山王神社に集まった人々が「半プロレタリア」的である、あるいはその後の襲撃はその年の全国的な「世直し状況」を示唆していると述べている（たとえば、井川 1972：52, 佐藤誠朗 1981：24）。だが、武州一揆や羽州村山地方の世直し一揆の規模や激しさの前には、山王神社の抗議行動はまったく霞んでしまう（青木 1972）。過去の庄内に過激な集団抗議がなかったかどうかを調査した井川や佐藤誠朗が、1866 年の抗議の規模や期間を過大評価したといえる。

　筆者は逆に、松平や菅などの藩の重鎮が、江戸市中で目撃した騒乱に大きな衝撃を受けたと推測する方が妥当だと考える。危機感を募らせた彼らは、1864 年から 66 年にかけて国元で起こった抗議行動が穏やかであったにもかかわらず、かえって態度を硬化させた。たとえば 1866 年、彼らは幕府から、酒田港を出入りする荷物に課される港役銭の藩の取り分を増額し、課税品目の数を増やす許可を得た（『鶴岡市史』中 1975 58–60）。その際、酒田の商人からの嘆願や、最上川上流の内陸各藩の商人からの抗議は無視された。そして 1867 年 5 月、藩の役人は検地帳改めを藩全土で開始した（『鶴岡市史』上 1974：489–90、『鶴岡市史』中 1975：60–61、『三川町史』1974：244–46, 井川 1966 参照）。

それまでの数十年、土地の売買や質入れによって、土地の名義人と実際の所有者との乖離が生まれたのは周知のことだった。土地の譲渡が相次いだ結果、村の中には、居住民以外が耕作したり所有したりする土地の面積が増えた（当時の記録ではどちらも「入作」とされた）。検地帳改めによって、藩は質地と売買された土地をたどって現在の所有者を登録できるのではないかと期待し、これらの土地を調査して実際の地代である作徳米の額を決定する計画を立てた。そして、入作に新たな税を課すことを提案した。年貢率は、他組に居住する地主は8％、自組内の他村に居住する地主は5％とされた。[2]

　1867年の改正の表向きの目的は、不在地主による土地所有を大幅に減らして、藩の意向に忠実に従う自作農（政治的社会的秩序の基盤）を保護するためだとされたが、もっと現実的な目的があったのは間違いない。藩は新たな雑税を増やすとともに、貢租負担者を正確に把握しようとしたのだ。だが1867年の検地帳と地租改正後の1876年の台帳を比較してみると、改正はまたもやかけ声倒れに終わったようだ。この時、実地調査は行われず、肝煎や大庄屋たちが藩庁に呼び出されたのみだった。彼らは検地帳を携えて役所に赴き、役人が見守る中、彼らの満足がいくように検地帳を改定しようと作業に着手した。不在地主への新たな課税に、大地主である商人が反対するのは予想されたことだった。だが、自組内の他村に居住する地主への5％課税には、自作農も反発した。その多くが近隣の村にある土地を貸し出したり、小作に出したりしていたからだ。[3]

❖　戊辰戦争と庄内藩の終焉

　もし幕府の危機がこれほど切迫せず、その危機に目を向けなかったならば、庄内藩は検地帳の改定に一層励んだことだろうが、藩主の酒井忠篤（ただずみ）は熱烈な

2　不在地主に課された年貢「入作与内米」は不在地主に対する3つ目の課税であった。一つ目は1796年から始まった「困窮与内米」で作徳米の13％、二つ目は1838年から始まった「新与内米」で作徳米の約7％だった（『鶴岡市史』上 1974：490）。
3　『三川町史』1974：245 参照のこと。横山組の村々は、自分たちは一つの村であると訴えた。

佐幕派であった。1868 年 1 月初めのクーデター（王政復古の大号令）と、鳥羽・
伏見の戦いにおける幕府軍の敗退をきっかけとして、新政府軍と幕府軍との
間にいわゆる戊辰戦争が勃発する[4]。そして、徳川慶喜の降伏と 5 月 3 日〔旧
暦 4 月 11 日〕の江戸城開城後もなお新政府に抵抗を続けたのが、東北地方の
とくに会津、仙台、庄内の各藩であった。庄内藩は 5 月、作戦行動を開始し、
ほどなく越後に兵を送るとともに、新庄盆地を制圧すべく最上川沿いに大軍
を送った。6 月、仙台で東北 25 藩が盟約書に調印し、さらに越後の 6 藩が
加わって奥羽越列藩同盟が結成された。8 月 23 日〔旧暦 7 月 6 日〕、庄内軍と
秋田藩の軍との戦いが始まり、庄内藩の攻勢は数週間続いた。

　莫大な軍事費を調達するために、庄内藩はまたも特権商人と農民を頼った。
特権商人たちから調達しようとしたのは軍用金であった。本間家はすでに 5
月、藩に 9 万 3400 両と 1 万 6000 俵分の米切手を献納していたが、今度は藩
のためにオランダの商人[5]から武器を買い付けた。一方、農民には人と物資
の提供を要求した。鶴ヶ岡城の周囲約 8 キロ以内に位置する村々からは、農
兵が動員された。各村には村高と戸数に応じて金品の割り当てがなされた。
たとえば、荒瀬郷の 42 戸村高 236 石の常禅寺村は、延べ 1,692 人日分の労
役、農兵 11 人、戦費 15 両、米 18 石、漬物（量は不明）、布団 9 枚、夜着 14 着、
わらじ 273 足の供出を求められた（『鶴岡市史』中 1975：69–71、井川 1972：54）。

　藩の軍事行動の足かせになったのは、新たに占領した土地の領民に対して
兵の一部を差し向けねばならないことだった。当時郡代だった田辺儀兵衛は、
新しい領地を統治するために新庄盆地に赴いたが、そこでは農民の大規模な
集まりが数多くあったと日記に記している。彼らは夏から初秋にかけて村役
人や商人の家を襲撃した（井川 1972：54–55）。不作が見込まれるとの申し立て

4　東北地方の動きの一部については Bolitho 1979、Sheldon 1975（彼は戊辰ではなく、
内戦という言葉を使っている）。

5　東北地方の諸藩に武器を売った商人の Eduard Schnell（エドワルド・スネル）であ
る（Bolitho 1979: 266）。本間は従兄弟の耕曹にスネルと直接交渉させた（佐藤 1976：
193–95）。第 2 章・表 3 に示したように、1841 年から 1868 年 5 月までの間に、本間本
家の寸志金（献金）は 14 万 4720 両、才覚金（未回収の貸付金）は 35 万 7572 両と、豪
商本間家にとっても相当な額に達している。本間本家の 1867 年の純収益は、合計で 26
万 8347 両（そのうち 18 万 2306 両は金融活動からの収益）だった。

に対して、藩は 10 月 12 日〔旧暦 8 月 27 日〕、新庄地域の本年貢の半減を認め、とくに被害の大きい地域からの要求をさらに調査するとした。それに対していくつかの村は即座に無年貢を願い出た。

そうこうしているうちに、新政府軍への抵抗は崩れつつあった。11 月 4 日〔旧暦 9 月 20 日〕に会津若松城が落城し、米沢藩と仙台藩が降伏すると、庄内は明治新政府の容赦のない攻撃の対象となった。その 2 日後、酒井の重臣は新政府軍に正式な降伏文書を提出し、各地の庄内藩兵を撤退させ、11 月 11 日〔旧暦 9 月 27 日〕、黒田清隆率いる新政府軍が鶴ヶ岡と酒田に入った。降伏の当初の条件として、藩兵はすべて庄内に退き、没収された武器は鶴ヶ岡城の前に積み上げられた。16 歳の若き藩主忠篤は、城外の禅竜寺に謹慎し、すでに隠居していた父の忠発も城外の青龍寺村に謹慎した（『鶴岡市史』中 1975：42–43）。酒田には軍務官と民政局が置かれた。

撤兵が行われ、政府軍が鶴ヶ岡と酒田に駐留する中、藩は村々におけるさらなる騒動に直面した。新庄だけでなく庄内でも不作が見込まれたため、新庄藩が減税することが庄内に伝わると、飽海郡の村々も 12 月には年貢を半分にするよう申し立てた（御年貢半取立）。藩はそれより率の低い手当米を提案したが、村々は聞き入れなかった。1 月 4 日と 5 日〔旧暦 11 月 22 日と 23 日〕、市条村（荒瀬郷）の八幡宮と周囲の村々の肝煎の家の前に立札が立てられた。そこには、9 日〔旧暦 11 月 27 日〕に有名な集会場所（日向川新川）で集会を開き、年貢の半減要求を改めて確認する農民全員による合意書（百姓一統定書）を作成すると書かれていた。立札の内容や不満の概要は、足軽目付によって書き留められ、藩首脳に伝えられた（『鶴岡市史』中 1975：67–68）。藩はしかし、手当米を支給するという当初の主張を変えることはなかった。

下からの突き上げにあった藩は、明治新政府の迅速な対応にも翻弄された。11 月 22 日〔旧暦 10 月 9 日〕忠篤は東京に移されて寺での謹慎を命じられ、当時 13 歳の弟忠宝が藩主を継いだ。翌年の 1 月 19 日〔旧暦 12 月 7 日〕新藩主は、酒井家と藩の存続を認められたものの、石高は 17 万石から 12 万石に減らされた。そして 2 月 5 日〔旧暦 12 月 24 日〕会津若松（当時は同じく 12 万石）への転封を命じられ、246 年に及ぶ庄内の酒井支配は終わりを告げたかに思われ

109

た。その 30 年前、三方領知替えの反対運動は村役人らの動きで始まり、す[6]
ぐに広く領民の支持を得た。だが庄内平野全体を飲み込んで 1869 年まで続
いた今回の抵抗運動の先鋒となったのは、藩首脳と本間兄弟で、民衆は消極
的に参加するにとどまった。

❖ 3 回目の転封反対運動

　転封命令を受けた藩首脳は即座に、二方面からの撤回工作を開始した。数
日後、数名の重臣が京都に向けて旅立ち、さらに東京でも、岩倉具視、三条
実美、その他議政官（新政府機関）の有力者に向けた陳情活動を開始した。陳
情者の中には田辺儀兵衛もいて、1869 年春に工作資金として約 3 万両を京
都と東京に送ったと日記に記している（『山形県史』資料編 19 1978：1018–19、『鶴
岡市史』中 1975：74–76 参照）。

　こういった高官レベルの交渉に加えて、3 月末には撤回のための嘆願書の
作成を村々が開始した。庄内平野の町や周囲の山の主な神社仏閣に、酒井の
殿様の永遠の支配「御永城之御祈祷」を願う村の代表が、みるみるうちに
集まった。村の代表は、明治新政府に陳情するために東京にも派遣された。
現存する陳情書 2 通（『山形県史』資料編 19 1978：1017–18、『鶴岡市史』中 1975：
77–78）は、1840–41 年〔三方領知替え〕の時と同様、代々の殿様の御高恩に対
する感謝の念にあふれ、殿様が移封されたならば領民は苦難に直面するであ
ろうと大げさに書き立てている。

　だが、別の資料をみると、これは既存の体制に対する庶民の感情がその
まま溢れ出たわけではなく、中級藩士が用意周到に工作したのが明らかと
なる。たとえば田辺の日記（『鶴岡市史』中 1975：80、『山形県史』資料編 19 1978：
1018–19）には「代表」一行が東京を訪れた様子が記されている。陳情に 4 日

　6　庄内は、秋田の佐竹家と新発田藩の溝口氏とに分割されるはずだった。田辺儀兵衛
は、庄内の実際の石高は会津若松の 4 倍にのぼると日記に記している（『鶴岡市史』中
1975：73–74）。4 倍という数字は誇張だが、今回の転封も 1840 年の三方領知替同様、
領地の大幅な削減を伴うものだった。

間しか必要ではなかったにもかかわらず、彼らは東京に 15 日間も滞在し、吉原や有名な神社を見物したりした。最後には酒井の藩邸で供応を受け、下級藩士から礼を言われ、それぞれ 2 両を渡された。[7]

　費用を工面するために、藩は家臣から寄付を募り、大庄屋や村役人を通じて農村各地からも資金を取り立てた。[8]角田二口村が取り立ての典型例だとするならば、取り立てが容易に進まなかったのも理解できるだろう。この村への割当分は 38 両だったが、肝煎の東蔵自身が 30 両払い、残りをほかの家に割り当てたが、結局 8 両のうち集まったのは 4 両だけだった（『鶴岡市史』中 1975：84）。

　一方、依然として藩に財政支援を続けていた特権商人からの献金は、これよりはうまく集まった。本間家の記録（『鶴岡市史』中 1975：85）によると、1869 年春に政府に支払われた 3 万両は特権商人（実際には本間自身）が献金した（第 2 章・表 3）。『鶴岡市史』中（1975：55）によると、負けた他藩の商人たちがさっさと新政府に鞍替えしたのとは対照的だ。

　庄内藩が巧みな戦術で二つの陳情運動に取り掛かり「民衆」の抗議を装った一方で、新政府は酒田、石巻、会津若松の 3 か所の民政局を拡充し、東北地方の支配を強化しようとした。3 月 10 日〔旧暦 1 月 28 日〕、新政府は西岡周　碩（1848–1923）を酒田民政局長官に任命した。西岡は佐賀藩出身の若い医師で、軍務官の船越洋之助とともに庄内の統治にあたることとなった。民政局の他の要員も、他藩から集められて発足した。酒田中心部の旧亀ヶ崎城の城門には、民政局と軍務官双方の門標が掲げられた。庄内藩の減封は、飽海全体が酒田民生局管轄下になることを意味し、6 月 1 日〔旧暦 4 月 21 日〕から 9 日〔旧暦 4 月 29 日〕まで、行政官や軍務官が飽海郡を巡回し存在を示した。西岡は、検地帳の調査を命じ村役人たちはしぶしぶ提出した。

7　詳細は『鶴岡市史』中 1975：79–80 も参照のこと。陳情者のひとり、長次郎の旅日記の一部が引用されている。

8　藩が大庄屋や村役人に宛てた催促の手紙は『鶴岡市史』中 1975：83–84 を参照のこと。藩重臣は、工作成功をそれほど信じていたわけではない。その証拠に、転封の知らせを受け取ってすぐ移転の準備も始めている。藩は、未納年貢や貸付金を返すよう、矢のような催促を始め、組や郷の米倉から藩の蔵に動かし始めた。

111

第 5 章　庄内の明治維新

　だが、新政府の支配力はまだまだ弱かった。酒井の殿様の支配継続を願う農民たちの動きを止めるようにという新政府の要求は無視された。西岡に町役人に任命された酒田のある有力者は藩に通じており、たびたび情報を送っていた（『鶴岡市史』中 1975：97）。そして酒田の有力な商人本間家は、酒井への主要な献金者であり続けた。

　これらの問題のなかでも、新政府が注目したのは本間家の立場だったろう。新政府は早い段階から、本間を酒井から引き離すという政治的野望と、彼の財力をあてにするという経済的目論みを抱いていたようだった。1868 年、富裕な商人たちから資金（会計基立金）を調達しようと努力した結果、新政府は主に畿内の商人から 300 万両を調達した。1869 年春、新政府はさらに遠方に手を広げ、6 月 20 日〔旧暦 5 月 11 日〕、本間光美と午之助を東京に召還した（『酒田市史』史料篇 5 1971：948–49）。実は、それは酒井の転封命令が延期された約 1 週間後のことだった。6 月 13 日〔旧暦 5 月 4 日〕、若松民政局は若松県となり、新たな人物が知事に任命された。本間と藩首脳が、転封の延期と本間の召還との関係を疑ったのも当然といえよう。松平親懐と協議した後、光美は上京することを決定した。

　7 月 4 日〔旧暦 5 月 25 日〕本間兄弟は東京に到着した。3 日後、光美は病いを得たとして、弟を新政府の大蔵卿に面会させた。午之助は、さらなる献金要請をかわしたが、ふたりはその後も東京にとどまり、折衝はその後も続けられた。光美は、東京にいる菅実秀などの藩首脳と密接に連絡を取りつつ、交渉にはいつも弟を差し向けた（彼は東京滞在について、日記にある程度詳しく書き記している。『酒田市史』史料篇 5 1971：948–83、『鶴岡市史』中 1975：99–106）。新政府からの財政支援要請に対してはとても慎重に、本間家にはそれほどの財力はないが、もし藩主を通じて藩の役人として依頼を受けるのであれば、できる限りのことをすると何度も繰り返した。本間がようやく 1 万両を提供すると申し出たところ、突然大蔵卿はそれを拒絶し、庄内に帰るようにと申し渡した。そこですぐに献金額を 5 万両に増額したところ、7 月 17 日〔旧暦 6 月 9 日〕に承認された。[9]

　9　本間はこの額を 4 回に分けて、9 月 24 日〔旧暦 8 月 19 日〕から 10 月 27 日〔旧暦 9

本間兄弟の東京滞在中、藩首脳は酒井の転封阻止の運動を演出し続けようとしたが、東京に送る農民「志願者」を募るのは次第に困難となった。上京農民一人について 15 両ずつの負担が組にとって耐えがたくなったのが理由であるのはまちがいない（『鶴岡市史』中 1975：87）。代官は、大庄屋の怠慢を非難し、6 月から 7 月にかけて、大庄屋は村役人に農民を派遣するよう強要した。大庄屋はさらに農民たちに町や山の主な神社へ日帰り参詣をさせ、酒井の「御永城之御祈祷」を続けるよう圧力をかけ続けねばならなかった。たとえば旧暦の 6 月、大山組の 21 か村は、隔日（偶数日）の朝 7 時までに、大山の椙尾神社に農民を差し向けねばならなかった。そのために大庄屋は予定表を作成し、たとえば播磨京田村は 2 日と 6 日に 2 人、4 日、8 日、10 日、12 日、14 日、16 日、18 日、20 日に 3 人、22 日に 1 人、角田二口村は 2 日と 24 日に 3 人ずつの合計 6 人などが割り当てられた（『山形県史』資料編 19 1978：1019–22）。

　本間家と藩首脳が、献金によって酒井が庄内に留まるのを許されることを期待していたのは間違いないが、明治新政府は譲らなかった。そこで藩首脳と本間兄弟はさらに協議を行い、どの程度の額を調達できるか検討した。だが 7 月 23 日〔旧暦 6 月 15 日〕、彼らの恐れは現実のものとなった。酒井が磐城平の藩知事として 9 月半ばまでに赴任せよと命じられたのだ。

　藩首脳も、さらなる転封阻止工作は無駄だと考えたようで、磐城平藩に少数の藩士の移動を開始した。その後 8 月末までに、藩士家族約 1 万 6,000 人のうち 741 人が磐城平に向けて旅立った。藩重臣は、土地台帳に手を加えて、地主である藩士や商人の名前を小作人の名前に書き替えようとした（小作人にはこの事実を知らせず、小作料を払わせ続けるはずだった）。酒田民政局は、藩士

月 23 日〕にかけて献金した。貸付の条件は年利 10% だったが、本間は利息の半分を返すことに同意した。さらに、5 万両の「金札」を担保とすることを受け入れざるを得なかった。5 万両は最上川流域の数藩がちょうど政府から貸し付けられようとした額である（『鶴岡市史』中 1975：105–106）。『鶴岡市史』中 1975：104 はこれが実に大きな金額であると述べている。日本全体をみても 1868 年初めから 1869 年初めにかけて、1 万両以上の調達を要請された者は 29 人、うち 5 万両以上を献金した者はわずか 6 人を数えるにすぎない。

第 5 章　庄内の明治維新

の家財などを庶民が「不相当の安値」で買い入れることを禁じるという命令
を出した（『鶴岡市史』中 1975：110）。

　それでもなお、本間と菅は、新政府の心変わりを期待して陳情を続けた。
当時外国官副知事兼会計官副知事を務めていた大隈重信に狙いを定め、以前
と違って恥も外聞もなく大隈の自宅を訪れて面会を求めた。8 月 17 日〔旧暦
7 月 10 日〕、13 回目の訪問でようやく許された面会で、献金の額次第では転
封命令の撤回も可能だと告げられた。本間は、それを政府の深刻な財政危機
と結びつけて捉えた。まさにその時、大隈らは欧米諸国の大使から日本通貨
の安定化を要求されており、酒井（庄内藩）から金貨を調達できれば役立つ
と考えたのだ（『酒田市史』史料篇 5 1971：965、Lebra 1973: 77 参照）。1 週間接触を
続けた後、本間は政府が 5 万両ならば受け取ると目論んだが、28 日〔7 月 21 日〕
にはそれもすげなく却下された。そして翌日、転封中止のために実に 70 万
両もの「献金」が必要だと藩は告げられた。藩は即座にこれを受け入れ、酒
井忠宝は 31 日〔旧暦 7 月 24 日〕、庄内藩知事に任命された。[10]

　この決定が下されたのはまた、藩・藩主制度の廃止をめぐって新政府首脳
が激論を交わしていたまさにその頃だった（Beasley 1972: 35–35）。たとえば「版
籍奉還」の命令が下されたのは 7 月 25 日〔旧暦 6 月 17 日〕である。大隈はお
そらく、経済的だけでなく政治的計算もあって同意したのであろう。酒井を
転封させようとした理由は、日本海沿岸の二大港である新潟と酒田を明治新
政府の支配下に置くことだった。しかし大隈は、この時期に酒井を移動させ
ると本間の事業も大きな影響を受け、その財力を明治政府が利用するために
も得策ではないと気付いた。そこで大隈は、酒井を庄内に留め置くよう計ら
うとともに酒田民政局を政府直轄の酒田県（第一次酒田県）へと改編した。そ
の管轄地は内陸の一部を含む 25.5 万石で、その中には庄内の 10.1 万石（飽海
郡の 235 か村と以前は天領だった田川郡の 73 か村）が含まれていた（『鶴岡市史』中

───────────
10　『酒田市史』史料篇 5（1971：967）9 月 30 日〔旧暦 8 月 25 日〕、藩は公式に 301
か村の土地 12 万石を再度割り当てられた（事実上、藩の支配が続いていた村々である）。
翌月、新しい藩名として、鶴岡または大泉のどちらかを選ぶように申し渡された藩は、
後者を選び、11 月 3 日〔旧暦 9 月 30 日〕に大泉藩となった。

1975：172、表7）。西岡酒田民政局長官は新たに権参事に任命され、酒田県内の庄内地方を担当することとなった。こうして庄内は分割され、最上川以北の飽海を中央政府、以南の田川の大部分を旧庄内藩上層部が統治することとなった。

　松平と菅が最初に直面したのは、70万両をどう工面するかという問題であった。彼らは少なくとも30万両は晩秋までに納めると、大隈に約束していたのだ。本間自身、30万両を調達すると請け合っていたが、残りはまたしても藩士、商人、大地主、村々に割り当てられることとなり、村々への割当分は大地主や村役人が支払うこととなった（詳細は『鶴岡市史』中1975：119–128参照）。その後の経緯は、実に不可解だ。30万両は支払われたが、残りの40万両の支払いは翌春になって免除された（盛岡藩と金沢藩の献金の残金も同様）が、これは大久保のとりなしがあり、また大隈や伊藤の反対を押し切ってのことだった。だが40万両の少なくとも一部は集められ、藩首脳が密かに蓄えたに違いないという噂は根強くささやかれた。うわさは結局、大隈にも庄内の領民にも届き、騒動の火種となったのである。

　反転封運動が成功すると、藩のみせかけの一致団結も瓦解した。もともと消極的だった小地主や町人は再び藩に対して反抗的となった。たとえば田川南西部の鼠ヶ関組は、戊辰戦争の戦場となり、その後も通常より多くの種類の税に苦しめられた。年末の大集会で農民たちは村役人に「戦争時に徴収された現金、道具類、補給品（軍掛物）、人足として駆り出された者への賃金、兵隊を宿泊させた費用などは返すと言ったはずだが、いつ返してくれるのか？」と詰め寄った（彼らは庄内藩だけでなく官軍からも取り返そうとしていた！）。そして、すでに組に約1,035両を返還したという役人の説明にも納得せず、それでは雑費分にしかならず、各農民に返すことはできないと怒って県の役人に直談判した。県の役人は、官軍に対する請求の支払いは拒否したが、藩の徴発分としてさらに750両を支払うことに同意した。これは鼠ヶ関組の農民にとってほとんど慰めにもならなかった。なぜならば、藩はこれを農民たちに直接返金する代わりに、新政府に献金する70万両のうちの鼠ヶ関組の献金として計上したからだ。この出来事は、その後数年間に起こった同じよ

第 5 章　庄内の明治維新

うな事件の前兆となった。

　一方、大商人や士族の団結もすぐにほころび始めた。大泉藩の実権を新た
に握ったのは、大参事の松平親懐、権参事の菅実秀、田辺儀兵衛等、少数の
中級藩士であった。この三人はいずれも、1860 年代半ばには、幼い藩主忠
篤の側近として実権を握っていた。多くの藩長老を排除し、戊辰戦争中藩の
ために働かなかったとの理由で敵対する者たちの領地を削減した。土地に基
づく報酬から俸給制に変える中央政府を引き合いに出して、自分たち仲間の
地位と報酬を確かなものとした。たとえば菅は、自身に俸給 1,000 石を与え
ている。

　同時に、商業活動を統制し、新たな独占体制を確立しようと積極的な策
を進めた。新政府への 30 万両の献金を工面しているまさにその最中に、田
辺儀兵衛は本間家を通じてアメリカの蒸気貨物船を購入しようとしていた。
米と酒を、酒田を経由せずに直接、加茂から東京に輸送するためである（本
間は豪商の越後屋や門屋に、表向きの所有者となるよう説得している。『酒田市史』史料
篇 5 1971：1013-14）。政府は外国商人との直接取引を禁止していたが、菅（当
時、東京に留まっていた）と田辺は、生糸の供給契約を欧米の代理店と結んだ。
3 年以内に契約量を納品する前金として 15 万両を受け取ったが、当時庄内
では養蚕がほとんど行われていなかったことを考えると、これは危険な賭け
だった。さらに西洋塩を購入して再加工する契約も結んだが、当時の庄内に
は製塩業も存在しなかった。藩は、商品ごとの統制令を公布し、田川郡内の
全必需品の価格を設定し、藩内の取引すべてを対象とした許可制度を設けよ
うとした。この藩の政策は当然、転封阻止運動を支持した商人たちの反感を
招いた（『鶴岡市史』中 1975：156-64）。1872 年、藩主導の農業計画〔松ヶ岡開墾
事業を含む〕が始まると、これに反対する「改良派」が登場して士族も分裂し、
その後数年間、明らかな悩みの種となった。これら農民、商人、旧士族の不
満が嵩じて、1874 年のワッパ騒動が引き起こされることとなる。だがワッ
パ騒動を論じる前にまず、飽海郡を直接支配しようとした明治政府がどのよ
うな困難に直面したかを検討しなければならない。

116

❖ 酒田県が直面した天狗騒動と関連する問題

　亀裂が大泉藩内に生じる一方、最上川対岸の酒田民生局・第一次酒田県でも、これまた厄介な対立が農村でも都市でも芽生えていた。飽海郡の反対派が設立した組織は、県の新たな米販売計画に反対する酒田の商人や町人から支援されるようになり、組織から指導者も出てきた。1869 年の年末、飽海郡で、各種雑税の減税または廃止と、長州征伐や戊辰戦争時の徴収資金や徴発物資（軍掛物）の返還を要求する闘争が起きた。集会、請願、東京への請願旅行、役人との対立や襲撃などのかたちをとったこの闘争は、1872 年 3 月まで約 28 か月間続いた。後に天狗騒動として知られるようになるこの闘争は、19 世紀庄内で起きた 4 回の集団抗議のうちの 3 番目である。

　1869 年秋、またも米は不作であり、飽海郡の三郷（荒瀬、遊佐、平田）は減税の請願を始めた。これが大庄屋に拒否されると、11 月初旬、多数の農民が酒田の山王社に集まり、18 か条の要求を酒田県に直接提出した。これは単に不作への対応を求めるよりはるかに多い要求であった（井川 1970：529–30 『山形県史』資料編 12 1970：397–99）。表 9 に示したように、彼らの不満は、本年貢に付随する雑税 10 種類（うち数種類の表向きの目的は明らかに時代遅れとなっていた）の廃止、その他数種類の雑税の評価方法の改正、村や組の役務の変更の三つに大別できる。

　県は最初の対抗措置として、村民が町に出るのを禁止するよう、村役人に命じたが（山形県史』資料編 19 1978：1022–23）、それにはほとんど効果がなかった。そこで次に、雑税のうち 4 種類（表 9、1 (1) – (4)）を廃止して、飽海郡三郷に 5,700 俵の「御救米（おすくいまい）」を施すと回答した。請願者たちはこれでも満足せず、組織を立ち上げ、各メンバーが匿名で活動できるよう天狗「党」を名乗り、指導者は「大天狗」、党員は「小天狗」と呼ばれるようになった。酒田市中に集会所を設けて数百人もの人々が交代で詰め、新政府は雑税を一切免除するらしいという流言を村々に流した。飽海全体の村々が天狗党に加入し、運動費は各村の村高に応じて集められた。[11]

　11　井川 1969：15 は、1869–70 年に天狗党に 4 回の献金を行った牧曽根（まきそね）村の記録を引

第 5 章　庄内の明治維新

表 9　1869 年 12 月、天狗党が第一次酒田県に提出した要求 18 か条

1　雑税廃止の要求
(1)（馬）飼番代米
　　藩内の馬の飼料草代として課せられる税で米に換算して 100 石につき 0.369005 石
(2) 郷高壱歩夫米
　　藩主の江戸往復時の運搬賃として課せられる税で米に換算して 100 石につき 0.01 石
(3) 小物成色渡運上米
　　米以外のさまざまな年貢に追加で課せられる税で米 100 石につき 0.17543 石
(4) 振人給米
　　藩士の家の使用人に米を支給するために課せられ、1 年に一人当たり 4 俵
(5) 横山萱刈代米
　　城の屋根を葺く萱を刈るための税で 100 石につき 0.35866 石
(6) 納方手代内役御手振米
　　各種税の検査業務の郷方役人と大庄屋に支払われる特別手当で 100 石につき 0.0044708 石
(7) 酒田御蔵米鼠切挏直俵定御取立米
　　藩の米蔵において、虫やネズミに食べられたり米俵を移動したりする際に失われる米と、す
　　り切れたり壊れたりした米俵を取り換えるための税で 100 石につき 0.33954 石
(8) 作徳与内米
　　非居住者が所有する土地の地代に追加で課せられる税で、組以外に居住する場合は 8%、同
　　じ組内だが別の村に居住する場合は 5% 等
(9) 大庄屋屋敷与内米
　　大庄屋の屋敷を維持管理するための追加の税
(10) 肝煎壱歩給
　　肝煎の手当
2　雑税の取り立て方法の改革
(1) 御種夫食米
　　藩から強制的に借りさせられる種と食用米に対する年利 3 割の利息米。借率は 100 石につき 7.2
　　石で、したがって年利 2.15 石だった。
(2) 郷普請米指出米
　　普請のための税で、100 石あたり 2.8 石。規定額を限度として実際の経費を査定して請求さ
　　れる。
(3) 組村遣金代米
　　飽海郡内や酒田出張における組や村の役人の旅費と賄い。村の百姓全員に提示した項目別費
　　用に基づいて査定することが要求された。（大庄屋・大組頭・肝煎帳簿明細公開要求）
(4) 三組代家守給（同）
　　飽海の役人が役務で鶴岡に行く際に滞在する家の番人の手当で、100 石につき 0.339545 石
(5) 肝煎一分給
　　肝煎の手当で 100 石につき 1 石
(6) 皆済宿村賄代米
　　1 (6) の納方手代内役御手振米と基本的に同じ
3　役職の廃止
(1) 大庄屋の書役の廃止
(2) 堰の見守り役を交代で任命等

12 月 12 日〔旧暦 11 月 10 日〕、農民は再び集まって（今回の集会地は新川だった）、今後について協議した。そして 18 か条のうちまだ認められなかった 14 か条について県に再び請願した。これに加えて今回は、三郷それぞれの要求も準備された。荒瀬郷では、農民 69 人が戊辰戦争時に徴発された多数の物資の返還を要求した。[12] 平田郷の農民は、年貢日延願と年貢の 3 分の 2 の石代納願いを出した（『鶴岡市史』中 1975：175-76）。遊佐郷の行動はもっと直接的であった。石辻組 29 か村の農民は、大庄屋今野茂作の家を襲撃し、1868 年の軍掛物相当額の資金を返還するよう、要求した。

こうして各地で散発的に始まった運動は、県が最初に拒絶した後、飽海郡全体を巻き込んだ組織的かつ継続的な闘争へと発展していく。似たような闘争は、田川郡内の酒田県直轄地となった旧天領でもほぼ同時に発生した（余目と狩川）。12 月、田川の村々の「百姓一統」は、（1）年貢を石代納で 5 回に分納する、（2）稲刈前の雪かぶり 1869 年分の年貢を半減する、（3）雑税 3 種を恒久的に撤廃する、（4）救米を支給するという 4 項目を要求する請願書を提出した（『山形県史』資料編 19 1978：1027）。先に述べたように 1865 年、これらの地域を再び支配するようになった庄内藩は、現物納制を再導入して、新たな雑税数種類を追加した（たとえば、井川・佐藤 1969：10 の小野方村の 1863 年、1868 年、1869 年の明細目録を参照のこと）。村々は要するに、天領の時代に戻ることを要求したのだった。

これはのちに後悔の種となったのだが、大庄屋は請願をはねつけ、県への提出を拒否した。そこで請願者たちは各村に通知を回覧し、12 月 18 日〔旧暦 11 月 16 日〕、余目の八幡宮に約 2,000 人が集まった。その夜、3 か村（余目、関、門田）にある大庄屋の家を襲撃し、塀に火を付け、母屋や蔵に押し入った。その後 2 晩、主に狩川地域で、大庄屋 5 人、肝煎 7 人、その他有力農民 3 人

用している。これはその間の村の出費の 19% を占めた。天狗党の行動は『山形県史』資料編 19 1978：1022-27 と、酒田駐在の藩の連絡役安倍惟親（Abe 1869-70 ページ番号は付与されていない）の日報に記されている。本章では安倍の記録を多く引用した。

12 要求には、具体的な数字が並んでいる。布団 224 枚、木綿夜着 130 枚、膳椀 29 組、鍋 2 個、枕 65 個、枕掛 2 個、蚊帳 7 枚、木桶 1 個（この部分は井川 1969：16、井川・佐藤 1969：12, 注 4 から引用）。

第5章　庄内の明治維新

の家が襲撃された[13]。その6週間後も、主に狩川組の農民は、年貢のほぼ大部分の納入を拒否して抵抗を続けた。納入したのは、年貢803.2石分のうち165石のみで、雑税436.2石分はまったく納めなかった（『山形県史』資料編12 1970：175–76）[14]。

　飽海の天狗騒動と、余目周辺地域で同時発生したこれらの騒動に関わる集会の不満表明や請願の文書をみると、似たような言い回しが見つかるのは興味深い。双方が実際にやり取りや調整をしたという証拠はないものの、どちらも隣接する地域と組織的に結びつくような提案を行っている。最上川の南北いずれの側の農民も、数多くの具体的な要求を詳細に書いているが、既存の年貢制度を根本から変えたいとは希望しなかった。また1869年に会津で起きた一揆（Vlastos 1992）〔ヤーヤー一揆〕とは対照的に、地元の役職者を公選にしようという政治改革的な動きもみられなかった。今回も、破壊的な天狗像は飽海郡を動かす有効な表現となったが、30年前の民衆運動と同様、天狗は正義を求めて復讐する民衆の象徴というよりは、匿名を守るための約束事であった。

　飽海郡でも余目でも、抗議の直接の対象となったのは、酒田民政局長官の西岡などの役人ではなく、大庄屋や肝煎だった。雑税の取り立てや軍掛物の返還失敗の責任を役人として負うのは彼らだったからだ。請願は、少なくとも一時は県当局に提出されようとした。実は、県の役人は誰もが庄内に来たばかりで要求をほとんど理解できず、村役人をもあまり信用していなかったために、その場しのぎの受け身の対応をした節がある。当時の状況がよくわかる資料のなかには、県が村役人に命じて作成させた当地方の年貢・雑税の説明書きがある（たとえば、佐藤東一 1967のなかに三つの事例が紹介されている）。

　また追い詰められた大庄屋や肝煎も、新たな監督者をほとんど信頼しておらず、天狗や狩川の騒動と同時に、自分たちの請願も開始した。彼らは自らを、田川と飽海85か村の「百姓惣代」だと申し立てたが、実はその多くが、直

13　これらの事件の報告は安倍（1869）と、余目の農民佐藤清三郎の日記参照（余目町教育委員会 1979：165–66）。

14　第一次酒田県の庄内地方以外の農村部からも抗議を受けた（井川 1972：60–61）。

前に家を襲撃された今野茂作ら大庄屋や肝煎だった。1869 年 12 月の請願に
おいて、彼らは酒井の管轄下（つまり大泉藩）に戻りたいと申し出ている。こ
の請願書の文言（『鶴岡市史』中 1975：181–82）は、1869 年の転封請願と驚くほ
どよく似ているが、二つの請願書の署名者はほとんどが同じであるので、そ
れも当然だと言えよう。そこに書かれていたのは明らかに方便であった。彼
らは、酒井による庄内居成り（留まること）を支援した後に、酒田県の管轄下
におかれたことを嘆いた。酒井の「永年の情け深い」統治を「深く感謝」し
ており、70 万両を調達できるよう殿様を助けたい、そのためにも藩に戻し
てほしいと嘆願している。要するに、村役人たちは家屋敷が襲われたことに
非常な危機感を抱き、自分たちを守ってくれる能力や意志が県にはないと見
切りをつけたのではないだろうか。大泉藩ならば少なくともまだ旧藩士の武
装集団を抱えていた。

　東京の新政府は、これらの集団での申し立てに、県の支配強化という手段
で応じ、1870 年 1 月 4 日〔旧暦 1869 年 12 月 3 日〕に大原重実を知事に任命した。
大原重実は明治政府の参与大原重徳の息子である。大原は即座に天狗党の指
導者 11 人を検挙したが、それはかえって農民を刺激して「怒涛のような請願」
の引き金となった。天狗党に加わる村はそれぞれ代表 3 人を次々と酒田の牢
屋に派遣して指導者の釈放を要求した。3 月 28 日〔旧暦 2 月 27 日〕、未解決の
要求を承認するために、農民約 4,000 人が市条村の八幡堂前に集まった。翌日、
多数が県庁に押し入ろうとして、結局 30 人以上が逮捕された。

　この時点で、県は幾分態度を軟化させた。今年度中に変えるのは難しいと
言いつつも、大原は調査期間中、雑税免除要求を再検討しようと申し出た。
長浜五郎吉をはじめとする天狗党の指導者が投獄されたのは、直接請願した
ためではなく年貢納入前に村内で運動費を徴収したためだと主張し、9 月に
は釈放して謹慎処分にすることに同意した。そして結局、年貢の「一部」の
支払いを繰り延べることに同意した（つまり、現時点での未納分には科料を課さな
いということである）。

　1870 年の 1 年間、難題を突き付けられた県は、本間家を味方につけよう
という努力を強化した。2 月、本間光美と午之助は県の要職に任命された。

第 5 章　庄内の明治維新

二人の兄弟も、ある程度の資金を用立てるつもりはあったようだ。農業生産担当の司農方生産掛（しのうかたせいさんがかり）に任命された光美は、税制と農村行政に関するいくつもの改革案を提出した。その一部は以下のとおりである。

1　収穫の状況に応じて年貢の減免をし、なお、お手当引きをした方がいい。

2　公的な事と私的な事を区別するために租税方諸帳面を改正する。

3　郷普請米と種夫食返納米は今後も継続するが、現時点での未払分はすべて、郷普請米は救民備（そなえ）として、また種夫食返納米は郷備（ごうそなえ）として帳消しにしたい。

4　大庄屋を廃止し、郷の役所（郷中会所）を設置し、調整役として会所に詰める任期 1 年間の肝煎 3、4 人を、郷の全住民が選出する。

5　村方三役以外はすべて廃止したい。

6　県の会計方と司農方を合併したい。

　　（『山形県史』資料編 12 1970：399–400 、『鶴岡市史』中 1975：185–86 参照）

　全体として光美の提案は、農民の要求に譲歩するというよりは、農村行政の強化を狙ったものだった。この提案は実現しなかったが、県は本間の支援を懇請し続けた。7 月、光美は勧農掛（かんのうがかり）に任命された。彼はこの時も、詳細な提案書を提出した。今回は、「まじめな」農業を推進するために、彼の管轄下に「郷中下掛之者」（したかかりのもの）という新たな役職を設けるという提案を行い、主に肝煎クラスの中から 63 人が選ばれて任命された（『酒田市史』史料篇 5 1971：890–93）。光美自身、この制度を確立するために 9 月初めから 1 週間かけて飽海郡一帯を回った。だが、新制度が実際に機能したという証拠はない。[15]

　本間を県政に取り込もうとしたのは、農村支配が危機に陥ったからだけではない。農村部の天狗党の活動とも関わる、県に対する第 4 の集団反対運動が起こったからだ。今回は酒田町内で、大原の新たな米販売政策、すなわちいわゆる東京廻米政策に多くの酒田商人が抵抗した。中央政府は当時、年貢

15　回村日記の一部は『山形県史』資料編 19 1978：1028–31、7 月と 9 月に書き留めた農事心得書（適切な農業慣行）は『山形県史』資料編 12 1978：361–66 を参照のこと。農事心得書は当時の耕作方法に関する貴重な資料である。本間は農業振興を担当する役人の階級組織を、藩が 1842 年に創設しようとした「農業目付」に倣って作ろうとしたのかもしれない（長沼 1983：76）。

122

米を現金に換え、すべての県で生産された米を東京に送って、各地方ではなく政府が直接販売する政策を進めようとしていた。1870 年 3 月、大原は酒田の惣問屋に、県内で生産された米は 1 万石を除きすべて東京に出荷し販売されると通達した。つまり、酒田の米問屋は 1 万石しか地元で売ることができなくなる。惣問屋は即座に、現行の地元での販売（地払い）を続けるべき理由をいくつか挙げて反論した（『山形県史』資料編 12 1970：518–19）。第 1 に、酒田の業者は、蔵元から受け取る仲介業者の手数料（口銭）と倉庫の手数料（蔵敷）の収入を失ってしまう。第 2 に、県から購入した米札を競売する際の利益も失ってしまう。酒田に入港する船が減少すると、大阪や東京から船で運ばれる塩、綿、陶器その他の商品は、大幅な価格上昇が見込まれる。そして請願の最後に、米の取引は酒田経済の要であり、新たな政策は町民すべてにとっての大打撃となるだろうと述べた。

　この請願を受け取った県は事態を憂慮したが、役人は請願項目の多くは事実だと認めた。3 月、大原は少参事の太田衡太郎を東京に派遣し、政策実施の一時猶予を願い出た。太田の主張は認められ、少なくとも 1870 年の米販売については現状維持とすると県は発表した。だが中央政府を動かしたのは、太田の主張よりも、本間と密かに交渉した結果、延期の見返りとして得られる 10 万両だった（井川・佐藤 1969：12）。本間はその代償として、尾関又兵衛と小山太吉を、地元の米販売を一手に扱う業者（払米御用達）に任命するという約束を取り付けた。いずれも本間家を後ろ盾とする米商人である。これは有利な利権となった。その年、尾関と小山は、酒田の年貢米 4 万 5000 石以上を扱ったが、これは 42.8 万両と銅銭 2000 貫に相当する。[16]

　尾関と小山が払米御用達に任命されると他の米商人は当然憤慨し、県の主な役人を罷免し、以前の特権商人や販売の制度を復活させるよう即座に要求した。大手米商人の多くは、旧制度のもとで特権商人に指定されていた（請願の草案は『山形県史』資料編 12 1975：449–52 参照のこと）。彼らの多くは天狗騒動にも関わっており、中でも 1867 年から惣問屋の問屋頭を務めていた長浜

16　それと同時に酒井と大泉藩の首脳にも、本間は抜け目なく献金を続けていた（第 2 章 表 3 参照）。

第 5 章　庄内の明治維新

五郎吉が天狗騒動の首謀者のひとりとして逮捕されると、その釈放を願う「波
状攻撃」が始まった。商人の多くは地主でもあり、農民と同様、年貢に占め
る雑税の割合がますます増えていることと、それが村役人によるさらにあく
どい資金流用につながるのではないかと憂慮したのだ。

　したがって、庄内を分割してその北半分を直轄地にするという試みは、新
政府にとって厄介な問題となった。県は、大商人であり大地主でもある本間
家に農政の一部を委ね、彼の「配下」の商人を払米御用達に任命して、都市
部と農村部の社会不安に対応しようとした。だがそれは、非本間派酒田商人
の不安を駆り立て、村役人に対する農民の疑いを深め、県政への信頼を失わ
せるものであった。頼りない行政能力は、狩川と余目で起きた二つの事件に
みられるようなもめ事により、さらに弱体化していく。

❖　狩川組

　狩川組は、1869 年秋に村役人の家を襲った後、年貢をほとんど納めなかっ
た組である。翌春、組内の肝煎一同は、年貢の支払いを繰り延べて、2 回は
米札で上納し、3 回目は現金で支払いたいと県に請願した（『山形県史』資料編
12 1970：399–400, 井川 1970：537）。狩川組大庄屋の高橋陽之助と当時田川郡の
総代だった斉藤隼之助（清川組の大庄屋でもあった）は請願書を県に提出したが、
このような要求が県の政策に反しているのは承知しており、請願を思いとど
まらせるようあらゆる手段を使って肝煎たちを説得したという言い訳を添付
した。請願書を取り次がずに家を襲撃された昨年の記憶が、そうさせたのは
間違いない（『鶴岡市史』中 1975：187）。すでに高橋の指導力を疑っていた県は、
彼を罷免して斎藤に二つの組を担当させようとした。酒田県に配属されてい
た大泉の役人戸田次作は、大庄屋に対するそのような仕打ちは大原が県知事
に着任してから初めてであり、県は慎重に行動しなければならないと主張し
て介入した。さらに清川は人や物資の往来が盛んな宿場で、厄介事も多かっ
たため、すでに手一杯であった斎藤の仕事をこれ以上増やすのは無理だった。
県は罷免を考えていたが、戸田は謹慎を勧めた（『山形県史』資料編 12 1970：

421 井川 1970：537-38）。戸田は、高橋が能力がないわけでなく大変な状況で県に対して言い訳をしたことと考え介入したが、結局 6 月に入って高橋は解任される。

❖　上余目組

　1869 年 12 月に襲撃された家には、上余目組大庄屋の劔持鉉太郎の家も含まれていた。徴税がますます困難になるであろうことや、税収不足の責任を追及されたりすることを恐れたのであろうか、劔持は病気を理由に突然、大庄屋を辞任する。後任には暫定的に和田修蔵が任命された。だが、ちょうど納税期限が迫っていた 1 月末、劔持は考えを改め、病気が治ったので復職すると申し出た。だが和田にもせっかく得た地位を手放す気はなかったため、二人で分担して大庄屋の任務にあたることとなった。この妥協策は失敗であり、争いのもととなった。前年の秋の打ちこわしの前に、上余目組の帳簿や記録類は跡村の書役の家に運ばれていたが、劔持は肝煎たちを呼び出して書類を劔持の家に戻すように命令した。この命令を聞いた和田は驚き、劔持は自分の家をほとんど修理しないまま 組の役所として使おうとしていると県に報告した（和田は、その家は「ほとんど居住不可能」で「戸も閉まらない」と憤慨しながら書き添えている）。6 月、肝煎 12 人は、劔持の休役届を提出した。その文書のなかで、ちょうど年貢を納める時期でなかったならば、もっと早く秋の打ちこわしの直後に届けていただろう、年貢のことを考えて今まで待ったのだと、届け出が遅れたことを詫びている。これを仕掛けたのが和田に近い書役と肝煎 4 人であり、劔持と肝煎との争いが続いていることは、県も承知していた（『鶴岡市史』中 1975：188-89、井川 1970：538-39）。

　こうして大原と県の上層部は窮地に立たされた。村役人は県のために一致団結して働こうとせず、県は農村各地に広がる抵抗を抑える力を持たず、時折譲歩しようとしても中央政府の支持は得られなかった。農村部の社会不安はもはや日本全体に広がり、請願者の要求を聞き入れていいかという地方各

　17　書役は大庄屋の補佐役の一つで、その給与や費用は村人たちが負担した。

第 5 章　庄内の明治維新

地からの問い合わせが中央政府に多く寄せられていた。明治政府当局はその
多くを拒否し、一方的に譲歩しようとする村役人を疑ってかかった。政府は、
第一次酒田県内における農村部と都市部の抵抗や地方行政担当者間の対立も
見逃さなかった。すでに 1870 年 6 月、状況調査のために庄内に派遣された
監督権正の岩男助之丞から報告を受けていたのだ[18]。こうして板挟みとなっ
た大原は、下からは県民の反抗にあい、上の中央政府に対しては、彼の業績
を批判する報告書を送られてしまった。大原はその夏、岩男のような強硬派
が邪魔で苦々しいと、父親〔明治政府の参与大原重徳〕宛の手紙につづっている
（『鶴岡市史』中 1975：193–94）。政府の信頼を失った大原は結局、10 月 23 日〔旧
暦 9 月 29 日〕に辞任に追い込まれる。第一次酒田県は、東北地方を再編して
実効的な支配をすすめる一環として、最上川沿岸のいくつかの県と合併して
山形県〔第一次〕となり、新たな県知事として 23 歳の坊城俊章が任命された。
彼は前奥羽按察使で、大原の「弱腰な」態度に批判的であった。前酒田県大
参事の岩男は、新しい県の大参事として酒田に留まったが、職員の大部分は
新たに県庁となった山形に移った。

　だがこの合併は、期待された効果をもたらさなかった。坊城と岩男は当
初、長浜五郎吉をはじめとする天狗騒動の指導者を再逮捕するなど強硬策を
打ち出したが、自分たちが危うい立場に置かれていることはすぐに明らかと
なった。指導者の逮捕を受けた支持者たちは、予想どおり釈放を要求して抗
議行動を行い、3 月、逮捕者の多くは軽い刑で釈放された（『山形県史』資料編
12 1970：643）。さらに、東京廻米政策をさらに 1 年延期してもらうよう、坊
城が大蔵省に陳情しなければならないことも明らかとなった。そしてふたた
び雑税廃止の要求を天狗党から受けた坊城は、3 月 8 日〔旧暦 1 月 18 日〕県内
全域から役人を招集して会議を開いた。一日で決着すると思われた会議は紛
糾し 17 日〔旧暦 1 月 27 日〕まで続いた。会議を通じて税に対する根深い不満
が身に染みて分かったのであろうか、坊城は 10 日後に、農産物にかかるす
べての雑税支払いを延期する「雑税免除布達」を出している（『山形県史』資
料編 12 1970：640）。それにより年貢米に追加して徴収する付加税である延米

18　その一部は『鶴岡市史』中 1975：191–92、全文は大蔵省 1962：388 参照。

126

は廃止され、米蔵を組や郷ごとに置くのではなく、村ごとに貯蔵することとなった。

　農民が喜んだのも束の間、太政官はこの通達を即座に却下し、4月4日〔旧暦2月15日〕に役人10名を第一次山形県に派遣した。憤慨した天狗党が飽海で大集会を開いたので、坊城はすぐに税制の抜本的な改革「天下一般税法御改正」を彼らに約束し、晩春には太政官に上申して許可を得ようとしたが、これまた却下された。

　坊城は、苦境に立たされたようである。前任者同様、彼も本間光美にいくつかの役職を与えて県政に引き入れようとしたが、今回は、本間は公職に就かないという選択をした。本間の税制改革が却下された後、第一次酒田県庁にいた彼の部下の多くは辞任した。本間の改革に反対したからか、太政官に辞めさせられたのかは不明だが、彼らの辞任により県政の混迷はさらに深まった。坊城は太政官高官に対する疑いをさらに深め、酒田米の東京での直接販売に強硬に反対した。だが酒田商人から信用を得たにしても、惣問屋を廃止し施政を集権化して県の管轄下に置こうという坊城の取り組みによって、それも帳消しとなってしまった。結局、太政官から厳しい叱責を受け、騒動を鎮静化できなかった責任を取って、彼は1871年の年末に辞任する。[19]

　その頃太政官は、今度は全国を3府73県に分ける府県再編の一環として、3度目の庄内再編を行った。このときの庄内の扱いは例外的なものだった。12月14日〔旧暦11月3日〕、日本各地で県の統合が進む中、第一次酒田県の飽海郡と大泉県の田川郡を併合して第二次酒田県が誕生した。第二次酒田県の管轄地は、旧酒井藩の領地、すなわち庄内平野と周辺の山岳部とほぼ重なる。[20]さらに特筆すべきは、府県再編により新たに発足した各県の知事や上層部の役職のほとんどに他地方の人間が任命されたのだが、数少ない例外が第二次酒田県で、大泉県の旧酒井藩士族、すなわち参事の松平親懐、権参事

19　坊城の県政は失敗に終ったが、辞めてからロシアとフランスに留学し、パリの公使館に勤め、1875年に帰国して文部省と、後には軍隊に加わった（井川1970：555）。
20　1871年8月・9月の廃藩置県の後、大泉藩は大泉県となった。第二次酒田県は今や、田川（389村160,087石余）と飽海（273村74,942石余）を合わせて235,029石余と見積もられた。

127

第 5 章　庄内の明治維新

の菅実秀および彼らの部下がそのまま残った。

　庄内の扱いが、国の政策から明らかに逸脱している理由は、いくつか考えられる。井川（1972）は、酒井と藩士たちが戊辰戦争後に西郷隆盛と交誼を結び、とくに西郷が維新の指導者を批判した後に親しくなったからではないかと述べている。西郷が影響力を行使したために藩主や藩士は処分を免れ、庄内に留め置かれたというわけである。これは、1840–41 年の三方領知替の際に当時の藩主〔酒井忠器〕が水戸の徳川斉昭の支援を受けたことを思い出させるが、西郷と酒井の同盟関係はもっと驚くべきものだった。1867 年、江戸薩摩藩邸を焼き討ちにしたのは庄内の菅と松平だった。だが明治維新後、西郷はすぐに指導者たちの中央集権的な政策に幻滅し、諸藩の軍隊を国軍に統一することに強硬に反対するようになる。そしてこの政策は、酒井や藩士にとっても受け入れがたいものだった。西郷と酒井が最初に接触したのは 1870 年である。12 月半ば、隠居の酒井忠篤は藩士約 70 名を率いて鹿児島を訪れ、西郷配下の軍人から 5 か月間にわたって軍事教育を受けた（『鶴岡市史』中 1975：44-45）。薩摩もまた、他藩との再編を免れた数少ない藩であったことも特筆すべきであろう。

　だが、大隈をはじめとする明治政府の指導者が、第一次酒田県や第一次・第二次山形県では、飽海郡や酒田港を十分に制御できずに窮地に陥っていたのを見極めていたのも、同じように重要だ。庄内の再編と酒井や旧庄内藩士族の留め置きは、心ならずも一時しのぎの政治的措置であった。そしてその後数年間、政府は庄内に悩まされ続けることとなる。県は明治政府が命じた軍資金上納を回避し、東京廻米政策に抵抗し続け、旧藩の負債の引き受けや、1871 年には 51 万両に達していた県の負債の処理に関する政府の命令を拒否した（『鶴岡市史』中 1975：214–23）。

　だが長い目で見ると、酒井や旧藩士の賭けは無謀ではなかった。その後の 4 年の間に、反抗的で独自の政策を貫こうとする彼らの態度も、国軍の整備や強い行政権限を持つ内務省の創設などにより、徐々に軟化していく。だがその一方で、後にワッパ騒動と総称される民衆の抵抗に遭い、その統治能力を厳しく問われることとなる。

第6章

進取性と惰性
——第二次酒田県——

略年表

※〔　〕1872（明治5）年までの旧暦表示

1871（明治4）年12月〔11月〕	庄内一円が第二次酒田県となる。
1872（明治5）年2月〔1月〕	川北の天狗騒動が鎮圧される。
1872（明治5）年9月〔8月〕	後田林の開墾を始める。
1872（明治5）年9月〔8月〕	政府による石代金納全面的許可を無視して買請石代納制を採用する。
1873（明治6）年3~5月	金井質直や元新整組、元新徴組の人々が司法省に県政の不正を訴える。
1873（明治6）年7月	県が村々に対して地券調帳を提出するよう通達する。
1874（明治7）年4月	司法省の早川景矩が酒田県役人らに判決を下す。

　新しい県の決意は、1872年〔明治5〕初めに飽海の天狗党の最終の盛り上がりに直面した時、さっそく試された。2月18日〔旧暦1月10日〕の夕方、約2,000人が次の四つのよく知られた要求を決議するために青沢（荒瀬郷）に集まった。

　1、坊城俊章（としあや）が前年に同意したように、すべての雑税の廃止

　2、長浜五郎吉および他の10人の天狗指導者たちの牢獄からの釈放

　3、戊辰戦争以来の諸負担の払い戻し

　4、上記の条件が満たされるまでの税徴収の一時停止

松平親懐（ちかよし）は厳しく応じた。中央政府による坊城の布達の取消しを引合いに出して、彼は16人の指導者を投獄し、他の4人を村預けの処分にした。[1] 予想

　1　この集会についての松平が大蔵省へ送った報告書を参照されたい（『鶴岡市史』中 1975：210）。これは請願者たちの要求が忠実に報告されている点で興味深い。役人たちは一般に、要求や請願が鋭い批判を含んでいる場合でも、要求や請願をそのまま記録し

第6章　進取性と惰性──第二次酒田県──

通り、これはさらなる行動を引き起こした。1週間後、また大集会があった
が、今度は市条村の八幡神社で2日間開かれた。農民たちは山形県〔第二次〕
に嘆願書を送ること、そしてそれが成功しないと分かったら、まっすぐに東
京へ出向くことを決めた。29日〔旧暦1月21日〕、およそ3~4千人が米、塩、
鍋、その他旅の必需品を背負って山形へ向けて出発した。県は事前の警告通
り彼らを阻止するために元庄内藩士族隊2大隊〔清川口50人、大網口50人、鼠ヶ
関口50人、吹浦口50人、平田郷80人、荒瀬郷78人、遊佐郷67人、計426人〕を派遣
し、およそ40人を逮捕した。県は、まっすぐに東京へ向かう可能性のある人々
を引きとめるために、この平野の主要な出口となる地点のすべてに他の分遣
隊を送った。何人かがすでに首都に向けて発ったことを恐れて、県は3月〔旧
暦2月〕の初めに幾人かの役人に東京へ行くように命じた。

　東京には残っている騒動の記録はなく、天狗党に言及している文書もない。
天狗党の事件からは、すでに2年以上も経過していた。この運動は、力の誇
示によって効果的に鎮圧されたと井川（1969：20）は推測しているが、おそ
らくこれは正しいだろう。それにもかかわらず、租税軽減に対する農村の要
求と県の払米御用達に対する一般商人の不服は、散発的な抗議を生み続けた。

　大隈は、これらの出来事の余波を受けている庄内の状況を調査するために、
松平とその補佐役たちを絶えず警戒し秋田県役人鈴木鉞助と参事補佐官乙目
光剛を代表として派遣した。彼らは別々の報告書で、松平と菅実秀は藩の軍
隊を解体せよという1871年〔明治4年〕の命令を黙殺し、積極的に軍需品を
買い求め、毎日訓練をしていたと報告した。鈴木の報告書は、さらにその年
春の天狗騒動について詳述し、たとえ松平と彼の部下たちが秩序を回復する
ことが出来たとしても、農民たちは相当の恨みを抱き続けるであろうと結論
を下した。[2]

　県上層部は、天狗党の鎮圧によって自信を得、政府からの疑惑におかまい

て報告した。私たちはDean Acheson作とされる警句「備忘録は読者に知らせるためで
はなく、書き手を守るために書かれる」を思い出す。〔Dean Acheson は、トルーマン時
代の国務長官〕

2　鈴木の報告書『ワッパ騒動史料』上1981：1，乙目の報告『ワッパ騒動史料』上
1981：2–3。

なく、蒸気貨物船の購入、外国の代理人との契約、地元の商業活動へのより断固とした認可と管理によって、大泉藩時代の 1869 年〔明治 2〕に始まった経済計画を強化した。1872 年〔明治 5〕と 1873 年〔明治 6〕に、県上層部は三つの主要政策を進めた。これらの政策は、農業生産と販売を県が総合的に管理できると約束するものであった。

　第一に、上層部は以前の旧家臣たちのために、茶と桑の大規模な事業計画を進めた。旧家臣のための農業や商業の冒険的事業に対するこのような統治機関による奨励は、明治初期においてはありふれたことであったが、庄内では県上層部たちが直接にその計画を調整しただけでなく、すべての旧家臣たちの参加も要求したという理由で異例だった。もっとも重要な計画は、赤川の東側にある雑木林の高台、後田林の開拓であった（第 2 章・地図 3 参照）。1872 年〔明治 5〕9 月 19 日〔旧暦 8 月 17 日〕、上層部は 3,000 人の家臣を鶴岡の外れに召集した。彼らは、旗じるしを掲げた 34 の組から成る 6 大隊として慣例の隊形に整列し閲兵され、後田までの 6km を行軍した。仮小屋を建て、土地を測量して区画を決めた。彼らは、各組に割り当てられた区画のやぶや大きくなった木を取り除く仕事を始めた（図 12）。11 月末〔旧暦 10 月半ば〕までには、およそ 110ha が開墾されていた。中には、茶と桑の栽培と養蚕の技術を研究するために、静岡へ行った者もいた。黒川山、馬渡山、高寺山などの近隣の高台も開墾され、そのため翌春、桑と茶の苗木が植えられたときには、総面積は約 300ha に達していた。後田の開墾地は「松ヶ岡」と命名された。それは「鶴亀に松を配する」という言い習わしを通じて、鶴ヶ岡と亀ヶ崎の名を承けたものであったが、その言い習わしは、酒井家が永久に庄内に留まるようにという長生きの隠喩として鶴と亀を巧みに使ったものだった。[3]

　明らかに県上層部は、松ヶ岡事業計画を彼らが鶴岡に設立した製糸工場と彼らが署名した外国との販売契約とを結びつけるものとして予定した。彼らが庄内の最初の資本主義的企業家であったことは、実に意外な成り行きだった。しかし松平と菅は、家臣団をそのように離れた場所に留めおくことの政治的な利点にも気づいていた。一つの強い共同意識が松ヶ岡で醸成され、不

3　事業計画の詳細については『鶴岡市史』中 1975：228–38 参照。

第6章　進取性と惰性——第二次酒田県——

a

b

図12　松ヶ岡開墾の光景（松ヶ岡開墾記念館所蔵）
a　家臣分隊への割り当てられた土地区画の見取図
b　白井組による土地の開墾
c　鶴ヶ岡城から松ヶ岡への屋根瓦の運送
d　ある組の写真（1870年代の終わり頃）

c

d

第6章　進取性と惰性——第二次酒田県——

断の身体的かつ精神的な訓練で強調されたのは戦いへの備えと酒井への忠誠
だった。

　酒井侯に仕えるスパルタ式の生活と厳しい肉体労働を全員には強制できな
いことが判明した。最初の不平は、1860年代初め幕府の役人によって浪人
たちなどで作られた組から出てきた。およそ1,500人から成るこの組は、庄
内藩所属として藩の家臣団（新徴組として）の中に組み込まれていた。彼らは
1868年に庄内に連れてこられた。そういう訳で、冷たい雨がちの庄内の秋に、
木の切り株を引き抜いたり、鍬を持ち上げたりすることに対しての彼らの熱
意の不足を、われわれは容易に想像することが出来る。多くの者が脱走した
が、彼らは追跡されて罰せられた。県の指導者たちにとってより重大だった
のは、自らの家臣たち、とくに大泉藩時代に知行や給付金が減らされた家臣
からの不平の高まりであった。これらの反体制者たちは、「改良派」と称さ
れた人達とともに登場し、次の数年間の出来事の中である重要な役割を演ず
る運命にあった。

　この改良派の指導者たちの中に、30歳の大友宗兵衛と三人兄弟、当時44
歳の金井質直、40歳前後の栗原進徳、末弟の36歳の本多允釐（図13）が含
まれていた。兄弟の父は藩の中級家臣だった。彼は、進徳と允釐が他の家臣
の家の養子となるように手配した。質直は1866年に金井の跡目を継いだ。
質直は1855年、長沼流兵学所で免許を受けていたが、1860年代に郡代とし
て庄内管轄の蝦夷地（北海道）に配置された。400石の知行が下付されている
ために、彼は上級役人の一人として位置づけられた。大泉藩が設立された時、
彼は広議所判事に任じられ、後に第二次酒田県では権大属に任命された。し
かしながら、金井と彼の弟たちは、松平とその支持者たちに次第に幻滅を感
じた。郷土史家佐藤治助は、これは彼らの父が1867年の江戸薩摩藩邸への
襲撃に参加して死亡したために起こったことだと信じている。金井兄弟は、
薩摩を父の大敵と見なし続け、松平と他の家臣たちが、薩摩と西郷へのゆる
ぎない支持へと切り替えた時は心を痛めた、と佐藤は推理している（佐藤治
助私信）。

　1873年3月、金井質直ほか29名の改良派支持者たちは直接に司法省に送っ

a　松平親懐　　　b　菅実秀

c　三島通庸

d　本多允釐　　　e　森藤右衛門

図13（鶴岡市郷土資料館所蔵）

第6章　進取性と惰性——第二次酒田県——

た請願書によって県に抗議した。その中で、彼らは「重大な違法行為」と「邪悪なふるまい」についての 10 項目の訴因で松平と菅をはじめ県の役人たちを告発した。政府の布告を知らせないこと、松ヶ岡開墾計画への参加を強制すること、武装した士族集団を維持していること、政府への請願書を開封すること、そして徴収された公の税から私利を蓄積することが含まれていた。今や日本中の人々が持っている「自由の権利」は庄内においてのみ否認されている、と彼らは主張した。[4]

松ヶ岡事業計画は、また、この平野の至る所で農民たちの反感も買った。彼らは強制的な労役や物品の臨時の徴発を受けただけでなく、1873–75 年の強制的な米の借用（種夫食米）にかかる利子の 90% 以上が松ヶ岡地域の事業計画に転用されたことを知って、憤慨もした。[5] 図 12 で実際に労働している人々の多くは、田川の村々から徴発された農民である。

県の第二の施策である土地所有の主要な改革は、同様に怒りを招くものだった。1872 年、県は今回の土地改革で農民たちの土地の保有権を所有権として認めるために次のような計画を考えた。まず、農民たちから今保有している土地の作徳米〔農民の取り分である年貢等を納めた残りの米〕の売買価格を申告させ、その価格で政府が一旦買い上げ、その土地の豊作時の総収穫高の売買価格である「全価」で農民に払い下げをするものであった。つまり、農民たちからは安く買い取り、払い下げの時は高く買い取らせる計画であった

4　「海内一致 万民自主ノ権ヲ得……」3 月の請願書の原文は『鶴岡市史』中 1975：271 と『ワッパ騒動史料』上 1981 21 に出ている。30 名の署名のある、5 月 7 日付のほとんど同じ請願書が大隈文書 1：155–57 に見える。それは、おそらく再提出されたものであろう。明治の指導者たち、とりわけ大隈は、実は松ヶ岡事業計画について相当の疑念を抱いていた。当面、県に対しては何の処置もとらなかったが、7 月、司法省は早川景矩判事を派遣した。もっとも案の定、西郷隆盛は、藩の事業計画についての強い是認を書面で伝えた（『鶴岡市史』中 1975：233–34 の 1873 年 5 月付の、松平への彼の書信参照）。県の指定商人たちも彼らの支援を表明し、本間は 1872 年に 15,000 両、1873 年に 10,000 両の寄付を提供した。

5　これは総計 1,538 石と 44,518 円に達した（『山形県史』資料編 2 1962：66）。これらの利子はもちろん、彼らが数年来異議を唱えてきた雑税であった。県は後に、大泉藩としてこの利子を学校建設など勧業のために使う許可を大蔵省から得ていたので、その流用は適切であったと主張することになった。

（佐藤 1981：47–52 参照）。これは当時、中央政府から出されていた改革計画の
いくつかとは著しく異なっていた（Beasley 1972: 390–400、丹羽 1966 参照）。綿密
な現地調査だと広範な登記不足と過小評価が明らかになってしまう。また、
既存の土地登記簿をそのまま利用すると税負担が見積もられ、所有者からの
買い取り額が低くなり、所有者に払い下げる額が高くなる。県の改革案は、
その両方から利益を得るために抜け目なく考案されたものであった。

　1872 年秋、県はこの土地の買取と払下げのための基礎調査として現地の
測量（地券取り調べ）の準備を始めたが、これはすぐに頓挫した。翌年の春、
県はその手続きを改定し、すべての土地保有者と土地区画を記載し、各土地
区画の収穫高、諸税、小作料の明細を記した登録簿（地券調帳）を準備する
よう各村に命じた。現地での測量は奨励されたが、強要されたわけではなかっ
た。地券調帳には土地区画の現金価格（地代金）の欄があることになってい
たが、これは空白のままで、後で県役人が埋めることになっていたのだ（『鶴
岡市史』中 1975：245）！　8 月には、第二次酒田県の指針や原則とはまったく
異なる国の地租改正法が公布されていたにもかかわらず、これらの地券調帳
に関する仕事は夏の間ずっと続いた。秋になると、県は地券を発行し始めた。

　土地の買取と払下げの算出方法からすると、たとえば大地主であっても、
ある程度の財政的痛手を被ることは避けられなかった。それで、この計画は
広範囲に及ぶ敵意を招いた。その評判の悪さは、村落間の税率のひどい不平
等が維持されたことによって強められた。さらに、もう一つ怒らせたのは、
地券調帳を準備する費用を農民たちから臨時に徴収したことであった。それ
は、登記された保有地の 1.5% に設定された。次に査定方法や資金支出に関
する不正疑惑も、数々の告発理由のひとつとして付け加えられた。

　県の計画は十分には実行されなかった。1874 年初め、明治政府は、独自
の計画を始めた酒田県などでの実行と地券交換の延期を命じた。このときに
はもう、県は増大する社会的混乱に直面し、その計画を達成するのに大変苦
労していただろう。後でわかるように、土地測量が再開されたのは 1875 年
秋になってからである。その時は、地租改正法に従っての、また大いに異な
る政治風土の中で行われた再開であった。

第6章　進取性と惰性——第二次酒田県——

　県の 1872–73 年の第三の施策は、地租手続きの改正であった。またもや自らに非常に有利なやり方であり、国の指針を無視し、農民や地主、「石代上納請負人」に入れなかった商人たちの敵意を招いた。1872 年秋には、明治政府では、9 月 14 日〔旧暦 8 月 12 日〕の太政官布告第 222 号を含めていくつかの課税改革を公布していた。[6] これらの布告は土地に関するあらゆる主要な税と補助的な税の現金払いを認め、さらに、もしも農民たちが物納を選ぶとすれば、4 斗入りの俵を使用すればいいと規定した。[7] 1873 年 1 月 1 日の西洋暦の採用とともに、政府は収穫の次の年の 3 月までの 3 回以内払いの地租支払いも認めた。それまでは年末期限で、西暦では 2 月の初めが支払期限であった。政府は、旧暦の年末は大部分の農民にとって脱穀と籾摺りを終えるには早すぎるだろうと認めた。

　しかし、松平と菅は、これらの布告を知らせないことを決定し、金納（石代納）へ奇妙な解釈を与えた。租税手続きの説明（「当県石代手続」『ワッパ騒動史料』上 1981：139–41）の中で、松平は現金納税を許したいところではあるが、雪国の当地では農民たちが年末の最終期限までに税の現金払いをすることはむずかしいと説明して、旧来通り 4 斗 8 升の俵で納めさせようとした。その代わりとして、県が取り入れようとしたのは「買請石代納制」である。土地所有者たちは物納を続けなければならなかった。この米は県によって売られ、現金で大蔵省に納めた。同じ文書で、松平は、税用の米俵の仕様の変更も、あるいは東京廻米策の制定も県財政を苦境に陥れるだろうと付け加えた。手続きの説明において、根強い雑税廃止要求は無視された。[8]

　6　この原文および関連布告の写しは、『酒田市史』198：814–19 を参照されたい。

　7　「4 斗入り俵」として一般的に知られている。すなわち、庄内農民たちは 1 俵につき 1 斗〜1 斗 2 升を付加する余分な米、延米をもう加える必要がなくなったということだ。この法についてより細かに述べれば、政府は直轄地の農民たちに認めていた現金税を布告 222 号で旧藩領地へ拡げた。納税義務を決定するための価格は、最寄りの町の 11 月 1 日から 12 月 15 日〔旧暦 10 月 1 日から 11 月 15 日〕までの平均市場価格とすることになっていた。

　8　服部（1974：175–76）は、1874 年 12 月 4 日付の新聞記事を引用しているが、この新聞記事は三陸地方（現宮城県）における、同じような県のごまかしと大商人たちとの談合を描写している。

要するに、県は指定商人という古い習わし（特権商人制）に少し手を加えた。6人の鶴岡商人と4人の酒田商人が現金租税支払いの請負人として選出された。[9] 農民たちは慣例の5斗入り米俵を持ちこまなければならなかった。実際に、1873年11月27日、松平は、米が港で受け取られるまでの運搬の全費用は納税者が負担すると地元役人たちに通知した！　形式としては、各大庄屋が県の指定商人の一人に、組（村落群）の米の販売と石代支払いを依頼[10]するのである。

　農民たちと納税者たちにとっては、買請石代納制は、彼らの義務に余計に負担をかけるだけだった。このことは、大淀川村における1872年および1873年期限の租税の一覧表の中にわかりやすく見ることができる。この村は庄内平野の南西の一隅、大山と鶴岡の間にある38戸から成る小さな村落だったが、1874年に始まる騒動の中心の一つとなる運命にあった。表10と表11は、この村の村長が作った文書の租税の分類に従っている。税率は村の石高の百分率である。

　2年間とも、約21％のさまざまな雑税が、55.2％の主要な租税に追加された。それで、村高のおよそ4分の3が租税に充当された。一見すると、これ

9　「石代上納請負人」というのが彼らの正式名称だったが、「御用達」という古い名称のほうが、より一般的に用いられた。請負人たちの名は佐藤1963：77に列挙されている。本間が何故その10人の中に入っていないのか知りたいと思う人々がいるかもしれない。柏倉（1961）は本間家の主要な事業は相変わらず金貸しと両替のままであり、本来、米取引ではなかった、と説明している。例えば、1867年、本間家の農業収入（小作米の売却も含めて）は金25,094両、銀1貫550匁、銭28貫528文であったが、これは本間家の総収入のわずか9.35％に過ぎず、その総収入の大半は金融業から得られた。すなわち、指定商人たちは、県で集められたすべての租税米を受け取ったり売ったりする独占事業の代わりに、県によって中央政府に支払われるべき税を支払う（つまり、指定商人たちは県へ前払いする）のが習わしであった。本間はむしろ一歩離れた所にいて、指定商人たちに金を貸すほうを好んだ。

10　1872年11月、さらにもう一つの行政上の再改革があった。地区（庄内では郷と通）は大区と名前が改められ、40の村落群（組）は21の小区に統合された。大庄屋は戸長と名前が改められた。彼らは自らの管轄地内に居住し、村長たちを監督した。この段階の地位に対しては「大庄屋」という用語を、筆者は今後も使っていくつもりである。変化する行政側の、これ以上の詳細については、『三川町史』1974：250-53を参照されたい。

第 6 章　進取性と惰性——第二次酒田県——

表 10　租税上納割賦帳　大淀川村　1872 年（明治 5）

村石高の百分率としての租税および諸経費（雑税）合計（A~F）	76.157%
A. 主要地租〔免五ツ五歩二厘〕	55.200%
B. 検査割増米〔口米〕	2.208%
C.「県費」諸経費負担（10 項目）〔県費米々々〕	4.293%

　1. 参勤交代人馬の代わりの経費負担〔高一歩夫米〕
　2. 郷村公共事業〔郷普請取立米〕
　3. 米脱穀労賃〔米搗日雇米〕
　4. 萱刈労賃〔萱刈日雇米〕
　5. 村役人宿舎の守衛給料〔三日町代家守給〕
　6. 鶴ヶ岡穀物蔵貯蔵損失高負担〔七ツ蔵減米〕
　7. 米検査時の役人経費〔納方内役手当米〕
　8. 加茂穀物蔵守衛給料〔加茂御蔵番給〕
　9. 加茂穀物蔵維持費〔加茂御蔵修覆料〕
　10. 加茂穀物蔵年間貯蔵損失高負担〔加茂御蔵申減米〕

D. 強制貸出米利子〔種夫食利米　訳者説明あり〕	2.160%
E. 穀物蔵役人雑費用負担〔右々々下敷米〕	0.639%
F. 組および村経費（26 項目）〔組村入用米〕	11.657%

　1. 郷方役人からの借入返済の予備積立て〔諸役所利済与内米〕
　2. 藩から村への貸付元利〔組村遣金元利代米〕
　3. 藩の馬の飼葉用負担〔飼馬代米〕
　4. 役所向け日用雑貨用経費〔小物成代米〕
　5. 肝煎給料（村登録収穫高の 1%）〔肝煎一歩給口米共〕
　6. 組荒備米〔組備米〕
　7. 村役人への米相当額負担〔御郡役引高代米〕
　8. 公共事業に上納する明俵の米相当額負担〔御郡役明俵代米〕
　9. 家臣向け日用雑貨負担〔地頭納物代米〕
　10. 大庄屋書記給料〔大庄屋書役給〕
　11. 大庄屋屋敷の地租村負担〔大庄屋々敷御年貢〕
　12. 永久種籾蔵地租村負担〔永久種籾蔵屋敷御年貢〕
　13. 肝煎税免除分への村負担〔肝煎免高代米〕
　14. 長人給料〔長人手当米〕
　15. 長人公務使用人経費〔内人足代米〕
　16. 主要堰取水口守衛給料〔熊出堰守給米〕
　17. 堰修理用明俵代〔内普請明俵代米〕
　18. 倉脇支堰築造用地補償〔倉脇地損代米〕
　19. 倉脇支堰取水口守衛給料〔倉脇堰登給〕
　20. 小堰築造用地補償〔堰下地損代米〕
　21. 小堰番人給料〔小堰守給〕
　22. 村走使い給料〔村小走給〕
　23. 村内経費〔村入用米〕
　24. 新堰築造用地負担〔新堰地損代米〕
　25. 幕府の土木関係臨時費〔御国役金代米〕
　26. 明治予備種籾供給割当て〔明治備籾出穀割〕

注：これらの数字、区分、項目は、大庄屋のために村役人が準備した村落の租税割賦帳からの整理したものである。これらの割賦帳は、1874 年 5 月、大伴千秋の調査によって判明し、大蔵省への報告の中に含められた。それらは村および組による不正流用を評価する際に沼間守一が使用した（『ワッパ騒動史料』上 1981：10–12）。

140

〔訳者説明：種夫食利米　種夫食利米は、旧藩時代に種や夫食に困っている農民に、高百石につき18俵の割合で村々に利息3割で貸し下げたもので、うち5俵は種にあてて御種貸と言い、13俵は農民の飯料に備えさせて夫食貸と呼んだ。廃藩置県にあたり、この元米は大泉県に引き継がれ、県はこの利米（種夫食利米）を学校および勧業資金に振り向けることとしたのである。〕

表11 租税上納割賦帳　大淀川村　1873年（明治6）

村石高の百分率としての租税および諸経費（雑税）合計（A~F）	75.747%
A. 主要地租〔免五ツ五歩二厘〕	55.200%
B. 検査割増米〔口米〕	2.208%
C. 補助的賦課〔浮役米口々〕	6.306%
1. 強制米貸出利子〔種夫食利米〕	
2. 予備貯蔵米必要寄付〔高一歩夫米〕	
3. 郷村公共事業基金賦課〔郷御普請取立米〕	
4. 守衛給料、鶴ヶ岡村落群役人公邸〔三日町代家守給〕	
5. 鶴ヶ岡穀物蔵貯蔵損失高負担〔七ツ蔵減米〕	
6. 米検査時の役人経費〔納方内役手当米〕	
7. 加茂穀物蔵守衛給料〔加茂御蔵番給米〕	
8. 加茂穀物蔵維持賦課〔加茂御蔵修覆料〕	
9. 加茂穀物倉年間貯蔵損失高負担〔加茂御蔵酉減米〕	
D.（追加）加茂穀物倉賦課〔右下敷種夫食半値米共〕	0.688%
E. 組および村経費（18項目）〔組村入用米口々〕	9.251%
1. 村落および村落群への貸付元利〔組村遣金元利代米〕	
2. 肝煎給料（村登録収穫高の1%）〔肝煎一歩給口米共〕	
3. 大庄屋書記給料〔大庄屋書役給〕	
4. 永久種籾蔵敷地租高負担〔永久籾蔵屋敷御年貢〕	
5. 長人給料〔長人手当米〕	
6. 長人公務使用人経費〔内人足代米〕	
7. 主要堰取水口守衛給料〔熊出堰守給米〕	
8. 公共事業計画のために代官所へ供給する薬俵の米相当額賦課〔御郡役明俵代米〕	
9. 倉脇支堰築造用地補償〔倉脇地損代米〕	
10. 倉脇支堰築造用地補償〔倉脇内普請明俵代米〕	
11. 倉脇支堰取水口守衛給料〔倉脇堰登給代米〕	
12. 第三級堰番人給料〔小堰守給米〕	
13. 村走使い給料〔村小走給米〕	
14. 村内経費〔村入用米〕	
15. 第三級堰築造用地賦課〔新堰地損代米〕	
16. 幕府の土木関係臨時費〔御国役金代米〕	
17. 郷方役人からの借入返済の予備積立て〔諸役所利済与内米〕	
18. 地区段階役人への米相当額賦課〔御郡役引買代米〕	
F. 特別臨時賦課〔臨時取立米口々〕	2.094%
1. 検落群徴発〔地券入費之内取立米口々〕	
2. 村落群無尽講での村落負担元利〔組備無尽村入一人前元利代米〕	

注：これらの数字、区分、項目は、大庄屋のために村役人が準備した村落の租税割賦帳から整理したものである（『ワッパ騒動史料』上 1981：12–13）。

は重い負担だったように見えるが、実際の収穫高と面積を比べてみると、大変に少ない。すなわち、大淀川村の石高は 570.9144 石であり、そのうちの 534.5989 石が水田の生産高であった。登録面積は 52ha で、そのうちの 45ha が水田であった。しかしながら、3 年後の地租調査から判断すると、実際の面積と収穫高は、登録面積と登録収穫高のざっと 2 倍だった。このことは、なぜ農民たちの憤りが、税負担全体に対してでもなく、主要な地租を支払うべき義務に対してでもなく、むしろ数の多い不快な雑税に集中したのかを少なくとも部分的には説明している。

しかも、その雑税は度外れた多くの項目から成っていた。1872 年には、主要な地租以外に 5 種類の強制割当てがあり、1 パーセントの 1,000 分の 1 まで計算されていた！ 「県費」という区分には 10 の項目があり、「組および村経費」の中には 26 の項目があった。これらの大部分は非常に少ない率だったし、多くは当初の課税目的はとうに失われていた。例えば、最後の参勤交代は 6 年前の事であった。1873 年に項目数はいくつか減少し、いくつかの名称の変化はあったが、総数はほとんど変わらなかった。このような一覧表から、われわれは肝煎並びに大庄屋がどのようにして過度で、恣意的で、また時代錯誤の課税を実施していたかを理解することが出来る。われわれはまた、出納簿の閲覧を止められた村人たちの欲求不満もわかる。

また一方では、これらの地元村役人たちの心中はまったく謎のままである。このような雑税の急増によって、ごくわずかな利益のために複雑な帳簿をつくらなければならなかったに違いない。天狗党や狩川の雑税反対運動の中で表現された感情の噴出からすると、雑税全体はこの一覧表が示すよりもはるかにずっと厄介だったはずである。なぜ肝煎や大庄屋たちは、そのように明らかに面倒な手続きを続けていたのだろうか。村人たちもうすうす気づいていたことだろうが、彼らが厳重に保管していた出納簿は、さまざまな金銭上の不正を隠していた。そのことは、後でわかってくる。不正行為は、1875 年にワッパ騒動が起きて初めて集団行動の中心的な関心事となった。いずれにせよ、県役人との違いは際立っている。

この頃、庄内には政治の上層部に二つの異なった階層があった。一つの階層には、元藩士の第二次酒田県当局者たちがいて、自信に満ちて、攻撃的に、地元の経済を自らの商業上の利益に合わせようと企てていた。彼らの積極的な商業政策と初期の資本主義的事業は、自分たちの居場所がなくなる新時代への単なる「封建的な反発」（例えば、井川 1969：13）として特徴づけることは間違っているということを示している。彼らには永続する居場所はなかったであろうが、それは別の理由からである。彼らの下には、不安定な同盟関係の中に閉じ込められ、次第に村人たちから孤立しながらも決然として自らの地位の過去の特権にしがみついている大庄屋たちと肝煎たちがいた。「進歩的な」県当局の指導者たちと時代錯誤の村役人たちだったのか？　ありそうもない組合せだったが、一触即発の組合せでもあった。扇動者たちが松平ら県当局への明治政府の疑念、新政府の方針、地元の上層部の二つの階層間の不信感を利用できると気づいたときに、騒動が起こった。

　筆者は、1869 年の天狗騒動は同じ頃の会津での一揆よりも過激ではなかったのではないかと述べてきた。明治維新後のこの最初の 5 年間の庄内も、Waters（1983）が研究した地域である川崎とは非常に異なった政治的外観を持っていた。川崎では、明治の過渡期には、「世直し一揆」も、「ええじゃないか」も、自由民権運動に伴う「暴力的な事件」も、「何も起こらなかった」と地元の公文書担当職員は Waters に知らせた。Waters は賢明にもその指摘を調査課題の一つとし、川崎での移行がなぜそれほど滑らかにおこなわれたのかを理解しようと努めた。地元の指導者たちは「自分たちを地域の繁栄の守護者であり、普通の農民の家族主義的な保護者だと見做し続け」（1983：125）ていたと、彼は解釈した。彼らが実直に地域の問題と取り組み、その責務を果たしたからこそ、川崎の経済や政治の急激な変化が緩和されたのである。

　庄内では、「何か」が非常に明確に起こっていた。そしてそれは、県当局の打ち出した政策と村や組の役人たちの無気力が、明治政府の指導者や、「改良派」士族、指定を外れた地元商人、大小の地主や農民という、あらゆる方面からの反感や疑惑を招いたことによって起こった。この互いに疑心暗鬼な

県当局と村役人をめぐるいくつかの対立の流れに収斂していったと見ること
が、2年後に起こる騒動の成り行きを読み解くカギとなると筆者は考えてい
る。

第7章

石代納、改革の抑制および歳出の偽装

略年表

1873(明治6)年10月	西郷隆盛が鹿児島に帰る。
1874(明治7)年1月	片貝村の鈴木弥右衛門が石代納願いを提出し拒否される。
1874(明治7)年2月	石代納嘆願運動が川南に広がる。
1874(明治7)年3月	4人の農民と本多允釐が上京して内務省に嘆願書を提出する。
1874(明治7)年7月	内務少丞松平正直が来県して、糾問の上で裁定をくだす。
1874(明治7)年7月	県が石代納を布達し、本多や森らが石代社の構想をまとめる。
1874(明治7)年8~9月	川南の村々で石代社への加入が進む。
1874(明治7)年9月8日以降	多数の指導者が逮捕され、逮捕者の釈放運動が広がる。

　県が独自の土地所有制と税制の改革をしようとしたことは、かえって地主・自作農の双方の長年の不満を再燃させただけであった。それは果てしなく恣意的な雑税や秘密の記録書類、形を変えた課税、そして年貢と雑税の米納強制への不満である。さらにあるうわさが広まったことで苦情がもう一つ加わった。それはすべての地代を金納にという選択を許可する太政官布告第222号を県が隠蔽したのではないかということであった。この要求は1873(明治6)年冬から1874(明治7)年にかけて県への嘆願の数が増大したことで表面化した。初めは田川の山浜通と櫛引通で起こったが、すぐに田川全体、さらに北の飽海へと広がった。戸長や村役人が農民の要求を拒否すると、東京まで要求を持ち込んだ。1874年6月、政府は松平正直内務少丞を派遣して解決しようとした。しかし、松平正直の出した和解案は今後金納を認めるということだけで、農民は満足しなかった。実際それは田川の農民をさらに大きな運動へと駆り立ててしまった。7月には米販売協同組合(石代社)という将来に向けた計画が浮上し、8月になると庄内平野全域の農民は県役人に

145

第 7 章　石代納、改革の抑制及び歳出の偽装

対して無遠慮に、ときには体を張って抗議をする組織を作った。県はついに一斉検挙に踏み切りこの 8 月の騒動を抑えようとした。しかしそれでも田川の農民は戦術を変え、別の新しい指導者を見つけて運動を続けた。後で考えてみると、この春の嘆願と夏の群衆の行動は後にワッパ騒動と呼ばれる事件の 4 段階のうちの初めの 2 段階と言えるかもしれない。本章で取り上げるのは、これらの段階である。

❖　初期の嘆願運動──1874（明治 7）年の冬から春にかけて

　明治初期の地租改正は、日本の農村の多くの小作農や小規模自作農にとって大打撃であった。つまり、彼らは無意識のうちに心ならずも市場に取り込まれ、それによって形成された市場が脆弱であったために、明治中期から後期にかけて大規模な地主制度が確立されたとよく言われている。振り返ってみると、おそらくこれはもっともな見解だが、1870 年代初めの庄内の農民（納税者）は自分たちの状況をこう判断していたわけではない。金納にするという要求は全農産物を直接市場に出すという要求だった。とくに大きな憤りの源は物納から金納へと改正されたときの高い税率であった。つまり県と地方の役人によって利用された米価は市場の米価ではなく、示された税額と同等の米を計算し本年貢と雑税の金額を決めるためのものであった。農民は、今まで通り納税者に不利なように不自然に操作したものであると抗議した。1873（明治 6）年、県は国への納税額を秋の米の市場価格より約 50% 低く算出した。このようにして指定の米穀商を通して売ればかなりの利益が上がることが明らかになった。嘆願者たちは直接米市場に出したいと言い、とくに米を市場に出さずにおき、冬の終わりか春に値上がりしてから売れば利益を上げることができると主張した。

　1873 年末、農民側から口頭で金納の申請が出され、行政手続きで、戸長から区長そして県の担当部署へ伝えられたが、県上層部は軽くあしらうように指示した。1874 年 1 月から 2 月にかけて複数の嘆願書が提出されたので無視するわけにはいかなくなった。嘆願書の 2 つの事例を詳しく調べると、

さまざまな相互関係が明らかになってくる。それは初めから田川の広い地域からさまざまな性格の活動家が運動していることを示している。さらに改革派士族の本多允釐の仲介役としての役割が明らかになり、彼は不平分子の個々のばらばらな言い分を一つの運動にまとめる働きをしていたのである。

まず、片貝村〔櫛引〕の鈴木弥右衛門である。1867（慶応 3）年持高 22.3 石、1876（明治 9）年所有地 1.01ha の小さな自作農である（『ワッパ騒動史料』上 1981：25–29, 51–53、佐藤誠朗 1981：60–62 参照）。彼は自分で米を作っていた他に、年 40 俵ほどの米を買い、小規模ながら造り酒屋もやっていた。さらに 1873 年には、46 戸から 760 俵を委任されて販売し、現金で納税し残りを農家に返した。恐らく片貝村 24 戸のうち、3 戸をのぞく全戸が数年にわたって自家の米の一部を鈴木に委託していたようである。3 戸のうち 2 戸は 1 反未満、もう 1 戸は 1.6ha を持つ戸長だった。のちに証言したところによると、鈴木は 1 月末に戸長の伊藤義三郎宅を訪れ、1873 年の税を現金で納めたいと申し出た。伊藤は畑作部分については現金でよかろうと許可した。鈴木は 2 月 2 日再び嘆願した。伊藤はこの時は翌日 3 日までなら希望の納入金額を持参するように言った。鈴木は 800 俵分を金納するつもりで金策に走ったが 1,000 両という莫大な金の都合は 3 日までつかず、実際は 4 日朝になった。伊藤は、1 日前なら受け取ったけれども、今はだめだと断った。実はすでに鶴岡の御用商人の広瀬伊右衛門から借用して県庁に納めたと説明した。鈴木は用意してきた 1,000 両で広瀬に返金してくれるよう伊藤に頼んだが断られた。

2 日後、鈴木は自分の不満を本多に持ち込んだ。本多はかねて出入りをしていた人である。相談された本多は、伊藤に問い合わせた。それで 7 日、鈴木と親戚の者たちが伊藤に呼び出され、伊藤は、県当局が鈴木の申出を却下したと説明した。鈴木が嘆願書を再提出すると主張すると、伊藤はそれなら別のしかるべき手続きで提出すべきだと言った。8 日には本多自身が鈴木の代理として直接伊藤に会いに行ったが、同じようににべもなく断られた。その夜遅く本多は伊藤の上役の池田悌三郎（前櫛引通代官）を訪れた。本多が翌

---

1 明治初期の飽海における米の買出し業の詳細については、武田 1977：157–64 を参照のこと。買出しは方言である。

第 7 章　石代納、改革の抑制及び蔵出の偽装

日県当局に出向くのでなければ、鈴木の件については話し合えないと池田は言った。そこで本多が知らされたことは、米価が変動しているので金納は禁じられているということだった。したがって鈴木の件についても例外は認められないということだった。本多がさらに、なぜ米価変動が金納の計算を複雑にするのかと質問すると、池田は立ち上がり、それには答えないで部屋を出ていった。そこで本多はこの件を県の聴訟方の井上三郎右衛門に持ち込んだ。井上はもし鈴木が松平親懐宛てに嘆願書を書いて戸長に提出したら、受け取ったときに正式に取り上げてやると示唆した。17 日には鈴木は上述の事実を詳細に記述し、県のやり方は大蔵省の指導に反すると強調する嘆願書を提出した。そして曲直の判断を求めると結んだ（『ワッパ騒動史料』上 1981：25–26, 49）。

　そのころ本多は、鈴木弥右衛門の嘆願を助ける一方で、大淀川村の佐藤八郎兵衛を初めとする数人と行動をともにしていた（『ワッパ騒動史料』上 1981：32–34：佐藤誠朗 1981：67–68）。八郎兵衛は 1876（明治 9）年の調査では 5.7ha の田を持つ、村で 2 番目の自作農であった。八郎兵衛は納税後本多のところに来て、一石当たり 30 銭と査定された地価調査費用は高すぎると訴えた[2]。本多は、ちょうど鈴木と相談しているところであり、鈴木というのは金納の運動をしている男だと触れた。本多は、9 俵で 10 両だった前年秋の米価が、2 月には 5 俵で 10 両に上昇したのをみて、もし米の自由販売が認められれば、かなりの利益が見込まれるだろうと考えた（そうすれば地価調査費用の負担もずっと軽くなるはずだ）。本多は八郎兵衛に、嘆願するなら手伝おうと申し入れた。八郎兵衛は、大山では 1872–73（明治 5–6）年一部金納が認められていたと聞いていた。そしてその時の嘆願の写しを使って、自分で草案を作成し、本多に提出した。2 月 5 日、鶴岡の南部にあった鳥鍋茶屋で最終案がまとまった。佐藤八郎兵衛は上清水村の白幡五右衛門と一緒になって同意書の署名を集め、19 日にはこの茶屋で大規模な集会を持った。

2　1871（明治 4）年、両に替わって円が貨幣単位として導入された。初めは 1 両を 1 円とし、地方では円と両の両方が流通していた。100 銭で 1 両であり、1 石に対して 0.03 両の地価調査費用であった。

39 歳の白幡五右衛門は好奇心旺盛な男であった。1873（明治 6）年時 1.2ha の小さな自作農の白幡仁右衛門の家に 1835（天保 6）年に生まれている。22 歳のとき他村の農家に養子になったが、事業に興味を持ち実家に戻って魚の行商を始めた。1873（明治 6）年彼が所有していたのは実家の隣の粗末な小屋だけで、金納が村人のうわさになり始めても、ほとんど興味を持たなかった。だが後に取り調べで説明したように、彼は行商で周辺の村一帯や鶴岡を回っており、馴染みのどの茶屋も鈴木弥右衛門の嘆願の話で持ちきりであった（『ワッパ騒動史料』上 1981：34–35）。そのために村人たちに説き伏せられ、村代表として請願書を戸長に提出することとなった。戸長が白幡の得意先だったからだ。嘆願書が突き返されると、今度は佐藤八郎兵衛の紹介で本多に会った[3]。

布告第 222 号と鈴木他多数が起草した嘆願の話は、2 月中旬から下旬にかけて瞬く間に田川じゅうに広まり、各村で集会が行われ、戸長たちを追い詰めた。嘆願の雛形が村民たちにまで届いた。本多允釐の嘆願書の一つは、県の通知はまだないが国の法令によって金納が認められていることはすでにわかっているという文で始まっている[4]。そこには高い地価調査費用の追加徴税に対する不満が述べられ、嘆願者らは国の法規に従うことを認められるなら、米の販売から得られる利益で追加徴税の負担さえ相殺できると主張している（左候ハバ私共眼前多分之益方も之有候：『ワッパ騒動史料』上 1981：30）。

県の役人たちはこの運動の広がりを警戒して見ていた。彼らはそれを農民たちの自発的運動ではなく、少数の不平分子による扇動と威圧であるととらえ、不平分子は納税を拒否し、嘆願書署名を拒否した人々（納税した人々でさえも）を村八分や家屋への襲撃で脅したと捉えたのである。役人たちは、これは厳しく取り締まらなければならないと判断した。しかし、「村の代表」として署名した人は既に 20~30 人に達していることがわかった。そこで、

3　白幡五右衛門の生涯については、後の人のために長男が「白幡五右衛門一代記」を書いているが、若干誇張や褒めすぎの部分もある（『鶴岡市史』中 1975：274–77 全文は佐藤治助『はくぼく』15 号 1966 参照）。

4　書き出しは、「私共…」とここでは珍しくへりくだらず直接的な書き出しをしている（『ワッパ騒動史料』上 1981：30）。

第 7 章　石代納、改革の抑制及び歳出の偽装

役人たちは若干の目立った嘆願者を選ぶことにした。2 月 22~23 日、白幡や佐藤八郎兵衛を含む 7 人の代表を一斉検挙した（『ワッパ騒動史料』上 1981： 31–32）。全員が取り調べを受け、酒田に投獄された[5]。同じころ、県は田川全村の戸長に対し金納は許可できないと厳しい指令を出した（『ワッパ騒動史料』下 1982：31）。

　奇妙な事に、鈴木弥右衛門は検挙されなかったが、県の厳しい試練からは逃れられなかった。3 月 3 日、彼は取り調べの役人の前に召喚されたので、1 人の士族を説明代理人として同伴して出頭した。彼はここでも、櫛引通と山浜通で徴収された米は禄米として使われるので米でなければならないという県の説明に対して疑問を投げかけた。「なぜこの二つの通だけなのか？」「それは鶴岡に近いからだ」、「鶴岡の周辺には他にもありますが」と抗議し、東京に行って司法省に審判を求めるつもりだとほのめかした。取り調べの 2 人の役人は、誰に訴えてもよいがとりあえず米で納めるように、もし訴えが認められたらその時は米を返してやろうと言った。鈴木は 3 月 10 日までに全量を米で納めるという同意書にしかたなく署名した（『ワッパ騒動史料』上 1981：52）。

　しかし、鈴木は 3 月 10 日までにはできなかったのか意図的だったのか、800 俵のうち 130 俵余り不足であった。数日後、県は彼の財産の没収を決定した。そして伊藤と片貝村の村役人は彼の財産を調査し、明細を書いて親戚の者に報告した。実は鈴木は所在を隠していた（『ワッパ騒動史料』上 1981： 26–27）。同じころ、租税担当者は村役人に鈴木の未納分をただちに整理するよう命じた。18 日、その責任者は鈴木の親戚一同を呼んで、家屋を処分する必要があると説明し、親戚は同意した。

　しかし翌日、親戚の者たちは戸長の伊藤儀三郎が鈴木の家を取り壊すよう命令を出したことに驚いた。それで、親戚が 30 俵余りを、そして村の添役

5　1 人は数週間尋問された後、不起訴で放免された。他の 3 人は病気を理由に親戚に預けとされた。これはよくあることで驚くことではない。しかし、佐藤八郎兵衛、白幡ともう一人は 145 日間拘留され、政府から庄内に派遣された松平正直の下で 7 月半ばにようやく釈放された。

が翌日までに 100 俵を都合するので取り壊しはやめるよう訴えた。県の役人は拒否したが、その夜村人一同から不足分を上納するので取り壊しを中止するよう嘆願があった。戸長は鈴木の家を近くの小真木村の治右衛門に 23 円余りで売ったことを認めた。鈴木の親戚はすぐ治右衛門に行って、権利書を買い戻すよう頼んだが、このときもやはり戸長に拒否された。翌 19 日朝、戸長と県の役人らはほら貝を吹き、周囲 4 か村の村人に集まるように言い、この家を取り壊し、家財道具は治右衛門の屋敷に運ぶように命じた。ただの一人も命令に応じなかった。伊藤戸長は昼近く、もう一度命令を出した。それでも誰も応じなかった。彼はその夜一人で帰宅せざるを得なかった。翌日の昼、伊藤は 70 人以上もの人夫を鶴岡で雇い、21 日の午後までかかり鈴木の家の大きな母屋（20m×12m）をついに壊すことができた。解体資材は敷地にそのままにして、その日は人夫を解散させた。午後になると鈴木の親戚は再び集まり、伊藤戸長と話し合いたいと役人に頼んだ。そして残っている土蔵と酒造り道具と樽は残すように、また病弱な年寄の世話をしている鈴木の実情を話し、22 日午前 10 時までには必ず払うからと頼んだ。伊藤戸長はついにそれに同意し、130 俵余りがかき集められた。鈴木はひょっこり片貝村に現れたが、またすぐに逮捕を恐れて姿を消した。

　1 月、2 月それに 3 月の事件の経過を見るだけでも、その後の抗議行動のある特徴がわかる。当初から、金納の要求には田川の広範囲で多様な人々が関わっていた。村の造り酒屋は勿論、鈴木のような小規模米穀業者、佐藤八郎兵衛のような自作農達は、自分たちの利益になると感じて立ち上がったということだった。しかし、行商人の白幡や上清水村の前野仁助（39 歳でわずか 0.26ha の水田所有）のような小規模自作農や小作人が早い段階から参加していたことは、この問題が広く関心を集めていたことを示している。また、これらの田川の人々は初めから本多允釐〔金井質直の弟〕のような改良派士族の助言を求めた。金井質直の家を会議の場として使い、経験や戦術を共有し、請願の草案を回覧していた。金井の家は城の東側の馬場町、大手門の真ん前にあった！

　論議の焦点は明らかに経済的な問題であったが、中身は政治的な含みを

持っていた。それは地方経済を意のままにしている県当局に異議を唱え、さらに国の方針を無視していることに注目させるものだった。嘆願者たちにとって、下っ端役人は逃げ腰で横暴だということがわかった。だが、この早い段階においてすら県は権限を完全に行使することはできなかった。伊藤は周りの村人に鈴木の家を取り壊すよう命じても誰も応じなかったので明らかに恥をかいた。伊藤が組に在住する戸長であることと事件の間村役人の家に泊まって職務をしていたことが、県の役人として執行する立場にある人間としての村人に対する弱さを浮かび上がらせた。

　県が鈴木の件を見せしめとしていたとき、5人の農民が本多允釐とともに東京に向かっていた。この5人は16か村の代表派遣団として行ったのであり、内務省に嘆願書を提出することができた（『ワッパ騒動史料』1981：36-37）。その嘆願書は、県が布告第222号の回覧を怠ったことを不満とし、金納（石代上納）の権利を確保するために内務省の介入を求めた。その文面は1月と2月の嘆願書とよく似ていた。表題に「嘆願書」と書き、単純に行政執行上の誤りを糺すことを依頼するものだった。書き出しには「恐れながら」ともなかったし、窮乏した人々の様子も書いていなかった。例えば1年前に金井質直が県に提出した要求項目より控えめであった。しかしやはり、県の添え状がないので内務省は却下した。公式には却下されても、非公式には影響があった。内務省は控えをとり、2日後に調査を始めた。

　彼らが東京に行ったのとまったく同じ時期に、首都東京は重大な政治危機に直面していた。1873（明治6）年秋、征韓論をめぐって政府内部の主導権が争われていた。西郷隆盛、江藤新平、後藤象二郎、板垣退助ら征韓派参議は辞職したか辞職を強いられていた。後藤と板垣は出身の土佐に帰り立志社を結成したが、これは後の自由民権運動の先駆けとなった。この2人は後に庄内の動きに影響を与えた。西郷は鹿児島に帰ったが、彼の信奉者たちは軍事訓練や作戦計画を練っていた。江藤は佐賀に帰り反政府運動を起したが、大久保利通の主導する政府に鎮圧された（佐賀では庄内と同様に石代納を実施せず人民に正米納を命じていた；『鶴岡市史』中 1975：286）。大久保は岩倉使節団の一員として海外へ派遣され、帰ってから1873（明治6）年、内務卿になり、今や

政権の中心に立っていた。側近は伊藤博文と大隈重信で、大隈は参議と大蔵卿を兼ねていた。

　第二次酒田県と西郷が結びついたことは、大隈にとってとりわけ警戒すべきことであった。1874（明治7）年春、大隈は庄内の情勢を再び探り始めた。4月10日、密偵大江卓は、旧体制のままで軍事力を維持していること、西郷との強い結びつき、不満を引き起こした不適切な地価調査、新政府の金納についての通達を県が知らせなかったこと（「ゆえに下に不平を鳴らす人少なからず」）を報告した（『ワッパ騒動史料』上1981：4-5；佐藤誠朗1981：85-86参照）。同じ頃、大久保は大伴千秋からもっと詳しい極秘の報告を受けていた（「探偵箇条目録」）。大江はさらに調査をさせるために大伴を庄内に残していた。36項目ある報告書で大江が繰り返し述べていたのは、転封命令を取り下げさせるために酒井に総額70万両を献金させたが、松平と菅がそのうち40万両を横領したという噂であった（『ワッパ騒動史料』上1981：5-6）。そして松平と菅は政府に対して忠誠心があるか重大な疑いがあるとし、松平と菅、部下の9人（「奥羽の賊魁」）は解任するよう勧めていた（『ワッパ騒動史料』上1981：8）。大伴はその後も数枚の書類の写しを添えて続報を送った（『ワッパ騒動史料』1981：7-13）。

　大隈が密偵からこのような報告を受けていた頃、内務省の大久保は松平に上清水村等の各村の総代たちが上京し3月に提出した嘆願書の説明を要請していた。松平は長々としかも力を込めて弁明した(4月23日付、『ワッパ騒動史料』上1981：135-39)。庄内はこれといった作物のない米の単作地帯であり、貧しい百姓が多く金持ちはほとんどいないし、厳しい冬の間は交通や運搬手段がなく輸送が困難になると説明した。そのため、農民が米を売って税を払うことは大商人の言うなりになることを意味し、石代納制度で利益を得るのは大商人だけである。石代納制度を実施することで混乱が起き、県の公平な政治を行う障害となるだけである。一方、県の買請石代納制度は農民を保護するために考えられた制度である等々と。

　松平はさらに続けて、2月末に佐藤八郎兵衛たちが逮捕されたのは、嘆願書を出したからではなく、農村の人々をそそのかしたからである。その

背後には本多允聱や数人の反抗的な士族がいる。彼らは、奸民と徒党を組んで農村へ行って問題を起すようけしかけたのだ（『ワッパ騒動史料』上 1981：138–39）。松平がとくに指摘したのは嘆願書の中にある「聖朝の御仁恤を仰ぐ」という一節であり、これは本多の考えであって一般の人民のものではないということである。最後に松平は大淀川村の「租税上納割賦帳」について触れた。それは本多が大伴に渡していた写しである。これは非公式の文書であり、最近廃止された税が削除されていないので正式の帳簿（租税割賦帳）だとみなすことはできないと松平は弁明した。

　松平がひとつひとつ指摘したことは、同僚の役人にはもっともらしい弁明だと受け入れられたかもしれないが、引続き大伴から報告書を受け取っていた大久保の疑念を晴らす上でほとんど役立たなかったのは明らかだ。大久保は 5 月になると松平にさらに詳しい説明を求めたが、松平は前に提出した文書を簡単にして述べただけだった（6 月 2 日の報告書、『ワッパ騒動史料』上 1981：39）。

　この時点で大久保は慎重に調べた。6 月半ばの内部文書（『ワッパ騒動史料』上 1981：38）は県が金納についての国の法令を無視していたのを認めていたが、村々の嘆願書（人民公訴）は県の添え書きがないので内務省も取上げる権限がないと書き留めていた。さらに、大久保は内務少丞松平正直を派遣することを決定した。松平正直は、7 月 16 日に酒田に到着し町内の寺に本部を置いた。8 日間宿泊して、県の役人や、釈放を命じた佐藤八郎兵衛、白幡五右衛門のような活動家から聞き取り証言を求めた。酒田県の参事である松平親懐は審問に答えて、太政官布告第 222 号はたしかに伝えたのだが、部下たちが止めておいたのだと言った。審問の間に、松平親懐は押印した通達を全戸長に下した。その通達で、今後のことも含めた金納に関するすべての国の法令を県は確実に実施するとされた。松平正直は東京に帰る前、県の参事と農民の代表を寺の前庭に呼び出し裁定を聞かせた。その裁定は中途半端なものだった（『ワッパ騒動史料』1981：129）。税は金納にすべきである。但しそれは本年度からとし、組村入用等の負担については再検討し改善するものとする。松平正直は、種扶食米、郷扶食米、入作与内米の三つの雑税はこれまで通り

徴収するが、四つ目の高一歩扶米は以後廃止すると裁定した。

　先に述べたように1874（明治7）年冬から春にかけて嘆願者の要求ははねつけられ、嘆願者は逮捕されていた。だが、これで運動は幅広い大小の自作農達を巻き込みますます広がりをみせ、春には県を素通りして国に直接向かうことになった。嘆願者の要求だけを見ると、松平正直の裁定は運動が認められ勝利したように見えるかもしれない。それで騒動はすぐに収まると思われたかもしれない。ところが、7月の審問によって、農民はますます広く要求を起し、運動を進めることになった。二つのことが浮き彫りになった。一つは布告第222号の発布の年から2年分の返還を求めるもので、もう一つは地方の雑税の廃止である。二つの要求の背景には税の還付の要求と同様に強い憤りの気持ちがあった。

　これは、例えば平京田村佐藤七兵衛の次の証言でも明らかである。彼は7月21日に、松平正直の2回目の審問を受けに酒田へ行く途中の村々で、何人もの怒った農民に出会ったと言っている。農民たちが怒ったのは、すでに1872（明治5）年に布告第222号について戸長から村人達に伝えられていたという「肝煎からの証拠」が松平正直に提出されたと聞いたからであった。それが本当であるはずはなかった。村人たちが肝煎にこれを確かめたところ、戸長から「証言」を書くように圧力をかけられたことを認めた。肝煎は村人に対して、あれは遺憾であったとして詫び状を書いた。村人は、七兵衛にこの詫び状を松平正直に提出することを望んだ。七兵衛は同意したが、松平正直は受取らなかった。理由は、すでにそのことは承知しているので差し出すには及ばないということである。このような不誠実な対応に農民達は立腹した。[6]

　それから、23日に佐藤八郎兵衛が、山浜、櫛引、京田の三つの通から指名された代表として、審問で雑税の話を持ち出そうとした。松平正直は組村入用については県の公式の帳簿には無いもので、大蔵省にも内務省にも監督責任を求めるのは難しいだろうと「丁寧に」説明した。そして、戸長や村役人に苦情を持ち込む方がよいだろうと助言してくれた。それで、一部の村人

6　ここと次の段落に関しては、『ワッパ騒動史料』上1981：46–58 を使用した。

たちは組村入用の実例を集めようとした。戸長たちはその記録を彼らに見せるのを拒否したため、多少の困難を伴った。村人は村入用の箇条書きを酒田に持って行ったところ、松平正直はたった今東京へ出発したところだと言われた。

結局、松平正直の審問が行われている間、田川の農民は酒田への行き帰りに頻繁に鶴岡を経由して金井の家に立ち寄っていた。そこで、県が 1872（明治 5）年と 1873 年の年貢を売って得た利益を還付するよう松平に要求したこと等の情報を交換した。松平は、そんな税はすでに国庫に納入されてしまったので今さらどうにもならないと要求を無視していた。農民たちはこれには不満で、昼の審問の後の夜の金井家での雑談のなかで、数人の改良派士族達に還付金要求行動を励まされていた。

松平の審問は嘆願者にとって少しも慰めとならなかった。彼らは、雑税の廃止という長年の要求に、1872–73 年の「過納分」をすべて還付するという要求も付け加えた。石代会社の提案が活動家の間に表面化したのも、この松平の審問後の時期である。この提案と要求は 8 月と 9 月に彼らが引き起こした大集会と大衆運動とともに、民衆の抗議の第二段階を構成することになり、後にワッパ騒動と呼ばれることになった。

❖ 石代会社　1874（明治 7）年 8–9 月

松平正直の審問の後に新たな案が出てきた。協同組合のような組織の設立を求めたもので、株主の米を販売し、日用品や物資を供給するものである。詳細を規定するために以下の規則が作成された。[7] 一株 200 円で 1500 株の資本金 30 万円の会社である。そして庄内全域から株主を募り、村ごとに数株を買って参加する。本社は酒田におき、米の倉庫を経営する。米の検査と倉庫の経営は構成する各村から選ばれた代表 3 人と会社が雇用する社員が共同して行う。会社の規則はさらに続き、倉庫は毎日開き、午後 4 時から 6 時ま

7　この「規則書」原文は『山形県史』資料編 19：1064–65 と『ワッパ騒動史料』上 1981：62–63 にある。「加入書」は『ワッパ騒動史料』上 1981：146–72 に収められている。

では塩、木綿、金物その他を販売し、午後6時から8時までは米の売買を行う。

　このような会社の発想の起源は明らかではないが、筆者の推測では本多允釐がまたからんでいると思われる。1874（明治7）年6月半ば東京に行った本多は、松平正直が審問したことを聞いた後、7月23日に庄内に帰っている。東京に滞在中、似たような計画を調べた可能性は大いにあるが、具体的な前例を挙げるのは困難だ。佐藤誠朗（1963b：45）は山口県の類似した「共同会社」をそれではないかと述べている。それは1年前に設立されたもので、有利な条件で会員の米を売り、税金を支払い、差額を返すという会社であった。しかし本多や他の人々が山口のこの企画を知っているとは確認していない。[8]それはそれとして本多は逮捕されてから証言し、庄内の会社設立の中心になったと言った。「農民の便宜のため商売をしやすくするために、自分が主導して石代会社を設立しようとした」という。[9]

　本多が東京から帰った日の夜、酒田の商人森藤右衛門のところに泊ったことから推測すると、森と何人かの商人が会社設立事業の詳細について知り、かなりの貢献をしたようである。おそらく森が知っていた本間郡兵衛のアイデアではないかと思われる。郡兵衛は本間の分家の出身で、1850年代後期（安政時代）西洋の学問を学び、1860年代後半鹿児島開成所の英語の教師をした人である。国際貿易会社の企画を著し印刷していた。[10]

　筆者の想像では、田川の天領だった農村の租税制度もモデルにしたと思う。天領の村々では100年以上にわたって大部分の税金を現金や米札で納めることができた。しかしながら、農民個人が生産物を売って現金や米札で納めた訳ではない。そうではなく村単位で加茂や酒田の1人または数人の商人と契約し、商人を通して生産物を売っていた（もしくは少なくとも、村内で米に換算して集められる納税分だけは十分処理していた）。[11]村単位による取引を知っていた

8　1874（明治7）年11月、防長共同会社が開業した（佐藤誠朗 1963a：78, 85）。

9　「農民の便利、商いの交通などを図り自分が主になり石代会社取り結びたく」（『ワッパ騒動史料』上 1981：77、および佐藤誠朗 1963a：78,85 参照）

10　「薩州商社発端」：郡兵衛は事業に投資しようと酒田を訪れたが、庄内藩の役人に毒殺されたという説がある。（工藤 1981：26〜27、佐藤三郎 1972：198〜99）

11　これは二つの解釈ができる。ひとつは市場とは無縁の極貧農民に対する村の"伝統

157

第7章　石代納、改革の抑制及び歳出の偽装

ことはそのやり方をそのままの形では使わないにしても、活動家たちが共同経済組織を考える刺激となったのであろう。

石代会社設立の話は、7月末に上清水村の隆安寺[りょうあん][12]で行われた極秘の集会で、広い地域の支持者に明らかにされた。7月末から8月初めにかけて開催されたこれらの集会は、この後に詳しく見るように、その後6週間にわたる組織行動の引き金となり、ときには暴力行為や示威行動も起こった。飽海で起こった天狗騒動とは対照的に、もっとも激しい運動は田川（第2章・地図3参照）の5つの通で行われた。鶴岡周辺の平野部でとくに激しかったが、騒動の記録は田川の30の全組に残されている[13]。

組ごとの集会が開かれ、石代会社の説明を行い、会員になり株を買うよう勧誘した。すでに各村数名ずつの代表者が署名する約定書が準備され、この会社を通して一定量の米を売ると誓約していた。現存する同意書を見ると、田川の圧倒的多数の村が8月と9月に申し込み、生産米の大半をこの会社に売ると決めた。結局、この会社を通じて20万石以上が出荷されるという計算となる。これらの同意書とこの活動内容は、断片的な証拠しかない天狗騒動よりも記録としてはっきりしている。村内では経済的というより政治的な対立が深まり、村民は孤立した戸長に戦いの矛先を向けるようになった。播磨京田村[はりまきょうでん]の例は典型的なものであった。2人の大地主が選ばれた。1人は儀

的"な対処であり、もう一つは、新たに現れた米商人の村ごとの大量販売の有利性の認識である。

12　夏の間金井宅を使わない時は寺で集会をもった。寺が人里離れた場所にあったからではない。淀川組戸長吉田初太郎の家が上清水村にあったし、同村に活動家が非常に多かったからである。白幡五右衛門、前野仁助に加えて板垣儀右衛門（年齢不詳、1.9町）、板垣金蔵（34歳、儀右衛門の息子）、佐藤与吉（39歳、0.9ha）、佐藤直吉（36歳、1.3ha）、五十嵐作兵衛（年齢不詳、1.2ha）、加藤久作（年齢不詳、0.9ha）そして前野勘右衛門（年齢不詳、1.3ha）で、小農と中農が多かったのである。寺の住職は、嘆願の案文や清書に積極的に手助けし、村人たちの活動を支えてくれた。

13　7月8月9月の事件に関する資料でもっともまとまっているのは『ワッパ騒動史料』上1981である。この資料は三つの内容からなっている。一つは、村や戸長から県に出された報告「百姓騒ぎ立」で、直接経験、伝聞、約定書の写し、扇動者自身の主張を含んでいる（前掲書173–221）。二つ目は、この期間に村々に派遣され巡回した捕亡吏が県に報告したもの（前掲書222–293）。三つ目は、抗議行動で逮捕された人たちが県の審問に答えた証言である（前掲書76–126）。

158

右衛門という人で、大山に 30 町を持ち播磨の田でも 32 石を作る地主、もう
1 人は安兵衛で播磨で 75 石以上を作る人である。播磨の肝煎安右衛門は 79
石作っていたが参加しないと断った。[14]

　この石代会社は、田川全域の大小の農民の米を共同で直接販売するという
画期的な経済的仕組みを提唱していた。しかし、各地の設立集会は、長年
にわたる地方の政治や税制に対する不満を村役人や戸長にぶちまける機会
になった。庄内平野各地で、集会に次ぐ集会が行われ、不適切で専制的な課
税、その不正使用や横領が批判され、たびたび直接対決のような形になって
しまった。これは 8 月から 9 月の 6 週間に及ぶ田川全域で戸長に向けられた
集団行動の始まりであった。戸長の家は襲われ、拘禁され殴られ、逃げた者
は追っかけられた。帳簿は没収されて公開され、不適切と判断された税や支
出は返還を迫られた。

　だがここで重要なのは、この 6 週間の行動が、石代会社という経済計画に
匹敵する画期的な政治改革を生み出さなかったことだ。この広範囲な大衆の
抗議行動は具体的な「経済」の問題に焦点を絞っただけで、抽象的で派手な
言葉で政治的な権利や千年の天罰などと主張するものではなかった。だがこ
の段階やその前後の行動が、利益や返金を求める、実利的な動機のみに基づ
いていたと、ここで主張したいわけではない。村役人や県の政治のひどい状
況を暴露しようという動きはあったが激怒暴発するまでにはいかなかった。
これを理解するためにある地区の事件を見てみよう。

❖　黒川組

　櫛引通の黒川組は庄内平野の南縁、鶴岡の南数 km のところにあり松ヶ岡
のふもとにある。7 月 31 日、椿出村の劔持寅蔵（1848–1902、嘉永元 – 明治 35）
の努力によって 23 か村から 1,000 人以上の民衆が春日神社に集まった。彼

14　佐藤誠朗 1963b：45 ここでは儀右衛門は誤って茂右衛門と書かれている（『ワッパ
騒動史料』上 1981：157–58 参照）

第 7 章　石代納、改革の抑制及び蔵出の偽装

は夏の初めに隆安寺に集まった活動家の集会にも参加していた。[15] 26 歳の寅蔵は、石代会社の計画書の概要を説明し、「天朝役人」が会社の仕組みを詳しく説明するために村々を巡回していると述べた。集まった人々は、「天朝役人」を呼ぶことに同意した。本多はその時飽海におり、大友宗兵衛と浦西利久は田川の他の集会に出ていた。8 月 5 日、劍持と農民多数は羽織袴姿の正装で、大友と浦西、高坂村の石川文太郎を含む一行を出迎えるために村はずれに行った。彼らはその夜、滝ノ上村の活動家宅に泊まり、翌日春日神社での組集会で話をした。大友が会社の規則を読み上げ、みんなの支持を要請した。もしこの会社に加入すればすべての雑税の廃止のために力を尽くすと述べ、1872–73（明治 5–6）年に納めた米を売って県が得た利益についても触れた。最後に、組村入用は不正流用されているので戸長の持っている帳簿を公開するよう人々に提案した。参加者は、石代会社の設立に賛同し約定書を作成した。

　10 日ほど過ぎて、約 1,500 人の村人が春日神社下の宮の下に集まり、中組の肝煎齋藤長左衛門宅に向かった。そして、村入用の帳簿を見せるように要求した。翌朝、別の約 200 人の集団が黒川村の肝煎小林喜三郎宅に押し寄せた。小林が断ると彼らは別の肝煎秋山所右衛門宅に移動した。秋山は、自分の記録はすべて戸長矢田部孝保の家に保管されているとしたので、午後には追及項目のメモを持って矢田部の屋敷内に押し入った。矢田部は持っている帳簿の写しを作成させられたが、多くの他の帳簿はすべて鶴岡の代家に田川全域の戸長のものとして保管されていると主張した。

　これを聞くと一部の者は数名の戸長を鶴岡の代家に連れて行き、2 階にある帳簿の保管箱を見せるよう求めた。夕方には黒川中組の人たちが一緒になって帳簿の一部を持ち出した。それが引き金となって他の者たちが暴力や破壊行為に及んだ。当番の戸長は彼らの行為を抑えられなくなり、士族隊が

15　劍持は最小限の土地（1876 年で水田 0.16ha）しか持たない家の長男だった。筆者の報告の元になった黒川関係文書は松永 1972：343–46 と、『ワッパ騒動史料』上 1981：173–81，183–84、225–28、232–33、239–40、242、258–64 にある。これらの資料についての佐藤誠朗 1981：123–30 の議論も参照のこと。

出動する翌朝まで混乱が続いた。士族隊は黒川組の他の村にも鎮圧のため派遣された。人々は引き下がったが、金井の家にいた者たちは、もし農民が逮捕されるようなことがあれば、松ヶ岡の事業に不満を持っている新徴組の人たちを向かわせると警告した。

　同じ頃、村人たちは戸長を連れて4か村〔馬渡村、松根村、大網村、田麦俣村〕の帳簿を鶴岡の代家に持ち込もうとしていた戸長を捕らえた。帳簿を取り上げ金井の家へ持ち込み、数日間帳簿を調べ、明らかな横領の事実を見つけた。組の費用として3,499俵を約7,000円で売り、帳簿には3,466円とだけ記載していたのだ。

　8月17日の朝、劔持寅蔵は春日神社に集まった約800人の前に現れた。そして、黒川中組の肝煎齋藤長左衛門が、村の帳簿を持って矢田部の家に逃げて行ったと報告した。それで長左衛門を追って行こうと呼びかけた。矢田部の家に派遣されていた県の役人は、集まった人々に対して、もし何らかの要求があるならば各村代表1人ずつ矢田部の屋敷に来るようにと伝えた。ところが午後になると70人以上が門のところに現れた。その一部は屋敷内に入り、齋藤長左衛門に聞きたいことがあるから会わせるようにと要請した。矢田部は、今は長左衛門と会談中なので出られないけれども、2~3人の代表が入って話し合いをすることは認めるが長左衛門は出さないと応えた。それは受け入れられない、それならみんなで長左衛門の屋敷に行って帰って来るまで待っていると、人々は伝えた。県の役人はやむを得ず人々の後を追って齋藤の屋敷まで行き、徹夜で解散するよう説得し続けた。やっと朝の5時頃になって役人は矢田部の家に帰って来た。

　齋藤長左衛門の屋敷を取り囲んだ群衆は明け方になると、大声をあげて炊き出しを求めた。長左衛門の妻は断ったが、親戚の者らが3俵の米をとぎ、焚いて人々に配った。それでも解散せずに、矢田部家へ押し寄せ周辺でたむろし、引き取ったのは8月19日夜のことであった。

　20日になると農民たちは春日神社に再び集まり、上野山村に行く相談をした。この村は10戸ほどの小さい村だったが、8月6日の集会では石代会社に加入する誓約書に署名したのに、その後の活動には参加しないと言って

第 7 章　石代納、改革の抑制及び蔵出の偽装

いた。劔持寅蔵はこの村の参加を求め、各世帯金 10 両と酒 3 斗の寄付を求めた。村代表を脅したりすかしたりして約束の書付を書かせた。[16] 23 日に劔持と農民たちが上野山村に再び行ったところ、一部の家には誰もいなかったが、残っている人も劔持の要求した寄付には同意しようとしなかった。劔持らは、組から追放すると脅して引き揚げた。

　8 月 31 日、またもや矢田部の屋敷に大勢の村人が向かった。40 人ほどは、母屋のそばにあった小さな村役人の詰所に押しかけた。今度は、1872-73（明治 5-6）年の「取り過ぎ」の税の払い戻しを求めた。矢田部は、その分配金は組々村々で計算し、自分は黒川村の村役人たちに分配しようとしているところだと説明した。だが、こういう決定には県は関わっていなかったので、これは矢田部がごまかしているか、あるいは払い戻しは彼と村役人が行ったものと結論せざるを得ない。農民たちはしかし 1872-73 年は米で納めたのだから、払い戻しも現金ではなく米で行うよう要求した。そして矢田部に対して郷蔵から払い戻すことは可能だろうと言った。しかし彼は、自分は黒川の分だけ「ありがたく」受け取ったとつっぱねた。このような分配は米でも現金でもなされなかった。

　農民たちはまた矢田部戸長たちが作成した納税帳簿には掲載されていない税についても追及を始めた。「税のことが書いてある達しはどこにあるか？」、「例えば、なぜ組の備え米まで課税するのか？」、「土地の測量についての税はどう使ったのか？」など、帳簿の一行一行ごとに質問し、長い間疑問に思っていたに違いない項目について尋ねた。矢田部の説明はほとんど満足のいくものではなかった。最後に別の肝煎齋藤長左衛門〔黒川村上組〕と肝煎上野松蔵〔松根村〕に村の徴税過程について尋ねに行くと言ったら、矢田部は 2 人とも家にはいないだろうとすました顔で言った。これで農民たちは一層怒り、矢田部に対して両人に 3 日以内に会わせるという書付を書くよう強制した。矢田部は 2 人が身を隠している鶴岡と酒田にただちに迎えにやった。

　その晩 7 時、1,000 人を越す農民が上野松蔵の屋敷に行き、彼の帰りを待っ

16　この日の同じ時間に、別の集団が黒川村の郷蔵の鍵を管理する人物に近づき、鍵を渡すよう要求した（しかし郷蔵のその後についてはとくに記録はない）。

た。今度も劔持寅蔵が指導役の1人だった。人々は上野の妻に強談を始め、もし松蔵が土地の帳簿にある経費を返さなければ、家屋、倉庫それに土地も取り上げると脅した。家族は上野の義理の弟を残して避難した。その夜、村人たちは義理の弟に8俵の米を炊き出させ、蔵から塩、味噌その他の材料を勝手に持ち出して食べた。

　翌朝早く、人々の一部は上野山村に戻り、劔持は村代表にもう一度寄付を求めた。村代表が断ると4人の村人を拘束し、金玉かまたは米と酒を出さなければ4人を連れて行くと脅した。結局金子を差し出すと証書を渡した。

　農民たちは、9月2日肝煎上野松蔵の息子に返還に応じるという証書を書かせ、それを受け取ると上野家の前から解散した。また、肝煎齋藤長左衛門と梣代村肝煎からそれぞれ4俵の米をもらった。彼らはただちに春日神社に集まったが、夜遅く現れた県の役人に解散を命じられた。劔持寅蔵は、村人の前でその役人に対して、公的な決定が出来る上の役人を至急派遣してもらうよう要請した。そして、劔持その他の者と個人的に交渉したいという役人の逆提案を拒否した。同じ日、県は矢田部ら戸長たちから、中心的農民たちに対抗して県の強力な後押しを求める緊急の訴えを受け取った。訴えでは、自宅に暴れ込まれ追い出されようとするだけでなく身が滅ぼされかねない恐れがあると嘆願していた。

　黒川村の住民は、矢田部の屋敷の占拠を続け、証書を書くよう求め、また肝煎たちに米俵を要求した。5日の朝、劔持と数人の村人は金井宅に寄り、酒田に向かった。酒田には矢田部と数人の戸長が身を隠していた。午後の早い時間に黒川村から大勢の村人が来て、劔持と落ち合い、翌朝商人宅に隠れていた戸長たちを力づくで連れ出そうとした。しかし県の捕吏に阻止され、引き返した。6日、約400人が黒川組のもう一つの村猪俣新田に押しかけた。この村は運動にあまり乗り気ではなかった。それで肝煎に、村人を呼び集め、22戸全戸に支持の約束をするように圧力をかけ署名させ、金子と酒を寄付するよう求めた。肝煎は炊き出し用の米3俵を強要された。さらに他の数か村に移動し、非協力的な肝煎には金子、酒、炊き出しを強要した。夕方までには全員矢田部の屋敷に戻り占拠を続けた。

第 7 章　石代納、改革の抑制及び蔵出の偽装

　9 月 7 日、20 人ほどの農民が再び酒田に向かった。この時、彼らは矢田部と多くの戸長が滞在している商人宅に着いた。矢田部はしかし黒川には戻らないと言った。捕吏が出動すると、農民たちは別の酒田商人宅に撤退し一晩を過ごした。翌日農民が矢田部の宿泊先に現れると、また捕吏によって解散させられた（「説諭」という言葉で記録されている）。仕力なく黒川に戻ると、矢田部の屋敷に集まっていた人たちも解散した。そして、翌 9 日県の一斉検挙が行われた。

　これはひとつの組で起こった事例であって、同じような集会と集団行動が 8–9 月初めに田川じゅうで同時発生的に行われたことが重要である。櫛引通内では、赤川をはさんで黒川組の対岸にある青龍寺組で動きが盛んだった。そこでは 8 月末、集会が 3 日間行われ石代会社への加入を勧誘された。ここで村人はいろいろな戸長の不正の話を聞く機会にもなった。煙草屋に支払う経費が 8 円でなく 80 円を間違って払ったこと、代家経費を 1,000 円要求したこと、土地の調査料として 1,300 円取ったこと、肝煎から戸長へ盆暮れの付け届けがあったこと、農民に支払うべき村の公金を流用したこと等々。集会の後一部の農民は肝煎の家に侵入し、夜を徹して強談が行われた。その場で、土地調査や評価額の一部とその他の取り過ぎた分を返還することを求めた。さらに家財道具や土地の没収、村からの追放までも要求した。9 月の初め、数人の肝煎を捕え寺に監禁し 200 円を差し出す約束をさせた（『ワッパ騒動史料』上 1981：182–83、222–25、230–32、『鶴岡市史』中 1975：257 参照）。このような監禁は珍しくなかったが、田川組の数か村でも肝煎が梅林寺に監禁され、返還と雑税・村入用費廃止の証書に署名させられた。温海組では、12 か村から数百人が戸長の屋敷に押しかけ、帳簿を奪い、950 両以上の払い戻しの誓約書に印を押させた。追い込まれた戸長は、県に辞職届を提出せざるをえなかった（『ワッパ騒動史料』上 1981：190–94、247–49 参照）。

　狩川通では 7 月に抗議行動が始まっていた（『ワッパ騒動史料』1981：205–21）。大淀川村の佐藤八郎兵衛がやって来て、組々で活動し、集会で石代会社の計画を訴えた。彼は 6 か月も牢獄につながれたことで敬われ、力のある「弁の優れたる人」として尊敬の念を集めていた。佐藤八郎兵衛は狩川地区の村々

に石代会社に参加すれば大きな利益を得られると約束して励ましていることから、戸長たちは彼を新しい「金井県」を支える有力な働き手だと、松平親懐に報告した。[17]狩川地区でもまた肝煎たちは嫌がらせの標的とされていた。例えば、増川組の戸長たちは、数百人の集団に襲われ、家に押し入られ暴行されたり、家を取り囲んで罵り続けられたりしたと申し立てた。戸長たちは、狩川通の租税取扱役と共謀して村の基金を横領したと非難され、地位の象徴である脇差や数十足の下駄までも盗まれたと報告した（『ワッパ騒動史料』上1981：220）。

❖ 一斉検挙

田川の農村部のこの激しい騒乱に直面した松平親懐と菅実秀は、2年前の天狗騒動に対処した時よりずっと慎重に対応した。2人は6週間にわたって慎重に行動し、戸長や肝煎には限定的な援助を提供しただけであった。ときには捕吏を派遣したが、逮捕するようなことはしなかった。農民たちは捕吏の巡回が終わるとすぐに体制を立て直した。菅は剣持寅蔵に会うことに同意すらした。もっともこれは和解しようというものではなく、警戒しているという意思を表明するものだった。松平と菅は、石代会社の規則の写しを受け取ることも会社設立の願いもきっぱり断った。2人はその間に戸長たちに命じて、抗議の内容と参加者の記録を集めた。

内務卿の伊藤博文〔工部卿兼任〕に、松平が「石代納一件」として最初に報告したのは8月7日であった。それから一か月後の9月9日に、伊藤は臨機処分（応急対策）の許可を松平に出した。権参事の菅は9月10日付の伊藤宛の手紙で、このような騒動は地方の役人による税の不正使用に原因があったかもしれないと認めた。でもそれは意図的に行ったものではないと主張した。

---

17 ある報告書はこの二つをまとめて、金井商社県としている（『ワッパ騒動史料』上1981：220）。この情報等は3人の村人から戸長によせられたものであった。3人は戸長に言い含められ石代会社の支持者を装い、添津村の久作から詳細な計画を聞き出した。久作は金井宅を新しい県庁（新庁）として描いていると、3人は戸長に報告した。

165

第 7 章　石代納、改革の抑制及び歳出の偽装

それは単に「昔からの慣習」に従って起こったものであるというのである。もっと深刻なのは、「農民」（ここでは「百姓」とは書いていない）が本多と士族の中の不満分子にそそのかされて、金井宅で謀議を行い、「金井県」などと主張していることだ。菅は、金井と旧士族の不満分子は全員、農民については騒ぎ立てた者のみを逮捕するとして説明した。9月15日、伊藤は三条実美に対して、その年の春の田川の嘆願者たちを内務省は同情的に見ていたが、今や騒動が起きたと報告した。松平と菅には、異例だが必要な措置だと臨機処分が再度認められた（『ワッパ騒動史料』1981：60）。しかし実は、その4日前には県はすでに捕縛を始めていた。

　11日の夜明け前、約100人の士族が鶴岡の金井宅を取り囲んだ。合図とともに踏み込み、本多と3人の士族、その場に居合わせた3人の農民を捕縛した。「金井県」関係書類の入った行李を押収した。同じ時刻、もう一隊の士族が田川の村々に向かい、夕暮れまでに100人を越す人々を牢にぶち込んだ。しかし、多くは逃れた。

　東京で7月中旬から石代会社の計画を進めていた金井質直が戻ってくることになっていたのが、まさにこの時であった。逃れた一人であった前野仁助は、金井の捕縛を阻止しようとただちに動いた。12日に数百人の農民を下山添村の八幡神社に集め、みせかけの金井歓迎集会を堂々と開いた。県の一隊が金井を捕縛しようと待機していた頃、金井は山道を迂回して白山 林 村に案内された。そこには佐藤七兵衛、渡会重吉（27歳、高坂村出身）、その他数人が金井に会いに来ていた。しかし、まもなく金井の考えと他の農民の考えた計画とは大きな違いがあることがわかった。農民たちは、酒田監獄を大勢で襲うつもりでいて、同時に東京の司法省に直接訴えようとしていた。とくに7月中旬の松平正直の査問以降の状況を司法省に知らせたいと思っていた。今なら県の悪行を納得のいく形で説明できると思っていた。

　金井は唖然とした。8月の騒動のあった間東京にいて、明らかに状況を何も知らなかったからである。彼はこのような直接行動には強く反対し、投獄された人々の釈放を酒田県の役人に嘆願するよう勧めた。農民たちは彼の臆病な態度を無視し、酒田監獄に押しかける計画を進めた。そして、上清水

村の隆安寺の住職に酒田へ行くための文書を作成してもらった[18]。16日の午後この平野一帯のあちこちに数千人の群衆が集まった。松平と菅はその間に松ヶ岡の士族たちを残らず動員し、田川の一帯と酒田の町に派遣した。

　農民たちが進んだ先の一つは、上清水村の馬場山のふもとの森であった。ここには800人が43か村から集まった[19]。夕方になって、手に手に、鎌、山刀、棒杭を持って歩き始めた。しかし、県の士族隊の姿を見ると馬場山に退却し、夜を明かした。夜中じゅう、ふもとの村では大きな提灯を揺らせて彼らを励ましているのを見下ろすことができた。村役人たちはあちこちで人々を解散させようとしたが、夜が明けると人々は再び動き始めた。今度は数キロ離れた平京田村まで行った。しかし、村のすぐ南の端まで来た時、県の士族隊に取り囲まれてしまった。彼らは解散の命令に従わず、前列で小競り合いになり指揮をしていた板垣金蔵が拘束された。さらに乱闘は続き、数人が重傷を負った。板垣他数人は連行され、農民たちは徐々に解散した（「士族組出張届書」参照、『山形県史』資料編 19 1978：1068–70）。他の村々の集会も似たような状況で、指導者が捕縛され、農民たちは自分の村に帰らざるを得なかった。

　2日後、捕縛を免れた9人の主だった者たちが上清水村の奥の小高い丘、三森山にあった姥堂に集まり、次の行動の打ち合わせをした[20]。金井質直、大友宗兵衛、佐藤八郎兵衛、劔持寅蔵、佐藤七兵衛らは計画の変更と新たな戦略を立案した。酒田監獄を襲う計画は撤回され、石代会社の話も金井県のこともその後の記録には見られなくなる。代わって、東京の中央政府に提出するという以前の方針や戦術に戻すこととした。ワッパ騒動は、新たな第3段階に進むことになる。

18　この表題は「数千ノ百姓酒田ヘ押下ル約定」となっているが、きちんと約定したものではなく、鼓舞するためのものだった。

19　『ワッパ騒動史料』の記録にもとづき書いた。佐藤誠朗（1981：172–201）にも似たような場面があり参照されたい。

20　森供養の山としても知られているこの山が、庄内の人々にとり、あの世へ行く前に魂がしばらく留まると信じられてきた（露木玉枝：1967）ことは、おそらく単なる偶然の一致だろう。

第 7 章　石代納、改革の抑制及び蔵出の偽装

❖　**社会変革ではなく税をめぐる県への反感**

　庄内の農民たちは、このような整然とした集団行動を起したことはそれま
でほとんどなかった。7 月中旬の松平正直の審問から 9 月中旬の県による一
斉検挙までの 2 か月間の事件のようなことは、これまで目撃したこともな
かった。少なくとも庄内の 3 分の 2 の村で、6 週間以上にわたって戸長や区
長は押しかけられ、彼らの屋敷や鶴岡の代家の占拠、帳簿や記録の押収や精
査、戸長の何日何時間もの拘束と罵倒、飯、酒、金銭の強要、返還約束の強要、
村からの追放や財産没収の脅迫等、集団行動の激しさは前例のないものだっ
た。しかし、極端な行動は最終的には回避された。財産の破壊や拷問には至
らなかった。役所の人は誰も負傷したり犠牲になったりはしなかった。それ
でも役人が孤立していることは示された。戸長や区長以外の村人からの孤立
である。

　取り過ぎた分の返還、雑税の廃止と石代納の要求は、天狗党と似ていた。
ただこれらの要求はますます拡大し、強圧的な行為にまで及んでしまった。
今回は請願は行われなかった。彼らが行動を起したのは生活が苦しいからで
はなく、不正に対する憤りがあったからで、金銭の額よりは肝煎たちが関係
する不正使用に憤りを感じたからであった。そこで返還、謝罪、それに説明
責任を求めたのであった。役人として真っ当に仕事をせよ、不正にもほどが
ある、と肝煎たちの責任を追及したのである。

　この度の 8 月の行動は今までに前例のないものだった。それは問題の広が
り、参加者の範囲、激しさなどにおいて、1840–41（天保 11–12）年の一揆や
1869–70（明治 2–3）年の天狗党を越えたものだった。さらに石代会社の計画は、
米の販売組織の再編成を明確に約束するものだった。しかし、8 月の一連の
行動を引き起こした動機の新しさや、抗議者の過激さを誇張するのは、少々
危険である。「不正」と「不名誉」な行為は、地方の役人には珍しいことで
はないし、問題となった税の多くは数年前に天狗党も返還を主張していた。
天狗党の主張を強く正義を求める道徳性の示唆と解釈し、「新しい県」〔金井県〕

への言及を、農業共済的な経済を補完する画期的な政治ビジョンと解釈したいという誘惑にかられる。だがこれは必ずしも入手可能な資料から裏付けられるものではない。例えば、新しい金井県というのはまだ田川全域に広く知られている訳ではなかったし、実際、県の指導者にどの程度言及するかは、村々の訴えによってかなり差があった。どの不正の申し立てでも県への言及はなされていたが、「金井県」という言い方が登場するのは一部地域のみにおいてである。肝煎を法で裁くよう県の指導者に要求していた組すらあった。その上、石代会社については詳細な規則を作り勧誘した一方で、「反県」〔反第二次酒田県〕の思想はあいまいで暗示的にすぎなかった。Vlastos が 1869（明治 2）年の福島の事件を説明する際に述べたような、選挙で役員を選ぶといった代表者についての要求はなかった。1874（明治 7）年夏に田川農民を突き動かしたのは、税の改革であって世の中の改革ではなかった。彼らを突き動かしたのは、以前の抗議者にもすぐに理解されるであろう憤りの感情と一連の問題だったのである。

第 **8** 章

ワッパ騒動の新たな展開
——地方から中央へ——

略年表

1874（明治7）年9月	多数の指導者が逮捕され、逮捕者の釈放運動が広がる。
1874（明治7）年9月	森藤右衛門が上京し、諸機関への訴願活動を開始する。
1874（明治7）年12月	酒田県新県令の三島通庸が着任する。
1875（明治8）年5月	森藤右衛門の訴えが東京の新聞に掲載される。
1875（明治8）年8月	県庁を鶴岡に移し、酒田県を鶴岡県と改称する。
1875（明治8）年10月	元老院書記官沼間守一が鶴岡に来て取り調べを行う。

　集会や集団行動、あるいは石代会社の活動や金井県についての議論がなぜ急速に尻すぼまりになったのかを納得がいくように説明するのは、率直に言って難しい。もしかすると、武力で脅そうとした県に恐れを抱いたからかもしれない。また、その前の6週間に及ぶ強い集団行動を通して、参加した農民は確信を持てなかったからではないか？　これは、直接的な抗議行動から間接的な合法的な訴えへの実践的な転換ではなかったか？　あるいはもしかすると、9月中旬は米の収穫期を迎え大勢の農民を動員することは一層困難になったからかもしれない。とはいえ、収穫と納税は、彼らが改革しようと願った慣行と対峙することになるのではないだろうか？　示威行動の大波は少数の指導者にあまりにも頼り過ぎたために、幹部が大勢逮捕されたことで急速に運動の勢いが止まったのではないか？

　庄内での石代会社設立の盛り上がりが下火になるころ登場した活動家は、たしかに、劔持寅蔵や村の煽動家ら、そして本多允釐とはまったく違った考えを提供した。初めは本多の兄金井質直が支持され、金井が主張する嘆願書の提出は、大友宗兵衛のような士族や逮捕を免れた佐藤八郎兵衛のような農民には説得力があった。しかし、行動していくうちに、第二次酒田県への嘆

第 8 章　ワッパ騒動の新たな展開——地方から中央へ——

願、つまり金井が以前に主張していた合法的な手続きは、効果がないと分かった。9 月 19 日に三森山に集まった人々は大友に、本多と全留置者を釈放するように求める菅宛ての嘆願書を書かせた。大友は従来の形式通り「恐れ乍ら……」で始まる嘆願書を丁寧に書いた（『ワッパ騒動史料』上 1981：57）。翌日、10 人が白山林村の地主富樫利吉に連れられて酒田に向かった。しかし、酒田に着く前に県が動員した士族隊に拘束され、持ってきた嘆願書を提出することは許されなかった。

　それで、嘆願書は東京に持ち込まれた。一人又は少人数で関所を避けて山越えしたり、加茂港から小舟で出港したりして、金井、大友、佐藤八郎兵衛、前野仁助その他数人が 10 月初旬に東京に着いた。しかしそこでも彼らは失望せざるを得なかった。金井自身は 10 月 10 日に最初に司法省に従来の形式の嘆願書を提出しようとして逮捕された。10 月下旬から 11 月初旬にかけて、小林勝清を代理人として左院と司法省の上等裁判所に 4 回にわたって申し立てをしたが、金井は依然として留置されたままだった。[1]

　その間 10 月 25 日には、佐藤八郎兵衛、佐藤七兵衛を含む 8 人の農民が東京に来て自分たちの従来の形式の嘆願書を提出した。内務卿伊藤に提出した文書によれば、県の役所では公平な審問を受けることができないので東京に来て訴えたとあった。そして県は松平正直の裁定に従わないので、雑税に関する彼の裁定を「明確に説明」するよう内務省に求めた。加えて、17 項目の雑税の一覧を添え、一部は下げ戻し（返還）の期限が来ていると述べた。さらに 8 人は、これに先立ち 23 日には県役人に対して自分たちが取った行動を説明するとともに、本多やその他の留置者を釈放するよう求めた（『ワッ

1　左院とは 1871（明治 4）年の組織改革後、明治政府の三つの構成機関のひとつとなった。立法部門であったが、審問と法案提出の権限は制限されており、議員は明治政府から任命・罷免された。小林は、「代言人」という肩書を持って東京で活躍していた。「代言人」というのは、専門の院外活動家・代弁者・法廷弁護士を兼ね、「公事師」に代わって使われた名称である。（佐藤誠朗 1981：203–204 および Ch'en 1981：73 参照）。1872（明治 5）年の初めには第三者が裁判の原告の代理になることは合法であったと Ch'en は述べている。大友が東京で滞在中に書き留めていた「手控え」を参照のこと（『ワッパ騒動史料』下 1982・36–52）。大友はもう一人「代言人」の谷口竹次郎を雇い、三つの嘆願書すべてについて助言を求めていた（例えば『ワッパ騒動史料』上 1981：79）。

パ騒動史料』上 1981・55-59)。

　内務省は嘆願書を返却し、今回も県の承認がないという理由から対応を拒否した。だが、金井とは異なり農民たちは拘束されずに引き続き東京に滞在し嘆願活動を続けた[2]。しかし、12 月 10 日農民たちと大友は警視庁に呼ばれ、そこで長官は嘆願書についてどの省庁でも承認しないという事を告げた。長官は個人的にはこの嘆願書の訴えについてしばらく考えるが、まずは庄内に帰って騒ぎを起こさないようにと指示した。農民たちがほとんど金を持っていないとわかったので若干の旅費を提供しよう、おまけに警察の護衛までつけると言った！　まもなく庄内まで護衛つきで帰り、その月の 25 日ごろには着いた。するとただちに再拘束され、2 か月間審問を受けた。年末までには少なくとも 78 人がその年のさまざまな扇動活動に連座して拘束された。その中には本多の妻と娘も含まれていた（『ワッパ騒動史料』下 1982：33-35)。

❖　森藤右衛門

　庄内の抗議活動が消えたように見え、各地の騒動がおさまり、東京での解決の道が閉ざされたちょうどその頃、新たな名分をつけ次なる解決策を提供しようとする男が登場した。その名分とは当時声高に言われるようになった「自由民権」である。その男とは、森藤右衛門、酒田の商人で以前にも述べたように 1874（明治 7）年の春から夏にかけて金井家を頻繁に訪れ、今や第 3 段階に突入したワッパ騒動の主役を演ずることになった人物である。第 3 段階とは、つまり闘いの舞台が田川の肝煎の屋敷から東京の裁判所と省庁に移った段階である。

　森は、1842（天保 13）年、大山騒動の直前、酒田中心部、現在の市役所の北西角にあった裕福な酒造業者の家に生まれた。この家の屋号は唐仁屋

2　劔持寅蔵、庄司伊右衛門、菅原長兵衛が警視庁に提出した長文の従来形式の嘆願書を参照（松永 1972：343-46)。劔持、庄司の 2 人は田川 45 か村の共同代表と自認しており、菅原はその他の田川 27 か村の代表として押印していた。

第8章　ワッパ騒動の新たな展開──地方から中央へ──

で、1768（明和5）年以来、酒田三十六人衆の一人である古い商家であった[3]。二人兄弟の弟なので、6歳の時母方の祖母の家に養子に出された。しかし1856（安政3）年、父と兄が死亡し、4年後祖父も死亡し、母と妹が残された。1864（元治元）年、生家に戻り、後を継いだ。羽黒山麓の宿坊町、手向村の裕福な家の芳賀七右衛門家から妻を娶った。森の父自身も芳賀家からの養子で、七右衛門家には、後に財産を使い果たしたときに大きな援助をしてもらった。

　家を継いだ当初から、森は幕末の思想的・政治的混乱に巻き込まれた。初め彼は漢学を学んだ。森の家の向かいに住む医師の須田文栄から手ほどきを受けたが、この人物は江戸の儒学の革新的な学派を学んだ人だった。森は困難なときに戸主の立場になった。1868（明治元）年、酒田三十六人衆は、庄内藩の指揮下に酒田民兵組織を編成し、森は越後庄内国境で、副隊長として戊辰戦争を戦った。翌年、酒田は新政府軍に占領され、佐賀藩の若い医師西岡周碩に支配された。天狗騒動への対応に追われる一方で、西岡は酒田で学而館を開校した（『酒田市史』史料編八：883）。西岡は森を句読師として採用した。1869（明治2）年、酒田の有力商人は鋭く対立して分裂していた。長浜五郎吉は他の2人とともに天狗党の先頭に立っていたが、尾関又兵衛と根上善兵衛は御用米穀商に任命された。森はどちらにもつかない中立の立場だった。彼は広く起こっていた税制改革の要求や東京廻米政策に対する商人の反対には関わらず、むしろ西岡や明治政府に好機を与えようとしたかに見える。

　しかし、1871（明治4）年、第二次酒田県に旧藩上層部が返り咲いたことに森はすっかり幻滅した。金井や本多と同様に森は1874年に嘆願書を出した鈴木弥右衛門や農民たちを称賛し応援していた。逮捕された人達には経済的な援助もしたようである。森がもっとも力を入れて援助したのは石代会社の規約の作成であり、県当局に力で立ち向かうことには強く反対し、金井と同じく合法的な嘆願活動を勧めた。8月の示威運動と無縁だったことは明らかである。月末には本多に対して、松平と菅は間違いなく厳しい取り締まりを

───────────

3　酒田三十六人衆は、公的な役所の下で町の業務を行って来た。構成員は本町在住者に限られ、船荷主や回船問屋で占められていた。

行い逮捕者が続出するだろうと警告し、自分自身は抗議文を持って東京へ行き合法的に活動しようと計画した。

盟友の松本清治（せいじ）は、森が出発する前夜の壮行会についての美しい思い出を書き残しており、それが苦難と私心なき使命への旅出であったと称賛する。この時のために、松本は床の間に大塩平八郎の首を描いた掛け軸をつるした（図14）[4]。首の上には頼三樹三郎が書いたとされる書があり、頼自身も 1859（安政 6）年、幕府によって死に追いやられている。この 2 人の理想主義的な行動の精神が部屋中に満ちたところで、2 人の盟友は別れの盃を交換して高歌放吟し、この国の未来の繁栄のために身を捧げようと厳かに誓った（『酒田市史』史料編八 1981：884、工藤 1981：28 参照）。この事は二人にとって他から強要されたものではなかった。しかし、これが森にとっては 10 年に及ぶ一貫した政治活動の出発点となり、県議会で戦うために滞在した山形の旅館で早すぎる終わりを迎えたのであった。

図 14　大塩平八郎の首
（酒田市文化資料館光丘文庫所蔵）

9 月 2 日、森は一人の使用人を連れて東京へ向かった。松本への手紙で述べたところによると、仙台の宿屋で東京行きの船を待っている時、庄内弁を話している男の声を聞いた。使用人を聞きにやると、それは酒田県士族の一行で、東京へ嘆願にいく者は誰であれ逮捕するために送られたということがわかった。森はこっそり他の宿屋に移り、16 日に無事に東京に着いた。

森は以前東京に来たことがあったが、まったく不案内で新政府の組織はすっかり変わっていた。数週間は、東京で学んだり働いたりしている庄内の

4　掛け軸の絵は想像上のものであった。大塩は死んだが、幕府が大塩の乱を鎮圧する際、家に火をつけたために彼の遺体は黒焦げに焼けてしまっていた。

第 8 章　ワッパ騒動の新たな展開──地方から中央へ──

知人を訪ね、政府の役所や人脈あるいは組織形態などを聞いた。10 月初旬までには、すでに金井、大友や東京に出てきていた農民たちとも会っていた。しかし、単独行動にほとんどの時間を費やしていた。彼は新たに代言人湖水と知り合い、違った方針で動くことを決めた〔『酒田市史』史料編八 1981：871〕。政府各省で取り組む気配は見られず酒田県の問題を率先して調査することはないだろうと森は感じていた。それで、左院に「建白書」を提出した。左院は政府の中では県政幹部の意見が反映されにくい機関であった。建白書は、政策問題、政治課題に対する政府外からの意見表明だったが、以前の嘆願書と同じような丁寧な表現を使って、具体的な不満への対応を求めるものが多かった。嘆願書は臣民で建白書は市民によるとするのは、あまりにきれいに線を引きすぎている。だが、明治初期、嘆願書が徐々により直接的な建白書に変わるのは、人々の不満が一層はっきりとした言葉で表現されたことを表している。

　10 月 9 日に提出した森の最初の建白は焦点をしぼって具体的に書かれていた。そこでは、8 月の騒動は少数の性急な農民を本多允釐が煽り立てたに過ぎないという松平や菅の主張に対抗するために、改革派士族の活動が徹底的に調べられていた（『山形県史』資料編 19 近現代史資料 1978：1040–43：佐藤誠朗 1981：212–14 も参照）。11 月 27 日に提出した 2 番目の建白書は県の「姦慝暴戻」(専制国家の悪行) に対して中央政府が適切な行動をするよう求め、天皇が「人民」に与えた「自主自由の権」を広く訴えていた。この件に関しては、金井、本多、それに県民は原告であり、松平と菅は被告である！と森は主張した。どんな権利があって被告が原告を拘留するのだ？　森はこうして政府機関による徹底した調査をし、松平および菅の更迭と新しい幹部との交替を要求した（佐藤 1981：214）。

❖　三島通庸新県令と従来からの抗議

　東京では陳情の嵐が吹き荒れ、明治政府は、県が効果的な措置を取っていないことに納得せず、この騒動を介入の口実として利用した。1874（明治 7）

年11月権参事の菅は辞職を強いられた。松平は留任を許されたが、12月1日に森は左院に呼び出され、内務卿伊藤博文から松平の上司として三島通庸を県令に任命すると知らされた。[5]三島（1835–1888）は当時39歳で旧薩摩藩士、戊辰戦争では幕府軍と戦い、すぐ政府機関に入り大久保の部下として信用を得た人物である（『山形県史』資料編2三島文書1962：358–59）。その後東京府の副参事を勤め、同時に府の視学官を兼務した。大久保の後押しで前任の坊条や大原と同じく、三島は農村部の体制の再建と県幹部の監督を担った。この頃庄内の理解者となった西郷隆盛は明治政府の幹部にとって新たな脅威となっていたし、大久保と伊藤にとって農村の社会不安と県幹部の動きも大きな心配の種になってきた。伊藤は部下の一人林茂平を派遣し、県政の実情を単独で調査させた。

　三島は12月の末に酒田に着任し、県庁に7人の忠実な部下を連れてきて配置した。彼は着任早々手腕が問われることになった。森は同じ12月急いで東京から戻り、そして1月17日には新しい県令に、これまでの酒田県の15の「罪」をあげて嘆願書を出した。下記の文はその一部である。

1、松平と菅は布告第222号を伝達することを拒否しただけでなく、石代納を嘆願した者を逮捕した。

2、二人は大蔵省を欺き石代納を認めないことによって、数十万円の利益を得た。

3、二人は雑税の廃止運動を抑圧し、松平正直の裁定を故意に不正確に伝えた。

4、彼らは不正な枡を使って不当に米を徴収した。

5、第2次酒田県成立後、公金を私的に流用した。

6、全芸娼妓を解放し人身売買による売春を禁止した国の指令を実行することを拒否した。

7、囚人に飲食物を与えることを許さず、東京に嘆願書を持ち込むことを阻止し、民権を侵害した。

5　庄内は第二次酒田県に再編された際、松平と菅が実権を握った。常勤の県令の任命によって伊藤は、第二次酒田県を他の県と同じ組織とした。

第 8 章　ワッパ騒動の新たな展開──地方から中央へ──

　三島がすぐには答えなかったので、森は伊藤が庄内に送りこんでいた内務省役人の林茂平に回した。林も保留し、その後すぐ東京へ戻り、本省の指示を求めた。森はそれでもくじけずに林を追って上京し、告訴を受理させるために 2 月中旬には林と内務省に再三足を運んだ。一か月後ついに森は内務省に呼び出された。しかしそこでも林は森の建白書は受け取れないと告げた。林は森の言い分には同情するが、同僚たちが一緒にやると言わないのだと言った。内務省の拒否は単なる手続き上の理由によるものだった。「もしこれが嘆願だとすると県の承認のないものは受け取れないし、建白だとすると元老院に提出すべきだし、さらに訴状だとすると司法省に提唱すべきものだ」（佐藤誠朗 1981：217–18）。

　公式には拒否したものの、林は伊藤に最終報告書を提出し、県が米を売って得た利益と松ヶ岡の事業についての労働力と物資の徴発について疑義を指し挟んだ。林はまた本多とその他の拘束された人たちの釈放を主張した。ところが一か月もしないうちに林は病死した。森にとって闘う一つの道は閉ざされたが、これから見ていくように、彼は農民と直接協力し建白書と訴訟に取り組むこととなる。

　森が東京で林に圧力をかけている間にも、新任の県令三島は迅速かつ積極的に県政を進めた。訊問担当者たちは 1 月いっぱいかけて拘束していた百姓たちの言い分を急いで聞き取った（『ワッパ騒動史料』上 1981：76–109）。2 月にはこれらの言い分を読んで処分原案を作成した（『ワッパ騒動史料』上 1981：109–11）。8 人の士族の内 5 人は無罪、一方金井、大友、本多は有罪とされた。本多はもっとも厳しい禁固 100 日という処罰を受けた。25 人の農民も有罪とされ、2 円 25 銭の罰金から、1 年の重労働まで様々であった。白幡五右衛門と佐藤八郎兵衛は 30 日の重労働とされた。

　三島はそれと並行して、田川 44 か村の村長と戸長の公金の扱いについても調査を進めた。2 月中旬には農村部の統治組織の改革も発表した（『ワッパ騒動史料』上 1981：128–34）。県の全肝煎は解任（700 人以上）され、新たに選挙に立候補するように命じられた。この事は、8 月の抗議行動を起こした者にとって勇気づけられるものになった。なぜなら、現職の肝煎はほとんど再任

されなかったからである。再任されたのは、京田組 20 か村では 5 人、青龍寺組と嶋組 50 数か村では 2 人だけだった。一方で、有力な活動家が多く選任された。

　しかしながら、農民たちの楽観論は長続きしなかった。2 月末までにこれまでの県役人〔旧庄内藩支配層〕と同様に三島も支配体制を擁護しているのが明らかとなった。村長の選任と同時に三島は組と通の境界を引き直し、区長や戸長の組織替えを命じ、県の支配を一段と強化した[6]。三島は 100~200 石取りの士族を区長や戸長に当て、村役人たちをその部下とした[7]。新しい村長の権限は弱められ、選挙による選出の方法はまもなく中止された。松平は辞意を表明したが、引き続き三島の部下として慰留させられた。

　三島は 44 か村の肝煎たちを調査し、組村入用費のごまかしを明らかにした。肝煎達に何回も何回も証言をさせたが（『ワッパ騒動史料』上 1981：112-29）、同じ話が繰り返された。雑税はただ「従前の旧習によって」行われたとし、役人への新年の付届け、折々の進物や供応は「慣習」として行われており、組の経費のうちのごく一部だったと説明した。地券調査費も似た様なものだった。土地測量と記録は農民の責任だとされていた。しかし、「当然農民には不可能だった」ので、その仕事は肝煎たちの肩にかかった。だが彼らにとっても複雑だったので鶴岡に集まって「読み書き計算」のできる士族を雇った。これは 1873–74（明治 6–7）年の冬の数か月かかり、鶴岡滞在費と士族への報酬が必要だと彼らは申し立てた。これらの「控え目な」経費は地券調査費の基礎となった。

　三島はそれらの理由や計算の結果を受け入れた。3 月末の三条への報告書で小さな間違いについて謝罪した。これらは、それまでの県のやり方が「時代遅れ（旧慣）」であったからで、1870 年代までの残滓に過ぎないものだった。今の県は行政改革を行ったので確実に明治維新の路線に乗っていると三島は三条に報告した。そして、1874（明治 7）年の騒動についても、反逆者本多が

6　それまでの田川の 5 通は 4 大区に統廃合され、飽海は 3 郷から 2 大区になった。大区の下に 2~4 の小区を設けた。

7　各小区には 1 人の戸長、2 人の用掛、1 人の計算掛を置いた。

179

第 8 章　ワッパ騒動の新たな展開——地方から中央へ——

だまされやすい農民を扇動したという松平と同じ説明を繰り返した（『ワッパ
騒動史料』1981：71–75）。

❖　嘆願から法廷へ

　三島の改革は、三条や大久保同様、農民にとってもほとんど満足のいくも
のではなかった。それで嘆願者たちは苦情を聞いてもらうためにもう一度東
京に向かった。4月7日、5人が警視庁に告発の建白書を持ち込んだが受け
付けられなかった。その写しは一部も残っていないので、それを作成する上
で、森の助けを借りたかどうかはわからない。5人はまもなく森と連絡を取っ
た。10日後、森は司法省裁判所に代言人として別の建白書を持って出頭し
た。これは彼らが「田川地方の村の代表」であるという証明の印鑑がない
ので受け付けられなかった。

　5人のうちの2人は庄内に戻って文書を作成し、森が5月5日「県官曲庇
圧政の訴へ」という題をつけて「訴状」を提出した。11項目に及び、項目
ごとに詳しく実態を挙げ告発している。これまでの県政への不満を新しい観
点で整理し書き直したものとして一考に値する〔「訴状」のあらましは、佐藤誠
朗 1981：218–220 を引用し一部修正を加えた〕。

1、種夫食米のこと（百数十年前から続く義務的な米の前借りで、年3割の高利息の
　取り立てになっていた）

　　1869（明治2）年6月、庄内藩が磐城平転封を命じられた際、および同年
　　7月、70万両献金と引替に庄内復帰が認められた際、農民たちは種夫食
　　米等を下賜するからとのことで、献金の説諭を受けた。しかしその後、

　8　土地所有でみると彼らの階層は広い範囲にわたっていた。備前村の金内儀三郎は
1876（明治9）年 2.4ha、下名川村の渡部与治兵衛は家屋敷だけ、大網村の渡部治郎左
衛門は 0.98ha、他の2人、谷定村の金野竜之助と後田村の斎藤由右衛門の土地所有は把
握できなかった。

　9　司法省裁判所。金井と数人の農民が前の年の秋に訴えをしたのと同じ裁判所である。
司法卿が長官を勤め、下級裁判所からの訴えを審理し、また政府の執行の調査を命ずる
ことができた（Ch'en 1981: 54）。

180

約束と違いなお年々種夫食利米を取立てている。人民を頑愚の者と侮り奸計を行っており、昨年来諸省へ上申しているところである。三島県令着任につき右の種夫食利米の廃止を願ったところ、三島は開産資本や小学校費に回すと称して取り立てを続けている。開産が士族のための後田林等開墾のことならば、士族のために開墾する入費を農民から取立てるのは筋違いである。また、小学校入費は毎年一戸につき 15 銭ずつ取立てられ、さらに入校の生徒からは一人につきおよそ 12 銭 5 厘を徴収している。開産資本・小学校費などと称して種夫食利米を取立てるのは、納得できない。

2、郷普請米のこと

郷普請入費はその年の景況により、その都度清算書を人民一統に示すべきところ、数十年にわたり清算書を差出すこともなく、定額の郷普請米を取立てるのは疑問である。

3、入作与内米のこと（不在地主に対する特別徴収税）

藩政時代に与内米を取立てることにしたのは、入作者がたいてい富有で貧民を救助するためであった。しかし今は名実相反し、貧民がますます貧苦にせめられるような仕法になっている。

4、夫食貸籾のこと

百数十年前から備籾と唱え 村石高一石につき年々 5 勺ずつを課出して農民に貸付け、年五分の利息をかけてきたのであるが、1868（明治元）年、酒田民政局は旧藩より 6 万俵余りを引取り、義倉と同じような性格を持たせ、凶作時の人民救恤のために備えることになった。ところが 1873（明治 6）年に至って、この籾は旧藩時代に士族が俸禄より貯えてきたという理由で、半分を貫属取扱用に下げ渡し、残りの籾は入札払いをすることになった。そのため備籾を借りていた農民は、一時に返済せざるをえなくなったが、それでは農民が大変難儀するというので、入札払いの分は県庁が代金を当分立替え、半額は旧慣に従って農民に貸付け、残りの籾は正米に直して一時に返済することになった。農民たちは大いに困った。それならば備籾積立ての蔵普請・番人等の入費は士族へのみ賦課す

べきなのに、かえって農民だけに課している。また右の籾の半額の入札払いの分は、代金を県庁が当分立替えるとある上は、代金はいか程になるものか、それを承知したうえで農民が望んで代金を上納したら籾を農民へ還付してくれるのか、布達文と今日の実際と錯雑しはっきりしないため、納得できない。

5、蠟漆税のこと

飽海郡は金で、田川郡は米で定額の税を納めている。米価は年々変動するものだから、この徴収方法は不公平である。実際に蠟漆を植え付けている村は、100か村に1村ぐらいしかないから、この税は廃止してほしい。

6、収納米枡のこと

本県では従前より御小屋枡というものが通用し、今でもなお租税上納の際に使用されている。今後は皇国一般に通用する正しい枡を用いるようにしてほしい。

7、後田村開墾につき賦役のこと

金穀そのほかの諸品、人足を徴発され、農民は大変迷惑している。士族救済のための開墾入費を農民に課する筋合いはない。

8、萱刈日用米、飼番代米、米搗日雇米、振人給米、納方内役手当米、酒田蔵番給米、高壱歩米のこと

廃止になったとはいえ、廃藩後数年間大蔵省にも納めないで取立ててきたものである。もし県官が横領したことが取り調べの結果明らかになったならば、下げ戻してほしい。

9、地券入費、組村諸掛入費のこと

1874（明治7）年8月中、戸長が金穀を横領しているという風聞が広まり、大勢の農民が戸長・村役人宅にせまり民費取立ての帳簿を調査した。地券調べの入費を名目として、人民に課してはならない金穀を取立てている例が少なくなかったので、即時人民に割戻すよう談判し、それに応じた戸長もあった。ところが、政府が本県騒擾の臨機の処分を参事松平親懐に委任したため、それを口実にして村役人らは、「県官の命令に背く人民は切り捨てもご免なり」と農民たちを恐喝し、割戻しの金子や割戻

すことを約束した証書を奪い取ってしまった。とかく三島県令以下新任の官員方は、旧任の県官や戸長・村役人のみ庇護しているようであるが、公明正大の詮議をして、前約のように割戻してほしい。

10、石代米売払過金のこと

石代納を願っても許可せず、県は、正米で年貢を取立て、大蔵省へは金10円につき米9俵2分5厘の値段で金納し、内実は商人に金10円につき平均5俵余りで売払い、1872–73（明治5–6）年におよそ20万円の利金を得ている。県では、内務省に対して石代米の請負金主は御用達商人であると上申しているが、実際は県官みずから請負ったに相違なく、一統疑惑をいだいている。公明正大の詮議をして、右の上納米金の差引をはっきりとさせ、過金を下げ戻してほしい。

11、戸長用掛、計算掛のこと

農民が騒ぎ立てたため、旧戸長・村役人は本年〔1875 明治8〕2月にことごとく免職になった。その後任には、「士族平民ヲ問ハス知識人望アリテ方今ノ形勢ニ通視シ事ニ幹タルニ堪ル者」が選任されると刮目していたところ、期待に反して、新たに任命された戸長・用掛・計算掛等は、すべて旧庄内藩士族・卒で旧藩中郡村掛などを勤めた俗吏が多く、平民から一人も選任されなかった。これは、あくまで旧戸長・村役人の罪悪をとりつくろい、人民を抑圧する手段であると憂慮している。公平の選任を行い、人民が安堵できるようにしてほしい。

森はこの11項目に続いて、訴状を提出するに至った経緯等を説明している。改革派士族の抗議と1874（明治7）年8月の騒動の長く詳しい説明、松平正直の取調と県および国に対する膨大な嘆願、これらの嘆願を抑圧しようとする県の動き、そして最後に、新県令三島は今や旧県庁幹部の味方になり擁護しているという告発であった。訴状は嘆願書によくある文章で「この段嘆願奉り候」と結ばれていた。5人の「農民代表」は承認の押印をしていた。森は訴状に第1~4号の県作成文書を証拠として添えた（『ワッパ騒動史料』下1982：58–62）。

この訴状はいくつかの点で重要な意味がある。農民にとっては、たとえば

第 8 章　ワッパ騒動の新たな展開──地方から中央へ──

1874（明治7）年10月5日に出した嘆願書よりずっと詳しく調べたことが書かれていた。森はこのような詳細な事実の記述が必要だと主張したようである。敬語を使ってお上の御慈悲を願う形で訴え不平不満の是正を求める従来の嘆願の方法を捨てた最初であった。ここでは、民事訴訟の直截な文体を使い、政府の方針への違反だと告発したのである。訴訟は直属の上役の承認を必要とせず、明治初期の楽観的な風潮の中で、庄内の農民のような平民もお上に対して訴訟を起こせると思い抱かせた。今回の森の訴状は、たとえば1月に三島に出した嘆願書よりずっと具体的に農民の苦労に焦点を当てて記述していた。その訴状では、一般的な国民の権利については何も要求していなかった。あとでわかるように、森はそれらを別の建白書に含めていたのである。またこの訴状は、前の嘆願書も今回の訴状も既に三島を旧県庁幹部の行動と一体のものとして批判していたが、要求の中心を旧県が公的に取り過ぎた分の返還（下げ戻し）へと移しつつあったことを示している。

　この訴状は、この年の春東京での森と農民たちの相互の意思疎通が図られたことを示す明確な証拠である。このことは、ワッパ騒動の期間中田川の農民が扇動者たちの言うままに追従して騒動に巻き込まれたという解釈が間違いであることを示している。すなわち、本多や彼の石代会社計画に魅せられてそそのかされ直接行動に出た結果、大量に検挙されたこと、次に、金井に説得され国に嘆願書を出したがこれも同じように失敗したこと、最後に、農民たちの混乱した怒りを整理し新たに表現した森にそそのかされたこと、これらは間違いである。森は優れた戦略家であった。1875（明治8）年の春に東京で影響力がある者がいるとすれば、それは省庁の役人ではなく元老院だということが彼にはわかっていた。彼の指導力はたしかにとても重要だったものの、彼の考えひとつによって集団が動くわけではなかった。仲間の田川の農民活動家たちも、卓越しており、彼の頭にある基本方針は大勢で行動を起こすことではなかった。彼の仲間の田川の農民たちも同じように粘り強くて想像力に富んでいた。初期の抗議行動もそうだが、ワッパ騒動も一部の指導者が多数の農民を操った結果起こったという説明は単純過ぎる。

　ここでまた司法省は責任逃れの行動をとった。司法省は、3週間経ってか

ら森と農民代表に伝えたが、その頃には司法省内の上等裁判所は廃止されて
おり（5月4日）、本件訴訟は福島上等裁判所に移されたので次の開廷（まだ開
設していないので）まで待つように申渡された。森はその裁判官早川は明らか
に原告の地位に偏見を持っているとして抗議した。2年前改革派士族の県へ
の訴訟を却下したその張本人だったのである。森は福島以外ならどこでもい
いから裁判所を変えてくれるよう頼んだが、司法省は拒否した。陰険な態度
で「規則は曲げられない」と言い張ったのである（『ワッパ騒動史料』下：116、
佐藤誠朗 1981：221）。

　森は庄内の農民と一緒に動きながらも、より広い「人民の権利」という理
念のもとで、県政の抜本的な改革を模索しつつ彼自身の闘いを続けていた。
1874–75（明治 7–8）年の東京は、ジョン・スチュアート・ミルについて熱心
に議論され、個人の自由と立憲政治についての討論で熱くなっていた。森は
これらの話を熱心に聴き、まぎれもない立憲主義者、そして鋭い政治評論家
になっていた。1875（明治 8）年の 2 月、種々の自由主義的な政治団体が一緒
になって「愛国社」（Scalapino1965：58–59）を結成した。この反政府勢力にど
う対応するかを憂慮した大久保は、当時は政府の有力な指導者となっており、
左院の代わりに元老院を置き、これに強い権限を与えることにした。この結
果、後藤象二郎と河野敏鎌を含む自由主義的人物を元老院の構成員として政
府に引き寄せることになった。しかし大久保は後藤や河野らが要求していた
裁判権には同意してなかった。森が庄内の問題を持ち込もうとしていたのは、
まさに元老院の自由主義的活動家と官僚主義的保守派の大久保との戦いの最
中であった。そこで森は新しい元老院とその幹部の後藤に希望を託した。農
民たちと提訴した 5 日後の 5 月 12 日、森はもっと徹底した建白書を作成し
後藤に提出した。それは三島と県幹部に対する 10 項目の告発で始まってい
た〔以下の「建白書 10 項目」は、佐藤誠朗 1981：221–223 を引用し、一部修正を加えた〕。

1、酒田県は出納を公布しないばかりか、出納に曖昧なものが多い。たとえ
　ば租税上納に際して政府は金納・米納のいずれも許可しているのに、本
　県では必ず米穀で上納させている。また、浮役米と称する雑税は諸県に
　ないものである。大蔵省にならって概算表を作り県下に交付して、出納

を明らかにする必要がある。

2、本県の学校は旧弊を墨守し、四書五経の句読にとどまっている。三島県令が来て改正された点もあるが、まだ旧弊を脱していない。私塾が盛んで文部規則による教育が行われていない。また人民を差別し、士族・平民および従前の穢多・非人を区別し、同じく学ぶことを許さない。

3、区戸長の選任について。本年2月に新たに戸長・村吏を任じたが、新任の区戸長はことごとく旧庄内藩士族・卒あるいはさきに免職になった戸長らである。これでは人民を圧制・抑圧する旧態を変えることはできない。これらの区戸長をしりぞけ、学問があり当今の時勢を知り、重責を担える者を選任すべきである。

4、県会を設けること。区・戸長に人材を得るならば、一年に3、4度県庁に会して、県官とともに県政を論じ施政の大綱を議定し、上下の情を通わせ県官の横暴を押さえることができる。

5、本県では田畑の境界を正さず、また田の生産力によって税の多少を定めていない。藩政時代の帳簿によっているのは、参事松平親懐以下の姦吏が藩政改革のときに公田を私有し、それを隠そうとしているからである。旧弊を改めるため、すみやかに実測を行って境界を正して地券を交付し、生産力によって税の多少を定めてほしい。

6、新聞局を開くこと。県官の邪正と民間の利害を論じ、これを新聞局に投じて委細を掲載するならば、姦吏は罪悪が明らかにされることをおそれ、県官の暴戻を押さえることができる。

7、芸娼妓を解放すること。三島県令は解放令を出したが、実効はない。すみやかに改革してほしい。

8、県官は、貫属士族の私田を開墾しようとして、みだりに農民を使役し、その雇賃を支払わない。

9、酒田県は旧藩の軍事組織を解かず、旧藩の制を踏襲し軍事組織の名称も改めず、士族を束縛している。旧藩の軍事組織を解き士族をそれぞれ職業に就かせるべきである。

10、本県参事松平親懐一派をしりぞけなければ、本県の騒擾は治まらない。

以上のことはいずれも本県の急務であるが、とくに姦吏をしりぞけることがもっとも重要である。

森は続けて、松平親懐は三条や岩倉に取り入ることができたと書いている。そして三条や岩倉は松平を擁護し、松平の依頼を受け三島の県令受諾拒否を阻止したと言った。最後に、森は立憲政体を公言した 4 月 14 日の 詔（みことのり）に言及した。この詔は、天皇と人民がともに政府を創り、それによって人民の自由が保障されるという希望を森に抱かせるものだった。しかし、残念なことに酒田県の人民は「悪徳役人」と彼らの「独裁と暴力（苛政暴斂）」によって押さえ付けられていた（『ワッパ騒動史料』下 1982：62–65）。

　森はこれを後藤に提出したのと同じ時期に東京の二つの新聞（『東京日日新聞』5 月 23 日付と『郵便報知新聞』5 月 25 日付：『ワッパ騒動史料』下 1982：297–98）に記事を掲載した。続いて元老院には 6 月 2 日下記のような趣旨の 2 回目の建白書を提出した〔「建白書」は、佐藤誠朗 1981：223 を引用し一部修正を加えた〕。

　　酒田県新置以来、県官の横斂苛政ははなはだしいものがある。このため人民は騒然として内務・司法両省に訴えたが受理されなかった。昨年八月には大勢の農民が戸長・村役人の不正を追及して騒動となった。
　　その際朝廷が酒田県の申請を容れて臨機処分の権を与えたため、県官はますます勢いをえて、県政を論ずる者百数十名を捕らえて獄にくだした。私は県官の悪辣な行為に憤慨し県官の処罰を請うたが、朝廷は県官を処罰しないばかりか、かえって彼らを庇護した。そのため三島県令もまた松平親懐らと附和し、金井質直、本多允釐らを罰した。県官の悪辣な行為は、ひとり本県の人民が非とするだけでなく、天下の士庶もこれを非とする者が多い。ところが朝廷は天下の公論を信ぜず、ただ三島県令や松平親懐らの説を偏聴していると受け取れる。
　　朝廷は、すみやかに金井質直、本多允釐らの罪を許し、県官とともに司法省に呼び出して対弁させ、正院・内務省・警視庁の官員でこの事件に関係した者を傍聴させたうえで、曲直邪正を判然とした公明正大の審判を下してほしい。（『ワッパ騒動史料』下 1982：66–67）

第 8 章　ワッパ騒動の新たな展開──地方から中央へ──

　森は本件を新聞に掲載し続け、2 回目の建白書についての記事を『郵便報知新聞』の 6 月 2 日付（『ワッパ騒動史料』下 1982：297–98）と『東京日日新聞』6月 7 日付に書いた。[10]

　さらに重要なことに、政府が全国の県令と地方行政官を東京浅草の本願寺に集め、第一回地方官会議を開いたのも 6 月だったのである。この会議はほとんどの先進的な民権家を東京に集めることになり、彼らは会議の成り行きを傍聴した。森が河野広中に初めて会ったのはこの会であり、河野は福島の活動家ですでにその頃全国的に知られていた。河野の日記には、会議の期間中彼の旅館の部屋は夜も昼も民権活動家で満員であったと書いている。森は頻繁に訪れたとあり、河野は森を称賛し「今惣五郎」と呼んで称え、酒田県の人々を守る努力をしたと書いた。[11]

　森は元老院に圧力をかけ続けた。6 月 22 日、松平も出席していた地方官会議が開会中であったが、元老院に 3 回目の建白書を提出した〔「建白書」は、佐藤誠朗 1981：224 を引用し一部修正を加えた〕。

　　5 月 12 日に「酒田県革治ノ条件十事」を述べたが反応がなかったので、

10　この 2 紙は、どの程度早い時期に、どのような制限のもとで政府が選挙を実施して、民選議会を召集すべきか、という国民議論を繰り広げていた代表的な新聞であった（新聞と 1874–75 の議論については Huffman 1983 を参照）。他の新聞はこの論争を風刺的に報じた。6 月 14 日の朝野新聞は「文盲堂猿犬」という匿名の読者の数え歌を載せた。それは 10 番までの歌詞で、各歌は「○○はなぜできないの？」「△△はできたじゃないか？」といった調子で時事問題を当局に迫っていた。条約改正、教部省の廃止、東京民会、東京公園、朝鮮和約…等々。1 番は「民選議院はなぜできぬ、元老院は建ったじゃないか」で、10 番までの中の 4 番に「酒田県官の処分はなぜできぬ？　命を投げ出して森氏は建言したじゃないか？」と庄内の問題もあった（『ワッパ騒動史料』下 1982：300–301）。投稿者は特定できないが、筆者は森自身だと思っている。森の言葉は、皮肉ではなく機知に富んだ批判だった。

11　服部 1974：161 は河野の日記から引用して河野は森に会ったと言っている（工藤 1981：30–31 も参照）。佐倉惣五郎は 17 世紀の農村の指導者で、農民に代わって農民の税の軽減を領主に嘆願して処刑された人物である。彼は伝説的な殉教者になった。そして明治初期には「第二の惣五郎」として称賛されることがよくあった（例えば福沢諭吉の用語の使い方、青木：1974：189）。

6月2日再び建白し、すみやかな明裁を請うた。以後20日経ったが、いまだに朝意のあるところを知りえない。

私は、県官の機嫌を取るずる賢い者が廟堂にいるため、私の建言が遮蔽され不問に付されているのではないかと疑いたくなる。人民が被告として告発している参事松平親懐を、原告たる人民の代表として地方官会議に参加させるのは、理解に苦しむ。「地方官会議ハ文明ヲ外粧シ開化ヲ虚飾シ人民ヲ愚盲スルノ一手段ニ過キス」と言わざるをえない。

今日諸県の人民は王化に向かうように見えるが、まだまったく怨声を聞かないわけではない。これは、廟堂がいたずらに会議の席上で外飾の空論を盛んにし、さしせまった人民の困難を不問に付しているからである。いまこれを正さなければ、国家の大患をもたらすかもしれない。一小県の瑣事であっても、朝廷は曲直邪正を審判し、国家の憲法が公明正大であることを天下に示し、人民を満足させるならば、地方官会議開催の実効もあがり、朝廷の隆盛を見るだろう。

私のさきに提出した建白の取捨如何をうかがいたい（『ワッパ騒動史料』下1982：67–68）。

数日後、5月の訴訟を一緒に行った農民たちは森に代表権があることを書面で残してようやく東京を発った[12]。1875（明治8）年の春から夏にかけて庄内で何が起こっていたかに関してはほとんど手がかりがない。1874（明治7）年の騒動の時とは対照的に、代表らが東京に行って嘆願書を出している間の抗議行動や扇動の記録は田川の村々には何もない。しかし県の役人たちは東京での嘆願に神経をとがらせていたことがいくつかの証拠でわかる。たとえば5月には三島は田川の村々に部下を派遣していた。県は肝煎宅や寺をいくつか選んで、周囲の村々から農民を集めた。8月の騒動に村民が積極的に参加した村では全員が集められたし、その他の村では2、3人の代表が呼ばれた。

12　農民たちは東京に数か月滞在した。服部（1974：189）は、農民たちは田川の村人から旅費と滞在費として計440円支払われたと述べており、この事は広い範囲の人民のために行動していた証拠である。

役人は集まった村人に、県の命令はすべて厳格に守るように告げ、もし従わない場合はどうなるかを警告した。また扇動者を支持することを控えて動かなかった数少ない村を取り上げて賞賛した。〔8~9 月三島自身が回村した際〕上清水村の隆安寺の住職のような活動家を名指しで叱りつけた〔佐藤誠朗 1981．261–263〕。

　元老院に話を戻すと、森の訴えは、元老院の権限についての元老院と大久保との激しい論争をいっそう煽り立てた（『山形県史』近現代資料 11978：1075–82）。森は 7 月 3 日元老院に呼び出され、詳しく審問を受けた。その後、後藤の派閥が大久保・伊藤、内務省の抵抗を克服し、その公聴会（垂問）を開いたのはやっと 7 月半ばであった。元老院では、松平は県の措置についての答弁書を提出するよう求められ、森をもう一度呼びだした。8 月 2 日、口頭での証言に加えて書面でも提出したが、それは以前の建白書の内容をさらに念を押したものだった。[13] 元老院は 9 月の会議中に何度か審査をした。それでも明確でない部分があったので、権大書記官の沼間守一を庄内に取り調べのために派遣した。

　沼間が派遣されると聞いた森は心が躍った。この 32 歳の男は、金井質直と同じく長沼流兵学を学び、1869（明治 2）年末の 3 か月間酒田で民兵訓練をした（ただ、この時から森と個人的に知り合っていたかどうかははっきりしない）。1872–73（明治 5–6）年にはイギリスで法学を学び、この時は元老院の権大書記官になっていただけでなく、河野敏鎌とともに法律と言論の自由についての法律講習会を設立し活動していた（Lebra 1973: 63–64）。

　森は 1875（明治 8）年 10 月、急いで庄内に戻った。東京での嘆願と訴訟に明け暮れたその年は終わろうとしていた。これまでの騒動全体を振り返って考えて、この年は最終段階のひとつ手前の第 3 段階に見ることができるかもしれない。佐藤八郎兵衛が 1873–74（明治 6–7）年の真冬に石代を金納にする要求を出したときに、庄内の農民たちを悩ませた県役人について、東京の政

13　これは「酒田県治ノ件ニ付御垂問ニ対スル書面御回答」という題が付けられていた〔これは佐藤誠朗 1981：224–226 を参照されたい。原著の注 13 には『ワッパ騒動史料』下 1982・68–73 となっているが、それは翌年 5 月 2 日の児島判事宛て訴状である）〕。

府によって全面的な調査が行われようとは想像できただろうか。それにしても、この一連の成り行きと突然の方向転換は、意外で予測不可能なことで他に例を見ないものである。

第9章

中央政府の出番
——沼間の取り調べと児島の裁判——

略年表

1875（明治8）年10月	元老院書記官沼間守一が鶴岡に来て取り調べを行う。
1875（明治8）年12月〜	沼間の報告書が元老院に提出される。
1876（明治9）年4月	司法省の児島惟謙判事が鶴岡に来て裁判を行う。
1876（明治9）年8月	鶴岡県と置賜県が山形県に統合される（初代県令は三島通庸）
1876（明治9）年11月	地租改正による地租金の納入が命じられる。
1877（明治10）年1月〜	金井質直、大友宗兵衛、森らが数度にわたって判決を督促する。
1878（明治11）年6月	児島判事の判決が下りる。

　沼間守一の到着は森藤右衛門や田川の住民にとっては待ちわびていたことであったが、三島通庸にとっては都合悪く、まさに地租改正についての調査に結論を出そうとしていた時だった。庄内の地租調査と田川地方の抗議行動や森の建言との間に直接の関係があったかどうかは、現存する資料からはわからない。しかしながら、おそらく農民の抗議行動と地租調査の関連はあるだろうし、沼間の取り調べとのちの児島惟謙の裁判を取り巻く地元の状況がどうであったかを正しく認識するためには、庄内でどう地租調査が行われたかの経過をたどってみなければならない。

❖　庄内における地租調査

　試行錯誤を繰り返した後、政府は全国土地台帳と土地生産力によって算定された地価による地租の総合的改正案を発表した（丹羽 1966）。1875（明治8）年までに大部分の地方では必要な調査が順調に進行した。庄内でも 1875 年

第 9 章　中央政府の出番──沼間の取り調べと児島の裁判──

までには新しい手続きに従って完了するようにとの厳しい命令が県に下っ[1]
た。これは酒井忠勝が入部後に行った 1623（元和 9）年の検地以来の初めて
の完全な土地測量であった。実際、日本の歴史上における土地所有と納税の
四大改革のひとつであり、7 世紀の大化改新、16 世紀末の秀吉の検地、第 2
次世界大戦後の農地改革に匹敵するものであった。この庄内で行なわれた土
地改革のもっとも重要な特徴は二段階に分けて完了したことである。第一段
階は帳簿に登録されている土地の確定であり、第二段階はその土地の新しい
税負担の計算であった。土地の確定は主に 1875（明治 8）年の晩夏から秋に
かけて、個々人の何千もの区画を測量して集計する「帰納的」な方法でな
された。しかし税負担の計算は 1876（明治 9）年冬から春にかけて行なわれ、
あらかじめ準備された計算式に従って「演繹的」になされた。[2]

　国の法律では、はじめ登録された所有者によって各区画が測量されること
になっていた。所有者は各区画の畔に立てた竹の棒につけた札に面積を書い
ておくのである。庄内では、主に現地の調査と一部抜き打ち検査と、村長同
士の交渉によって、全区画の実際の測量と、各区画の「所有者」の記録と、
村の境界線を再編成するための区画交換が成し遂げられていった。[3]

　それまで庄内では実際よりも少ない面積で登録することが広く行われ、ま
た役人への不信感もあり、このような調査は大きな怒りを呼ぶ事業であった。
その夏いっぱいかかって三島は村々を自分で巡回して歩いた。表面上は調査
の手順を説明するためであったが、もっと正確に言えば反対する農民たちを

1　8 月 31 日、酒田県は鶴岡県と改称され、2 週間後村々から人夫が徴発され、県庁は
鶴岡の旧藩校の校舎に移転した（『山形県史』資料編 2 三島文書 1962：58–59、60–61）。
三島と松平親懐はこの移転を実現させようとしばらく画策していたが、それも「鶴岡周
辺の田川の村々を支配するには鶴岡の方がずっとやりやすい」と考えてのことだったの
は明らかだ。『山形県史』資料編 19 近現代史料 1 1978：1070–71 には、松平が大久保に
送った移転を必要とする理由が、酒田の庁舎は狭すぎるし、鶴岡は城下町でここなら人
民に存在を示し秩序を回復するのにも役立つなどと書かれている（ところがまさにこの
年、城は解体された！）。
2　これは大山のある肝煎の回顧録によって書いたものである（『山形県史』資料編
19 近現代史料 1 1978：190–92）。筆者は『大山町史』1957：500–12 と『鶴岡市史』中
1975：327–50 の考察も参照した。
3　飛び地整理のやり方は秀吉の検地の村切りによく似ている。

威嚇して睨み諦めさせるのが目的であった。三島は村長の家とか神社、寺院に全住民を集め、部屋の上座の椅子に数人の部下と座り、両側には帯剣した邏卒を並ばせ、いかめしい顔で演説をした（『山形県史』資料編 2 三島文書 1962：58–59、60–61、この模様については佐藤誠朗 1981：261–63 参照）。国の示した期限に従わねばならないという圧力と、抗議行動をおさえるという決意のもとで、全出席者にこの調査等について一切論じることを禁じた。調査の結果は予想以上のもので、庄内の全耕地面積は 2 倍に登録し直された。東北あるいは全国での増加面積平均よりも大きい地域のひとつだった。1875（明治 8）年の収穫期、そんな一触即発の状況の中、沼間が鶴岡に到着した。

❖ **沼間の取り調べ**

　10 月 3 日、沼間は 3 人の元老院の職員を伴って庄内に到着し、鶴岡の大昌寺に取り調べ室を設け、約 1 か月にわたって取り調べを行った。沼間は、県庁役人と松ヶ岡の士族 15~20 名、そして全田川からさらに多くの村長と戸長を呼び出した。また 1874（明治 7）年 8 月の騒動の扇動者達の多くからも聴取した。連日、この訴訟で手を組む田川 21 組は、それぞれ 6 人を傍聴させた。収穫期の仕事の後の疲れた体をものともせず、裁判所のある寺の前には成り行きを見ようと大勢が集まった。毎日の傍聴者には少額の日当が組から支給された。1 日当たり 1 人 50 銭で、126 人の 60 日分で総計 3,780 円になった（『ワッパ騒動史料』下 1982：120）。その他の大きい支出としては、沼間に提出する嘆願と資料を文書にまとめる費用で、後に森はそのための支出を 400円だとしている（1 枚 10 銭で 4000 枚であった『ワッパ騒動史料』下 1982：120）。

　11 月初めに沼間は取り調べを終えて、7 日には東京へ向かった。東京で約 6 週間を費やして元老院に口頭で証言し書類を提出した。これは庄内でも東京でも緊張の高まった数週間であった。沼間の不在中に中央では、元老院の独立した方針に対して懸念の声が高まっていた。8 日には三条実美<ruby>実美<rt>さねとみ</rt></ruby>は後藤象二郎に書簡を送り、沼間の取り調べの真意を知らせるよう求めた。後藤は返事を出し、森の建言について取り調べるために沼間を送ったのだと答えた。

第9章　中央政府の出番——沼間の取り調べと児島の裁判——

それでは元老院は明らかに権限を逸脱していると三条は警告した。

　ちょうど同じ時期、三島は厳しい内容の抗議文を大久保に送った。沼間は、本多允釐、森、さらに農民数十人から多数の証言を得た一方で、県には弁明の機会を与えなかったと憤然と訴えた（この主張には根拠がないことが、沼間の報告書によって明らかとなる）。沼間が去った後、相当な税の返還があるはずだといううわさを金井と本多と大友が流したので、農民はまたもや騒ぎ出したと三島は報告した。[4]

　三島の報告は誤っていたが、農民たちが騒ぎ出したのは確かであった。まず、土地測量の完了が近かったし、測量の結果面積は2倍になっていた。さらに、沼間が鶴岡にいる間は時間がなく、多くの村について不適切な徴税と支出を調べたりすることができなかったので、出発の前日、それらの村の農民に命令を出し、旧戸長、村役人と直接会ってこの件に関する合意文書を作成して準備をするようにと言った。そしてそれを東京に送るよう命じた。旧戸長、村役人との話し合いは11月いっぱい各地で行われたが、誠意をつくした交渉を期待した人々にとっては意に沿わないものになった。多くの交渉では両者が対決し、農民側が帳簿を奪った。例えば大山では帳簿を強奪したあと、農民たちは集会で次のような確認をした。1873（明治6）年の土地調査の経費として徴収された総額967円のうち533円以上は村役人らによる不正使用であり、飲酒、使用人手当、私的な旅行などに使われたとしている（佐藤誠朗 1981：263）。

　本多もまた活発に動いた。例えば清川組6人の農民と一緒になって鶴岡で旧肝煎を数日間拘禁し、帳簿について聞き取り、一札書かせ判を押させた。本多の「扇動」やそれによる「社会不安の拡大」について、三条と大久保に何回か警告し、沼間に抗議した後、三島は主張を訴えるために自ら東京に行った。

　主だった活動家たちは再びそれぞれ動き出した。本多と農民たちは、役人の不正を暴き返還要求を続けた。金井はすでに興味を失い、完全に手を引い

　4　三島は同じような文面の手紙を沼間にも送った。この二つの文書は手に入らなかったので、筆者は佐藤誠朗 1981：264–68 によった。

196

ていた。森は後に金井のことを「仲間たちに背を向けた」と書いている。金井は以後一切この運動にかかわることはなかった。しかし森と大友宗兵衛は、東京での政府の動きを注視していた。大友宗兵衛と森藤右衛門は大森宗右衛門という筆名で執筆し、三島を鋭く攻撃した。それは、『東京曙新聞』12月5日付に掲載された（『山形県史』資料編2 三島文書：50–52）。その中で県令のさまざまな遊興ぶりを列挙し、沼間の面前での県と村役人の「狼狽」ぶりも面白おかしく書いている。森と大友は、沼間に圧力をかけるために2日後に東京に着いた。

　怒った三島は東京上等裁判所に2件の名誉棄損訴訟を起こして反論した。1件は『郵便報知新聞』の大森の記事について発行者に対するもので、もう1件は『東京曙新聞』12月5日の記事に対するものであった。法廷闘争にしり込みするようなことは決してなかった森は、両編集長の「裁判代言人」として出廷した（『山形県史』史料編2 三島文書 1962：52–56）。しかし、裁判所は両編集長に有罪判決を下した。両人は名誉棄損の罪で罰金200円と禁固1か月とされた。しかしながらこれは沼間の取り調べを通じて明らかになる対立の構図の余興に過ぎなかった。

❖　沼間の報告書

鶴岡県の商人森藤右衛門の建白書に関して、この年の9月に綿密な事実調査のために県に行けとの命令書を受け取りました。10月に到着以来追々詳細な事実調査、事柄の真実と虚偽、証拠のあるなしを確かめるために質問しました。事実と証拠ははっきりしていて、松平参事や部下の国法や規則に対する違反などは少なくありません。それで明確な証拠を挙げささやかな私見を付け加えました。（『ワッパ騒動史料』下 1982：148）

　このようにして沼間の膨大な報告書が12月2日から1月15日にかけて5回に分けて元老院に提出された。沼間はこれを整理して、県政における違

_____

5　12月2日、12月8日、12月17日、12月27日、1月15日の5回であった。全文は

反の調査報告書とした。それぞれの違反は口頭と書面による証言で、第一証、第二証等と証拠を提示している。この報告書は、森が 5 月 12 日に元老院に提出した最初の建白書に概ね基づいて、沼間が審問の準備をしたことを裏付けている。この調査結果というのは本質的には森の証言を裏付けるもので、県や地方の役人に対する以下の 7 項目の告発だったといえる。

（1）地租の金納許可の隠蔽と貢米販売のごまかし

金納が認められるという国の方針を県が無視して、税はすべて米の現物納にするように命令したことを沼間は確認した。県は納められた貢米のうち 5,000 石を大蔵省に上申せず独自の判断で勝手に売り、その代金は 22,735 円余になった。その内、大蔵省に上納した石代金 11,380 円余を差し引いて得られた利益は 11,354 円余となる。つまりざっと 2 倍の値段で販売していたことになる。これは当時の松ヶ岡の事業に使われた。税務関係役人山岸貞文の証言を引用し、佐藤八郎兵衛、鈴木弥右衛門その他の櫛引の農民たちに伝えた県の口実は虚偽だと沼間は認定した。しかし山岸は米の物納制度は「県全体の利益のために行った」（『ワッパ騒動史料』下 1982：148）のであると主張した。

沼間は、村長や戸長たちが税をごまかす企みに共謀したかどうかを調べるのにしばらく時間をかけた。松平親懐が 1874（明治 7）年の 4 月に内務省に提出した文書では、こういう連中に共謀の責任があると指摘していたからである。沼間は黒川組の矢田部孝保から次のような証言を得て納得したようだ。すなわち、1874（明治 7）年の 3 月以前には金納の指令は受け取っていないが、この年、近くの嶋組戸長の息子が県の税務担当者からの 2 年前の石代納の布達写しをもって来て、1872（明治 5）年の手元の帳簿に記入しておくように言われたので、「私は記入した」（『ワッパ騒動史料』下 1982：150）と認めた証言である。その後、松平正直が調査を行った際、松平親懐と菅実秀は戸長に対して日付けをごまかした他の文書も要求した。沼間は少なくとも 1874（明治 7）年まではすべての役人が不正に関わっていたと結論づけ、彼等の行動は明確な法律違反であり、不正に得た利益は納税者に返還すべきであると要求した。

『ワッパ騒動史料』下 1982：148–239 を参照のこと。

もう一つ沼間が気付いたのは、太陽暦の採用で貢米の納入期限が変わったことに県が配慮しなかったことである。以前より暦年の年末が約1カ月早まったにもかかわらず、県は引き続き年末までに満額納入すべきであるとしたのである。納入日に遅れた者は家屋財産を没収し競売にかけるという過酷な県の措置を沼間は批判した。

（2）公用地の私的所有

証言で明らかになったのであるが、県の役人が土地の所有権をごまかし、役人やその友人、関係者が公有地を所有することになった例が数件あった。それらの事例には公有林とか広大な城の外堀を埋め立ててできた土地も含まれる。これは公有地として返還すべきだと沼間は勧告した。

（3）公金の流用と士族の私的な事業（松ヶ岡開墾）への労力奉仕

松平と菅は松ヶ岡のような私的事業を公的事業とみなす誤った考えを持っていて、公共の資源と時間をこれらの事業に転用し本来の責任をおろそかにした、と沼間は批判した。沼間は池田賚〔悌三郎〕の証言も取り上げた。池田は、松ヶ岡を含む櫛引組担当の県役人だった。池田は勤務時間の半分は松ヶ岡開墾に従事してさまざまな指図をしていたことを認めた（『ワッパ騒動史料』下 1982：164–65）。矢田部は、「寸志」と称して人夫を出すよう命じられたと証言し、後に、黒川の農民たちが松ヶ岡で「寸志」の外に延べ8,857人働いたという明細書を沼間に送ったと証言した（『ワッパ騒動史料』下 1982：160–61）。沼間は松平の報告は事実と異なる点がかなりあり、農民は徴用分の賃金と物資代は支払われるべきと勧告した。

（4）村役人による村入用の私的流用

森の建白の通りだと沼間が思ったのが、村役人たちは村入用を個人的なことや宴会等の娯楽などに恣意的に支出していて、これが8月の騒動の根本的な原因になっていた点である。さらに、沼間は、県がこういう不正を調査して返還を命ずるのでなく、逆に彼等をかばい、国への報告書でも弁解したことを発見した。

また、矢田部は、とくに1873（明治6）年の土地実地測量をしなかった事情等を報告した。矢田部は、調査経費が高く見積もられたのは県の命令がた

びたび変わって困難だったからだと述べ、1873年10月初め、鶴岡の寺を借りて村役人たちと帳簿を調べ始めたと説明した。数週間後、矢田部は櫛引通の他の戸長たちとともに池田賚に呼び出された。池田はそのころその地区の租税担当に再任されていた。池田は実地調査を行うべきでなく、むしろ全部の田に対する税率を一律50%として税負担を実際以上に増やすべきだと勧告した。戸長らは、農民たちはこのような調査が進行中であるのをすでに知っていると抗議したが、池田はそれを退け、もはや松ヶ岡に関係できなくなるぞと脅した。彼らは松ヶ岡に若干の出資をしていたのである。その後で彼らはまた呼びだされて、ついこの間帳面につけたばかりの税金を今度は下げるよう指示された。矢田部は、こうした経緯のために経費が非常に高くなったのだと主張した（『ワッパ騒動史料』下 1982：159–60）。

大山近郊の西郷組の村長と肝煎が、彼らと戸長が鶴岡の別の寺に集まって帳簿を調べたと証言した。酒田県は独自に土地調査終了の期限を決めていた。その期間中、彼らは近くの料亭（所有者は他ならぬ加茂屋文治であった）でたびたび芸者をあげて宴会をし、外出しないときは酒と肴を寺に配達させたことを認めたが、これは経費総額670円のうちのわずか90円に過ぎないと言い張った（『ワッパ騒動史料』下 1982：170）。

沼間はこれらの言い分を額面通りには受け取らず、戸長や村役人たちに地元の帳簿を精査するよう命じ、「不正遣い払いの分」とされた支出と合っているか調べさせた。これらの精査の結果、西郷組の経費については違った面が明らかとなった。土地調査費と1872(明治5)年の組の経費は総額1,162.3463円で、その内413.6093円が不正に支出したものということになった。調査報告書は31の独立した項目を並べて記入している。すなわち、料亭の5項目、遊女屋の8項目、無尽の4項目、その他酒と肴、女、さまざまな贈り物である（『ワッパ騒動史料』下 1982：170–71）。これらの田川各組からの調査報告書は、沼間の報告書の第2部を構成した（『ワッパ騒動史料』下 1982：170–93）。似たような不正項目が数十ページにも記載され、不正支出は経費総額のほぼ30~40%にものぼっている。

（5）旧藩禄高帳の県による改竄

沼間は、1872（明治5）年に提出を求められていた旧藩禄高帳を、県が偽造して大蔵省を欺いていた事を告発した。35人の名前を名簿から除き、別人や偽名を使って35人を新しく加えていたのだ。なぜこのような偽造が行われたかをすぐには判断しかねるが、それでもそれは松平・菅一派以外の士族を冷遇し、自派の者の土地をそこに入れることではないかと沼間は推測した（不思議なことに、金井たち改良派の幹部はだれも除かれていなかった）。

（6）旧藩兵の解散拒否

　沼間は、県が国の法令を無視し旧藩兵を維持し訓練も続けているという森の主張を、確かだとした。他の問題と同じく、ここでもまた県は中央政府には虚偽の報告をしていた。

（7）恣意的に決められる刑期や刑罰

　沼間はこの告発で、県は藩政時代の法の手続きや基準をそのまま維持しており、とくに士族の場合はまったく変わっていないと主張した。有地冨右衛門の場合はその一例である。有地は藩の兵卒で、1871（明治4）年9月には永牢を宣告されたが、1873（明治6）年3月には禁固10年に減じられた。沼間が有地から聞いた話は次のようである（『ワッパ騒動史料』下1982：201–202、佐藤誠朗1981：244–45も参照）。1870（明治3）年の末、有地の一隊は東京の市中警備を命じられ、東京へ行った。隊長は制服と手当は東京の藩邸で支給されるであろうから軽装で行くように部下に命じた。実際に支給された手当はスズメの涙で、制服も自分で調達しなければならなかった。彼らの少ない持ち金では、自前の衣服を縫い直すか中古の衣服を買う位しかできなかったのだが、隊長はそれでも我々の任務は重要で、制服は新しい良質の木綿であるべきだと言い張った。結果として、この一隊の不満はつのり、ある時一同で辞表を作成した。その不平というのは、巡回警備の任務が長く一か月に昼間2，3回しか休みはないということであった。彼等は数人で吉原の遊郭に行ったことを認めたが、それは隊の活動に支障をきたさなかったはずだと述べた。彼らは10か月後に庄内に戻ったが、東京府と藩上層部の慰労をうけた。ところが1か月後、有地は何の前触れもなく永牢を言い渡された。

　隊長はもっともらしい理由をつけて弁論した。彼は沼間に対して以下のよ

第 9 章　中央政府の出番──沼間の取り調べと児島の裁判──

うに証言した。有地ともう 2 人の隊員は命令に従わず、任務を離脱して吉原で遊蕩した。また隊の金を使い込んだが、それは庄内に帰ってから、隊に強制的に返還させた。しかし一番困ったことは、吉原の借金取りが東京市中取締り本部まで現れて、有地の未払い金を請求したことであった。有地のこのような行為が表沙汰になったので、自分はこれを松平親懐に報告せざるを得なかった。隊内の規律を確かなものにするためには、規律を立て直す行動を起こさなければならなかったのである。事実、有地の行為は死刑に値するものだったと隊長は指摘した。しかし最終的には永牢に減刑すると松平と 2 人で合意した。

　沼間は有地の処遇は過酷で恣意的なものであると結論を出したが、これは例外的なものではなかった。他にも士族数十人が、投獄、拘留、罷免、減禄で苦しんでいることを沼間は発見した。沼間は、古川六太郎が語った証言も報告している。1871（明治 4）年 8 月、彼の父親が羽黒山参り帰途に道に迷い、赤川に転落した怪我が元で後に死亡した（おそらく泥酔状態だった）。そこで六太郎が家督の相続のために書類を提出したところ、松平は武士にあるまじき行為「不覚悟」として古川の家禄を 43 石から 33 石に減じた。しかし沼間はこの処分に注目し、これは時代錯誤的な藩の慣習で、今は藩は廃止されて、新しい国の法律ではこのような処罰は許されないとした（『ワッパ騒動史料』下1982：205-206）。

　沼間の報告書は若干異なる構成であったが、上記の 7 項目には彼が確認したことが簡潔に要約されている。沼間は膨大な証拠を整理し、「事実詳審書」としてまとめた。沼間は、完全に公平な調査官とは言えないが、この報告書は当時存在した記録を徹底的に調べて構成している。しかも森や田川の住民たちの 2 年間におよぶ県への数々の告発の正しさを圧倒的に立証している。

　しかし報告書には、相反する申し立てを調整するのは実に困難であろうと考えさせられる例もいくつか見られる。その例として、大山組下小中村の例を見てみよう。1871（明治 4）年下小中村の農民が谷地を開墾して田を作った。下小中村肝煎富樫次郎右衛門の証言では、翌年末に戸長佐藤安正の指示で、農民は新しい田の米を酒井家に献納するよう命じられたが生産量がごく

202

わずかだったことから、それを拒否した。それでも、戸長佐藤安正が断固として譲らないので、農民は 1872（明治 5）年仕方なく佐藤の命令通り 14 俵を献納し、同様に翌 73（明治 6）年も納めた。富樫は、戸長に言われた通り農民に命令を強制したのは深く反省していると、沼間に言った。一方、佐藤安正は 1872（明治 5）年に富樫とは話し合っており、農民は「仕方なくではない」自主的な献納「寸志」を許してくれるよう酒井家に嘆願したのだと証言した。3 人目の証人である酒井家家臣の一人からは、戸長からその嘆願を受け取り、農民が進んで米を献納したのだと固く信じて受け取ったという証言を得た（長い間使われていた「小前」という言葉を使って証言していた。『ワッパ騒動史料』下 1982：222–26、佐藤 1981：250–51 も参照）。

　沼間の取り調べでは、赤川流域黒川村約 3 町の土地問題も明らかになった。1861（文久元）年に溯るが、近くの農民がここを開拓して田にする許可を得たのに、土地が痩せていて水利が困難だったので諦めて中止した場所があった。それでも農民たちは土地の所有者として年貢を払い続けて来た。その後 1870（明治 3）年、農民たちは戸長矢田部の要求に応じ、県が当分の間桑苗の実験畑としてその土地を使うこと（当分「お借り上げ」）を承服した。問題が発生したのは農民たちが土地を自分たちに返すように要請した 1874（明治 7）年である。農民たちのたび重なる返還の要求を県が拒否し事実上占有していたと、農民たちは沼間に訴えた。しかし県官が証言したところによれば、その土地が農民たちの私有地として登録されていたことをまったく知らなかったという。しかも、その土地を 3 人の士族に貸し出し、自費で桑畑にするよう命じていた。それを農民から 200 円で買い取るよう別の県官から戸長矢田部は言われたが、農民たちからは土地を返してもらえばいい、金は要らないと断られた。黒川の農民たちと 3 名の士族の桑畑耕作者との間で、県官は難しい立場に立つこととなったのである（『ワッパ騒動史料』下 1982：207–15、佐藤 1981：247–48 も参照）。

　県の不正の特質がどのようなものか考える問題は他にもある。例えば有地は一人だけ不公正に扱われて行き過ぎた罰を受けたかもしれない。だが隊長は、指導者としての自分、隊全体、そして「藩」の体面が、東京という晴れ

第9章　中央政府の出番——沼間の取り調べと児島の裁判——

の場で汚された以上、これは十分に正当な処罰だと思っていた。松平親懐も
また、あるいは泥酔して赤川に転落するという古川の恥ずべき事故には心底
驚いたのかもしれない。役人たちの説明が必ずしもすべて虚偽ではない、と
いう点は認めよう。それよりはるかに問題で注目すべきなのは、松平など県
役人し、沼間・森・村人たちとの間で判断基準に大きな違いがあったことだ。
松平たち被告は、自分たちは慣習的な手続きに従ってきたし、全体のために
働いているし、時代の変化のせいだと言い張った。対照的に沼間は、「国家
規定の法令規則の違反」を繰り返し強調した。森は森で、県の「不正」と「専
制政治」、さらに県が自由と権利を否定したことを強調した。[6]村人たちは県
役人の「不正」で「不名義」な行為に抗議した。

　沼間・森・村人たちの三者は共通して、土地、賦役、税という公的な資源
を私的に使ったことへの憤りを表明していた。「公」と「私」とを説明でき
る基準によって明確に区別すべきだというのが、三者共通の立場だった。公
私をどう線引きするかの見解はそれぞれに異なっていたものの、これこそが、
公的義務と私的利益とをあいまいに考えていた県官や村役人を訴える根拠と
なったのである。酒田県は、その区別を受け入れる意欲も能力もないために
訴えられた。この地方での公と私の別を論ずることは、公の責任を広げる一
方で、役所の行為を制限し公権力の限界を明確にしようとする試みでもあっ
たのだ。

　5月の元老院への建白と沼間の取り調べおよびその後の報告は、19世紀の
庄内の抗議運動の高揚を示している。このような見解は手放しの賛辞を意図
したものではなく、政治的成熟度や進歩についてのひとりよがりの尺度にも
とづくものでもない。従来の慈悲深い藩による温情主義の理想と、新たに登
場する官僚主義的な国家指導による理想の双方に抗して、この時点でなんと、
沼間は政治的行動の原則に関し徹底して情報をまとめ、最先端の認識を示し
ていたのである。すなわち、今や政府の行為には明確な基準があるはずであ
り、また、住民が直接その基準の明確な施行に関わるはずであり、さらに、

6　森は、前の建白書と取り調べの証言で「姦慝（かんとく）」、「苛政暴斂（かせいぼうれん）」、「横斂苛政（おうれんかせい）」という語を使っ
ている。

こうした基準に違反する場合は公的な活動に対しての償いがあるはずであるという認識である。森藤右衛門と田川の農民の訴訟や沼間の取り調べの証言は、1841（天保12）年の嘆願書や、塩野における大山騒動、天狗騒動での要求とは異なって、当局の行為の説明責任について明確でよく練られた主張をしていた。

しかし、結局はこの建白に対する政府の答えは、沼間の力強い発言とは一致しなかった。沼間の報告書は相当突っ込んで県幹部を追及したかもしれないが、原告たちの主張についてはあまり同情的ではなく、学校と先進的な教育政策、県会、新聞局が必要であり、芸娼妓の契約を破棄せよという森の「民権」の要求については明白に無視した。事実、沼間は報告書の「(1) 地租の金納許可の隠蔽と租米の販売のごまかし」の11,300円の裁定額のような指示されたものを除いては、是正措置や処罰を提案するには至らなかったし、不適切な税の返還、新しい役人の任命、県の答弁書の公表、雑税の廃止、それに三島や松平の罷免についても何も触れなかった。沼間が首尾一貫して主張していたのは国の法律に違反しているかどうかであり、それを庄内の原告の考え方にまで浸透させることを最終的に見通していた。

沼間が慎重だったのは、元老院の内部の対立が少なくとも原因の一つだったかもしれない。元老院の権限は徐々に縮小されていたのである。1月27日、元老院の訴訟手続中に沼間の報告書の全文を紹介した河野敏鎌は、もし元老院「職制章程」の先頃の改訂以前にこれを受け取っていたなら、県の役人を呼び出し尋問することができたのに、今は自分の権限外のことになったと指摘した。この報告書類は県の不正を明らかにしているので、県の不正行為についての「意見書」をつけて政府に「参考」として提出することを彼は提案した。数日後の元老院会議で、この件は議論され、了承された。[7]

驚いたことに、政府の高官はこの上奏に応じた。2月末、沼間の報告書で明らかになったことをもとに、太政大臣三条実美は司法省にこの問題に取り

---

7 2月3日の議論では、山口尚芳がこの件を取り上げることにすら異議を唱えた。午後の会議では、12人の出席者が「上奏文体」か「通牒文体」かを討議して、結局前者に決定した（『ワッパ騒動史料』下 1982：239–46）。

組むよう命じた。これで前の年に森と5人の農民が司法省に持ち込んだ訴え
が取り上げられ解決されることになった。司法省は中堅の裁判官児島惟謙（こ
れよし、これかた）を3月2日に鶴岡に派遣して審理をさせることにした。森
と大友宗兵衛は11月から問題の経緯を見守るため東京に残っていたが、こ
れを聞いて急いで庄内に帰った。

　これまで登場人物たちの活動を史料というぼやけたフィルターを通して見
てきたが、三条実美の決定は、石代会社計画の突然の終了と同じように、予
想外のできごとと思えるかもしれない。おそらく三条は独立した元老院を維
持する必要性を大久保利通よりも強く感じていたのであろう。もっとありえ
るのは、2人はこの報告書により、中央集権政策を頑強に回避してきた地方
の幹部に何らかの措置を取るべく駆り立てられたということだ。沼間は、調
査結果を中央の取り組みからの地方の逸脱というわかりやすい形で彼らに示
した。今こそ出番だ。元老院の報告書を受け入れることによって、彼らは、
さらなる議論が巻き起こり、中央で注目されることを阻止した。また現地で
法廷審問を行うことで、問題を中央の目からさらにそらした。彼らは4年前
に庄内の行政再編（第二次酒田県の設置）に同意したと同様に、自らの判断の
正しさを証明するはずだった。

❖　児島の裁判

　4月中旬、大久保から指名された児島が司法省役人を連れて鶴岡に到着す
ると、県の幹部は憤りと狼狽で大騒ぎとなった。命令に従って県は町はずれ
にある酒井家旧邸宅のひとつを提供し、臨時裁判所とした。児島が最初にやっ
たことは、森と5人の農民を呼び出し、1875（明治8）年に司法省に提出した
訴訟について聞き取ることであった。児島は原告たちに、表向きには訴えが
一旦原告に返されたものの、その写しが司法省に保管されているので、そ
の内容について詳しく取り調べるように命ぜられてきたと告げ、1年以上も
経っているので、改めて提出するよう求めた。田川全域から代表を集めて取
り調べを行うには時間がかかり過ぎることがわかっていたので、2、3人に

よる訴状の提出を認めた。5月2日、15項目の訴えが「鶴岡県圧政を革め並びに不正課出の金穀償還を請求するの訴」[8]という表題をつけて提出された。森は原告の一人として、また本多允釐と大友宗兵衛は4人の農民代表の法廷代理証言者（代言人）としてそれぞれ署名した。連名という形式は、森が当初から追及してきたこととは別のものになったとはいえ、各路線が調整されて一本化されたことの表れである。この訴訟では数人の中堅県役人が形式的な被告人として名前をあげられた。訴えには前文が無く、次の15項目で構成されており、各項目は、それぞれの償還を求める手短な理由をつけていた。

第1条　石代米売払い過金の償還を求める事

　　県は1872（明治5）年の政府の金納布告にさからって物納を強制し、農民の金納嘆願書をはねつけ、嘆願者を投獄し、米を売って大蔵省に納税した外に10万円を超える利益を得た。それは、「農民の自由を妨げ」て得た利益である。

第2条　種夫食米貸借関係の解消と上納分の償還を求める事

　　県は、貸付け利子は無利息にする1873（明治6）年の布告第81号を無視し、1873–75（明治6–8）年の強制的な種籾と食用米貸付け利子を徴収し続けた。その利益を松ヶ岡の事業に振り向けた。さらにこの事業のために強制労働をさせ学校基金をも流用した。

第3条　入作与内米下げ戻しを求める事

　　県が1872（明治5）年以来徴収した「入作与内米」の全額の償還と廃止を求める。入作与内米は、もともと不在地主への追加として徴収されたもので、本来の目的は貧しい住民を助けるための少額な税を追加したものである。しかし実際には、この目的には使われていない。

第4条　相当与内米過分の下げ戻しを求める事

　　「相当与内米」は、郷村の年貢率の低い耕地に割り付けて困窮者を救うために取立てられたものである。これは第3条同様廃止し、1872（明治

8　その文面は『ワッパ騒動史料』下 1982：68–73、被告の答弁は73–75、証言と提出書類は75–100を参照のこと。

第9章　中央政府の出番──沼間の取り調べと児島の裁判──

5）年以来得た利益分の償還を求める（庄内の一部では別の名称で徴収されていた）。

第5条　納方内役手当米の下げ戻しを求める事

1873–75（明治6–8）年の「納方内役手当米」は土地の調査・徴収員手当として取り立てられたものである。この土地調査・徴収員は現在県役人であり、県の庁費定額金から支出すべきであって、村費から出すべきではない。

第6条　鶴岡酒田加茂の三つの蔵の減米備・下敷米・蔵番給の償還を求める事

1872–75（明治5–8）年分（約4,713俵）〔この俵数は明治10年11月大友宗兵衛の大木喬任宛の判決督促の記載にある。『ワッパ騒動史料』下：100–102〕は、蔵の出し入れや保管でこぼれる米の補充用である「減米備」、蔵関係雑費の「下敷米」、各倉庫番の給料の「蔵番給」を取り立てられたものである。1872（明治5）年すでに金納が認められている以上、県の倉庫関係の管理費用を納税者に課するのは不条理である。

第7条　高一分夫米・振人給米の下げ戻しを求める事

参勤交代の諸費用である高一分夫米（人馬の代わり）は明治6年まで、振人給米（藩士の使用人の手当て）は明治5年まで、取り立てられたものである。これらはいずれも県ができると同時に廃止すべきものであったが、庄内では続けられていた。

第8条　酒田への年貢米運賃代の下げ戻しを求める事

1873–74（明治6–7）年の酒田への年貢米運搬費用として取り立てられたものである。これは1872（明治5）年の太政官布告第231号によって廃止すべきものであった。

第9条　大庄屋屋敷御年貢を出していたので調査していただきたい

大庄屋の家屋敷についての新築・修繕・地租は、「大庄屋屋敷御年貢」として毎年組費で負担してきた。しかも、近年火災や大規模修理のために組費の支出が多かった。大庄屋屋敷は大庄屋の個人財産ではなく組の共有物であると認めるべきである。

第 10 条　囲い籾の償還を求める事

　囲い籾というのは数百年にわたって草高の一石に付 0.0005％を毎年積み立ててきて、農民に貸し付けるときは 7％の利子を取って来たものである。松平親懐は、それは大蔵省に上納するものではないと主張し、勝手に使った。しかし、大蔵省では官民混ざったものだから一部は農民たちと示談し返し、残りは売払い大蔵省に上納するようにという指示であった。その囲い籾の倉庫番の給与や保管料などは農民たちが負担しているのであり、農民の負担分は償還すべきである。

第 11 条　夫食貸籾米の償還を求める事

　これもまた本来凶作の場合に貸すために徴収された米である。長年利米だけを毎年徴収されて来た。第 2 条で指摘したように、このような税は1872（明治 5）年の太政官布告第 81 号に準じて廃止されるべきものだった。したがって原告は 1873–74（明治 6–7）年に支払った利子は返還すべきものと主張する。

第 12 条　明治 8 年の国役金取立て分の下げ戻しを求める事

　国役金は、1809（文化 6）年以来河川改修等のため幕府が必要時に臨時徴収した雑税で、庄内藩では毎年徴収して来た。明治になっても徴収が続けられてきた。それまで徴収されたのが上納されていたのか会計項目がどうなっているか疑問がもたれている。念入りに調査し裁判で明快な判決を下すことを主張する。

第 13 条：村と組経費の不適切な分の全額返還を求める事

　1874（明治 7）年の農民たちの村と組経費の帳簿改めにより、巨額の不正支出が明らかになった。多くの村役人は返還の約束を書面にし、一部は実際に返還された。しかし、県は政府から臨機の処分の許可を得て介入し、その約束を無視し、返金分も戻させた。県はこの行為を正当化し、村役人の処分をしなかった。原告は村役人と交渉するよう求め、支出項目内容の適切か不適切かを判断し、不適切な分はすべて返還するよう求める。

第 14 条：後田 林 開墾（松ヶ岡）へ農民を徴発した経費・賃金の返還を求

める事

　県は公的な基金を転用し、本来は士族の私的事業だったものに人民の労働と物資を徴発した。労働への賃金と徴発物資の経費の利子付きでの返還を求める。

第15条：県歳入蔵山台帳の閲覧を求める事

　我が県の税には数多くの疑問点が見える。その上、1874（明治7）年の太政官達第53号により、県は民費負担に関しては特別に留意すべきと強調されている。したがって原告は最近数年分の歳入歳出台帳の詳しい閲覧を要求する。

　原告団は次のように結んだ、「公明で私心のない判決をして下さるようお願いします」[9]。

　森と5人の農民代表が共同訴訟を東京の裁判所に起こしてほぼ1年が過ぎていたが、言葉遣いと内容に若干の変化があった。訴訟は、県による財政上の不正、即ち、不適切な徴税、税収と貯蔵米の不正操作、横領、それに支出の不正などに焦点を当てたもので、社会的改革を推し進めることを求めた森の要求は入っていなかった。ただ、一つだけ変化があった。それは、森と田川の農民たちが沼間の報告書を詳細に読んだことで、児島への訴えは、今や一層法律上の問題になったことである。今回は各論点を県による政府の布告・達の違反として整理していた。彼らが出した膨大な付属資料は、関係布告・達、県の覚書の写しがほとんどだった。彼らはこれらの根拠に裏付けられた判決を求めたのであり、金銭返還という形での正義を求めたのであった。

　児島は5週間の間、沼間よりさらに時間をかけて、県と村の役人や商人、原告たちから取り調べを行った。ほとんどは、前に沼間からの取り調べで証言した人達である。今回は松平も菅も取り調べを回避する訳にはいかなかったが、三島が個人として出頭した記録はない。前回と同じく、各組の住民は毎日6人ずつ派遣してその成り行きを監視させた。春の農繁期が始まっていたが、多くの農民は自発的に参加した。今回もまた田川の21の組は6,000

9　「右の条件公明正大の御裁判なしくだされたく出訴奉り候なり」

枚の資料を準備し、代表者に日当を出すなどかなりの負担を共有して訴訟を支援した（『ワッパ騒動史料』下 1982：119–20）。1874（明治7）年の秋に東京で初めて嘆願書を出してから児島裁判の最終日までの 20 か月に、森と田川各組が使った金額は総額で少なくとも 9,000 円であった。東京までの旅費、東京と鶴岡での滞在費、書類の筆写料等である（『ワッパ騒動史料』下 1982：117–20）。

　審査の段階で、児島は 15 か条のうち 4 か条（第 3、4、7、12 条）は「被告と原告の合意により」訴訟を却下した。井川一良（1972：67）は、三島が本間光美の要求を容れ廃止したのではないかと推測している（第 4 条）。井川の推測によれば、本間の意図は地主層をなだめて原告団の結束力を弱め、この訴訟を支えてきた力をそぐことにあると思われる。この井川の論理は完全に説得力があるとは言えない。税を前年にさかのぼって廃止することによって、三島は過去に徴収した額を事実上返済するという提案をしたからである。いずれにせよ、本間がワッパ騒動に公然と現れたのは初めてかつ唯一のことである。これは興味深い問題で、本間家がかかわらなかった理由を筆者なりに述べてみたい。1874（明治7）年以来、大部分の抗議行動は田川で行われたが、本間家の田は飽海に集中していた。また、本間家はその時点では県政からも農民の石代会社からもほとんど得るものはなかった。さらに決定的なのは、本間光美が 1875（明治 8）年 10 月に本間家の当主を引退し、本間家では跡目争いが起こっており（佐藤三郎 1976：201–206、208–11）、本間家、そして光美が 1870 年代の末まで庄内の公的な場に現れることはなかったことである。

　児島が審理を終え東京に帰ったのは 6 月 16 日であった。原告たちが落胆したことには、児島は、大蔵省と内務省に確かめなければならないことがあると言い残して、判決を下すこともなく鶴岡を去ったのである。[10]

10　ただ児島は去る前に、米価を操作した鶴岡の米穀商人らと県幹部並びに土地台帳を不正に操作した県役人の十数名に有罪を言い渡した。これらは法律的には 15 条の訴状に対する判決ではなく、沼間の調査結果を受けての処分であった。

第 9 章　中央政府の出番──沼間の取り調べと児島の裁判──

❖　地租調査の結果

　一方、1876（明治 9）年冬から春までかかって三島は地価算定に忙殺されて
いた。すでに見たように庄内の登録耕作地は秋の調査でほぼ 2 倍になってい
た。本来であれば、次の段階で農民が申告した生産量を点検すべきであった。
それらを用いて、秋の平均米価で地価を計算するのである。この方法でいけ
ば劇的に増税になり、三島と松平は大変な危機に直面しただろう。

　しかし彼らはそうはしないで、違う方法で取り組み始めた。国の改革の背
景にある原則は、改正前の土地からの税収とほぼ同じものを確保すること
だった。三島も県の目標をここに設定した。目標の合計を標準税率（新たな「税
率」は 3%）で割ると、必要な地価の総額が算出される。その総額を飽海と田
川に分け、さらにそれぞれ地域に割り当てていった。

　次の段階は土壌の質、排水および給水等の評価基準に従って、各地域の村々
を格付けすることである（西田川の格付けについては『鶴岡市史』中 1975：243–46、
田原 1972：45–46）。この基準によって、各村には帳簿上の「生産量」が割り当
てられた。最後に、その合計割当分を村内で各田畑にどう配分するかは、た
とえば土地所有者が申告した実際の収穫量を元に、ある程度調整する等、村々
に任された。

　このように調整したものは 1876（明治 9）年の夏の早い時期にすでに農民
たちによって認められていたが、次のような単純な理由により、ほとんど
反対は起きなかった。つまり、庄内では随分低く目標が設定されていたので
ある（徴税のできる地価は地域毎に金額で表現されていた）。これは米と金の換算率
を作為的に低くするという単純な方法を使って行われた。1872–73（明治 5–6）
年には一石当たり 4 円 39 銭だったが、地租改正後には約 25% 低い 3 円 10
銭で計算されることになっていた。これは 1872–73（明治 5–6）年の換算率自
体、その年の相場よりも低かったことを考えると、一層驚くべきことである
（そもそも、そこから 1874–76（明治 7–9）年の騒動が始まったのだ！）。結果的に以前
より 85% もの多くの土地が登録されたにもかかわらず、水田からの税の総
額は、定率での米価計算よりも 12.7% 下がったのである。旧来の年貢負担額

と比べると、歳入の低下は著しく、25％も下がっており、東北地方でも極端に大きい低下である[11]。とくに劇的に減少したのは 1874（明治 7）年の夏の騒動で激しく闘った村々で、減少率は、大淀川で 20％、上清水で 35％、備前で 37％、西片屋で 34％、高坂で 33％、下名川で 17％であった（『鶴岡市史』中 1975：367）。

❖　鶴岡県の終わり

　最終的な地租の計算の集計が報告されたのと鶴岡県（第 2 次酒田県）が山形県に統合されたのは単なる偶然の一致ではなかった。これまで見たように、明治政府は三島を任命して頑迷固陋な地方幹部を徹底的に調べさせようとした。しかし、三島は政府や庄内の人民の意に反して、たびたび鶴岡県幹部の立場を擁護する方に傾いていった。松平とその部下たちは、それを利用して自分たちの政治的立場を守り、さらに経済的な事業活動を推進することができた。しかし、旧庄内藩上層部の政治的経済的権力保持の努力は結局失敗に終わった。この政治執行機関としての県は 1876（明治 9）年 8 月に廃止され、置賜県と山形県とともに統合されて新しい山形県が誕生し、三島はその県令に就任し山形に移った。旧鶴岡県の幹部の多くは解雇されたが、一部は郡長や戸長などとして残った。

　言う事を聞かない県を手なずけた象徴的な出来事が、9 月 19 日にあった。この日明治政府高官の一行が鶴岡に来て、開校したばかりの小学校で、庄内の「文明開化」の象徴である朝暘学校を視察したのである。一行の中には、太政大臣三条実美を初め山県有朋、伊藤博文もいた。本間光美は、三島通庸、松平親懐その他の幹部とともに、特製の三つ重ねの金杯を天皇に献上した。

11　田原 1972：45 の表 14 を参照。これらの数字はすべて鶴岡と酒田の郊外の地域である。庄内の旧天領の税収減少率は 6.2％に過ぎなかったのに対して、旧藩領が 14.9％だったのは、税負担が平準化された証拠である。

第 9 章　中央政府の出番——沼間の取り調べと児島の裁判——

❖　児島裁判の判決

　一方、東京に戻った児島は、長い報告書と判決案を 8 月初旬までに書き上げた。上司はそれを岩倉右大臣に渡し、ただちに対応するよう求めた（『ワッパ騒動史料』下 1982：247-90、佐藤誠朗 1981；277-83 も参照）。ところが、判決が出されるまで 2 年近くもかかったのである。

　延期された第 1 の理由は、南九州の鹿児島で西郷隆盛の支持者たちがその夏に起こした反乱である。西郷自身は明治政府に対する反乱を起こすことにはあまり乗り気ではなかったが、結果的に、国の警察力を試す最初の機会となった。この反乱は 1877（明治 10）年の丸一年続き、政府幹部は概ねその対応に追われた。旧庄内藩士族たちが西郷への忠誠心を抱いているのではないかと再び政府幹部たちは疑心暗鬼になった。庄内の士族たちが西郷の戦いの大義に同調するのではないだろうか？　三島はすぐに対策を講じた。4 月になって、三島は仙台から 200 人の政府軍の派遣を要請し、松ヶ岡の士族たちに西郷を支援するような考えを一切諦めさせるようにした。松平と菅は実は西郷の部下たちから支援を求められたが行かなかった。菅は引退してから鶴岡の町はずれの自宅に閉じこもって、中国の古典と漢詩の勉強をしていた。松平は三条に書簡を送り、自分は政府にたてつくようなことはしないと確約していた。三島は、士族たちを西郷一派から引き離して大久保派に引き入れることに成功したようである。

　1877（明治 10）年 1 月、本多允釐は農民たちから頼まれて東京に行き、児島の判決の催促をした（『ワッパ騒動史料』下 1982：100）。ちなみに、これが、本多がこの訴訟にかかわった最後であった。何と彼は東京で警視庁に加わり、西郷の反乱軍を鎮圧するために派遣された！ 九州の反乱が収まっても判決は下されなかった。大友宗兵衛は 1877（明治 10）年、森は 1878（明治 11）年春にそれぞれ政府に陳情した。1878（明治 11）年 6 月 3 日、ついに判決が下った。それは児島が 20 か月前に書いた判決案と同じであった（『ワッパ騒動史料』下 1982：290-96）。

　それはせいぜい、原告の部分的な勝利でしかなかった。第 2 条、第 5 条お

214

よび第 6 条で総額 63,652 円の返還を被告は命じられたが、第 1 条、第 8 条、第 10 条、第 11 条および第 14 条の要求は却下された。第 1 条について児島の判決案では、県の徴税手続きと、役人が「人民を抑圧した」5 項目の証拠とを照合して、11,300 円の利益を獲得したと結論付けた。これは沼間の調査を裏付けるものであった。しかし、児島は第 1 条の払い戻しについては、農民の税負担が不当な手続きによって本当に増加したかどうかは、根拠がはっきりしないとして却下した。つまり県が得た利益は、税率を上げたからではなく徴税後に操作したからである。事実、米市場が不調で米価が下がったら農民はそのための損失を受けなくても済んだはずである。児島はこの利益には違法性はあるが、納税者に属する利益ではないという判決をした。

　児島は松ヶ岡の事業についても折衷的な判定をした（第 14 条）。この事業は元来官有地であったものを名目上 12 人の個人に払い下げて開発させたこと、また、大勢の士族の授産のために利益を見込める計画であったので、その士族の働きぶりを監視するために県官を用いたことは適切であったことを認めた。しかし、県の役人が開発を急がせ、権力をかさに戸長をとおして公式の命令であるかのようにして農民の労働と資材を要求したと、児島は判決文に書いた。それでも児島は、農民たちは自由意志で労働力と資材を「寸志」として提供し、その時賃金を要求した訳ではないので、その後支払の要求をしたのは根拠がないと判定した。

　児島は、第 2 条で原告団の訴え通り、県が種夫食利米の利子を違法に徴収し続け、それを松ヶ岡の事業に振り向けたのに着目し、これは総額で 53,000 円余にもなると認めた。[12] さらに第 5 条と第 6 条の原告の訴えをも認め、約 10,600 円を追加した。第 8 条の要求については認めなかった。大友宗兵衛と矢田部その他の櫛引の役人が合意してすでに払い戻しが行われていたからで

12　ただし、松ヶ岡開墾事業は 1878（明治 11）年には破綻寸前に陥り、県にとっていわば無用の長物になっていた点に留意すべきだろう。すでに判決以前、松ヶ岡開墾事業の指導者たちは政府に土地を返還しようと決めており、その旨を三島に願い出ていた。三島はただちに大久保に相談したが、松ヶ岡開墾事業を高く評価する大久保は、政府が 3,000 円を拠出するよう取り計らった。司法省は、開墾士族ではなく山形県にこの 53,000 円余を返還するよう命じることで、旧士族の個々人を守ったのである。

第 9 章　中央政府の出番——沼間の取り調べと児島の裁判——

あった。最後に第 10 条と第 11 条の要求については、県が法規を無視して貯蔵米を操作したことがわかったが、それは県民に対する不正な扱いにはならないと判断した。

　庄内の人々がこの判決にどのように反応したかは分からない。ただ、少なくとも森は満足した。1875（明治 8）年以来、自由民権運動は益々拡大し活発になり、この判決は全国紙数紙に取り上げられ、秀れた特集記事が載った。『大坂日報』社説で民権運動の偉大な勝利として取り上げ、森を「第二の佐倉宗五郎」として誉め称えた（『ワッパ騒動史料』下 1982：303–305）。記事はさらに解説し、わずか 11 年前だったら森も宗五郎と同じ運命をたどり、殉教者になっただろうが、民権運動の進歩と元老院等への森の忍耐強い働きかけによって、生きてこの判決を勝ち取ることができたのだと報じた。この記事にも他紙の記事にも庄内農民の動きについてはほとんど触れられておらず、森が人民に献身したことに焦点を当てていた。

　事実、一時期森は注目されていた。その後急速に忘れ去られてしまったものの、民権運動の指導的な思想家の一人植木枝盛は、1879（明治 12）年に発行した冊子『民権自由論』の表紙に代表的な人物 4 人の絵を載せている〔その後の調査で、表紙に森藤右衛門の絵があるのは翻刻本の一つとわかった〕。すなわち福沢諭吉、板垣退助、木内（佐倉）宗五郎、それに森藤右衛門である（図 15）。ただ、それと同様に注目すべきなのは、この冊子では、植木がワッパ騒動や同時代の他の事件について何も触れていない点である。彼の書いた他の著作物と同様に抽象的な理論や熱烈な論争が入り交じっており、運動の仲間には大きな影響を与えただろうが、（同じように運動に傾倒した）劒持寅蔵や白幡五右衛門のような活動家の心に届いたかどうかは疑わしい。植木がその冊子の付録として付けた「民権田舎歌」（Bowen が翻訳して論評している 1980：206–208）は、「自由権」とか「知恵」「学問」などを盛り込んだ調子のいい歌であった。1841（天保 12）年夏の「数え歌」が転封中止祝いに活気を与えたことを思い浮かべる人もいるかもしれないが、植木の「民権田舎歌」（或いは自作の数え歌：家永 1960：170–73）を田川の農民が口ずさんでいたとは信じがたい。

　庄内の抗議行動を持続させる上でも、政府の決定を獲得する上でも、森は

216

図15（東京大学法学部明治新聞雑誌文庫所蔵）
民権家・植木枝盛が著わした『民権自由論』（明治12年、大阪で発行）の表紙絵。手前左側の羽織姿が酒田の森藤右衛門、後中が福沢諭吉、右上が板垣退助、手前右が江戸前期義民の木内惣五郎である。

なくてはならない人であった。また、彼の問題のとらえ方や考え方は、他の原告たちと明らかに違っていた。しかしこれは不可解な矛盾を示しているわけではない。庄内の運動ではよくあることであった。彼の活動力、政治的な判断力、そこそこの個人資産、それらはどれも不可欠であったが、彼の政治的動機や不屈とは区別されねばならない。民権派の新聞が児島の判決を自由民権運動の勝利だとしたのは、理解はできるものの説得力には欠けている。

　たしかに、かなりの金額が返還され、民権派の新聞は大々的に報道してくれたが、究極の勝者は政府だと言える。児島は注意深く言葉を選んだけれども、一部還付せよという判決は、国の指令に背き私的な経済活動を目論むような県の役人への警告となった。判決の一週間後、松平親懐は行政上の違法行為により235日の禁固刑に処せられた。その一方で、県政に対しては何ら影響を与えるものではなく、三島はこの判決では無傷であった。皮肉なことに、しかし予想外というわけではないが、児島惟謙の判決理由は訴訟の法的

217

な手続きに実務的に従ったものだった。判決は、県による国の法規の無視や軽視と、庄内の人民に対する不適切な行動や不正な行為という県の態度を浮き彫りにした。各条項は国の原則に従って解決された。権力中枢にある大久保利通と伊藤博文に向けて書かれた判決は、法理的な筋が通っていて、それが民権家の論理ではなく法的な論理であった点は注目に値する。松平親懐とその部下が責任を負っていたのは国であり、人民ではなかったのである。

第 10 章

その後の経過

略年表

1878（明治11）年11月	田川郡14組の農民が旧村役人の不正使用償還分の請求訴訟をする。
1879（明治12）年2月	森藤右衛門が下戻金強制寄附反対の意を示す。
1879（明治12）年	森ら「尽性社」を結成する。
1881（明治14）年4月	森ら酒田で『両羽新報』を創刊する。
1883（明治16）年2月	庄内自由党結成される。
1886（明治19）年3月	株式会社酒田米商会所（のち株式会社酒田米穀取引所）が開業する。
1891（明治24）年10月~	乾田馬耕等の稲作改良技術を導入する。

1878（明治 11）年から 1879（同 12）年にかけて、原告への下げ戻し金は地租の評価額に応じて集落単位で配分されることになった。森と金井らには今までに使った分の費用が「礼金」と称して農民達から配分された。後に触れるが、森は私費を 4,500 円以上支出したとその内訳を記録している。数少ない費用負担拒否者が、本間家だった。本間は庄内の最大の地主として、1,150 円もの返金を受けていた。森はただちに本間を相手に裁判を起こし、本間に支払われた下げ戻し金から 400 円の費用を払うよう訴えた。本間の言い分は、自分は森にこの集団訴訟を頼んだ訳ではないし、この下げ戻し金は「官の仁恵」だというものであった（『ワッパ騒動史料』下 1982：122–124）。この弁論は福島裁判所酒田支庁で行われた。

森は辛抱強く訴訟を続けた。彼は再び三島県政との法廷闘争を繰り広げた。三島は合併した山形県の知事として、道路建設と他の公共事業の実施を熱心に考えていた。事実彼は「道路県令」としてよく知られ、後に福島県では「鬼県令」と呼ばれた人である。彼の計画ではこの返金を県の公共事業に使うつもりで、飽海と田川の郡長に圧力をかけて、集落への下げ戻し金を県の財政

第 10 章　その後の経過

に入れるよう命じた。飽海では 52 か村の村長たちが、抗議の辞職をすると
郡長を脅した。お上に対する住民の反感が強かったことを考えると、村長た
ちが、何かと問題の多い政府徴税の「矢面」に再び立ちたくなかったのも分
かる。

　田川では、森は手向村の大地主である妻の父芳賀七右衛門の寄付強要問題
に取り組んだ。芳賀は戸長木村順蔵（その後まもなく田川郡の郡長になった）に
呼ばれた。病気だったので息子を代わりにやった。息子は、木村が芳賀の受
け取った下げ戻し金を寄付するよう強力に説得するのを静かに聞いた。木村
の論法は、芳賀は原告達に代表になるようには頼んでいないのに下げ戻し金
だけを受け取るというのはどうなのか、ということであった。芳賀は 2 日
後、自ら木村の所に行き、丁寧に断り、もし下げ戻し金をどこかに寄付する
のであれば、個人的には手向村学校基金か、困っている農民のために取って
おきたいと考えていると伝えた。しかし木村は同意しなかった。そして、こ
の地域ではほとんどの人は喜んで寄付すると言っており、もしこのまま拒否
を続ければたった一人になり、将来「社会交際」上難しい立場になるだろう
と説得した。後に芳賀は、当時体調がとても悪かったので反論できず、木村
の準備した誓約書に署名したと、森に語った。森はただちに芳賀の代理人と
して県に申請した。そして、その誓約書は返してくれるよう頼み、芳賀のよ
うな裕福な人ですら県の圧力にひるむのであれば、いずれは庄内の人々全員
がお上に服従せざるを得ないだろうと非難した（『山形県史』資料編 2 三島文書
1962.58）。

　森の抗議がどのように解決されたかは分からないが、三島は総下げ戻し額
の約 3 分の 2 を返さずに済んだ。これを三島は「学校基金」と県への「献納
金」とし、これらはさらに庄内の大商人たちの「寄付」で補充し、使うこと
ができた。彼はこの金の多くを使って、田川と飽海を結ぶ第 1 号になる予定
の橋を酒田の近くの最上川に架けるという意図を発表した。森はこの提案に
またもや異議を申し立てた。長い請願書の中で 8 つの理由をあげて最上川に
架橋することの異常さを述べた。主要な理由は、農民に給付されるはずの裁
判の意図とは違って、町の商人のために使われることになるというのである。

たしかに集落に分配し、集落内でまた分配するのは困難である。最低限の土地しかない農民には 1 日の酒代にもならないだろう。森は橋ではなく、その金で公債（国の利益にもなる）を買い、その利子を庄内で不作になった時のために使うことを提案した。1880（明治 13）年に政府が発行した公債の運用実績を考えれば、森は財政通ではなく有能な活動家であったと言える。もっとも、米の取引や輸送が必要であることを考えれば、橋は農民にとっても必要なものであった。[1]

❖ 最終判決

　児島惟謙の裁判で未解決のものがひとつあった。各集落や村の課税額の不正使用の責任である（第 13 条）。児島は地方の役所のこのような行為には県は責任を持たないし、原告団は酒田臨時裁判所で[2]、直接集落や村の村長達に損害を要求すべきであると主張した。一部の地方ではすでに返還を行っていた。田川の旧 14 組のうち 55 か村の住民代表は、約 1 万 5000 円を要求した。1879（明治 12）年、裁判所は原告の要求に従って全額を返還するようにという判決を下した。50 人以上の旧組村役人の宮城上等裁判所への控訴は却下され、翌年 3 月には支払いが始まった（『ワッパ騒動史料』下 1982：124–42）。

　この決定でいくつかの問題が明らかになった。原告が田川全域に広がって、集落内の大小のすべての土地持ちが関わっていたので、村役人の腐敗の問題が改めて大きな怒りを呼び起こした（表 12、表 13 を見よ）。これは 1874（明治 7）年 8 月の帳簿公開要求から 6 年経っても潜在的影響が残っていることを示していた。原告達の裏づけ資料には、またもや戸長達の帳簿を丁寧に分析し不

1　ここにさえも三島はうわさと論争の種を残している。三島の部下の一人が後に語っているが、この基金は実際には、庄内と新庄盆地の中心を結ぶ道路として最上川に沿った新道の建設に使われたという（『山形県史』資料編 2 三島文書 1962：475–76、同 265–66）。

2　これは宮城上等裁判所の地方分室であった。上等裁判所は 1875（明治 8）年、国内各地方に設立された。東北地方では初めは福島に設置されたが後に仙台に移転した。3 人の裁判官が各管轄の県を定期的に巡回して、そのつど聞き取りを行った（Ch'en1981:55–56）。

正な徴税を計算したものが含まれていたのである。戸長たちの訴えには「慣習」と呼ばれるものがあって、これは従来からの必要経費の実態であった（儀式のときに上役に渡す贈り物、公的な会合での飲食代、旅費等々）。裁判所は、沼間と同じ理由で却下した。たとえ昔は妥当であったとしても、「慣習は勢いによりて転換すべきものなり」、そして県の組織ができてからは「陋習」は徐々に廃止されたというのである（『ワッパ騒動史料』下 1982：127–28）。

　同時に約 1 万 5000 円返還の決定は、ワッパ騒動での協力関係終了のきっかけにもなった。金井質直と本多允釐は数年前には手を引いていたが、本多は森が「礼金」のほとんどを農民から受け取ろうとしていることを聞き付けると、大友宗兵衛と一緒になって森に「公平」な分け前を要求して裁判に訴えた。本多と大友はその金は彼らが提供した支援に対する謝礼と思っていた。とくに本多は森よりもずっとこの件にかかわって来たと感じていたに違いない。

　森は、その金は今まで負担してきた経費への返済だと解釈した。予審の調書で、森は 1874（明治 7）年 9 月の大量捕縛後の数年間、請願の費用を負担してきたのは自分であると主張した（『酒田市史』史料編第 8 巻社会篇 1981：775–80）。東京にいる間「田川郡有志農民」から毎月 15 円必要経費として受け取って来たが、他はすべて自分で支出したと書いている。東京にいても家業の酒屋を続けようとしたが、1876（明治 9）年 12 月、ついにそれも清算を余儀なくされた。個人財産の多くは請願運動のためにつぎ込んでしまった。一方、金井兄弟と大友は 1874（明治 7）年 9 月以前に数千円を受け取っていると、森は主張した。しかも、彼らは東京滞在中毎月 15 円と留守宅の家族への追加分も受け取っていた。さらに、森は裁判の準備のために、30 あまりの請願のすべての一覧表と申し立て書（『ワッパ騒動史料』下 1982：114–17）と1874（明治 7）年 9 月から 76（明治 9）年 6 月までの経費報告書を詳細に記録していた。それは下記の 4 分野の約 4,500 円に達する金額である。

1. 東京往復の旅費。129 里の旅程で 17 日、1 日 1 円 50 銭の計算だと片道 25 円 50 銭。
2. 沼間と児島による裁判中の東京と鶴岡の生活費と諸経費。前者が 1 日

表12　児島の裁判にかかわった12集落の土地所有者の分布

集　　落	世帯数	0–1ha	1–3ha	3–5ha	5ha 超
片　貝	24	20	3	1	0
荒屋	9	7	0	2	0
西岩本	16	11	5	0	0
稲荷	19	12	5	2	0
大淀川	38	20	10	6	2
上清水	75	34	34	4	3
平京田	29	14	12	2	1
黒川上組	70	27	40	2	1
椿出	25	9	14	1	1
備前	17	12	3	2	0
下名川	71	52	17	1	1
大網	47	34	12	1	0
合計	440	252 (57%)	155 (35%)	24 (6%)	9 (2%)

出典：佐藤誠朗「ワッパ一揆の農業構造」1963：51、69

表13　高坂集落の土地所有者の分布

土地の規模	世帯数		1875（明治8）裁判参加世帯		ワッパの活動家
0~0.5ha	40	64%	24	63%	3
0.5~1.0ha	23		16		
1.0~2.0ha	26	29%	18	71%	2
2.0~3.0ha	2		2		1
3.0~5.0ha	6	7%	4	71%	
5.0ha 超	1		1		

出典：佐藤誠朗「ワッパ一揆の農業構造」1963：53

　　75銭、後者が1日50銭。

3. 数千ページに及ぶ記録書類の清書と提出準備。

4. 田川の農民達の旅費と上京中の滞在費。

　森の主張と記録は酒田臨時裁判所を説得するには至らなかった。裁判所は本多と大友の主張を認め、1881（明治14）年の末に1,159円の支払いを森に命じた。森は、またまた上級審に訴え、敗訴した。しかし、数年間は支払いへの抵抗を続けた（『ワッパ騒動史料』下 1982：143–47）。

　1880（明治13）年の返還金も似たような方法で村のワッパ活動家に分配された。例えば高坂村では、高山久左衛門が仲間の活動家3人とともに期限付

第 10 章　その後の経過

きで村方預けの契約を結んだが、その後彼は村人に無断で 150 円を持ち逃げ
したと言い立てられた。[3] 他の 3 人は、高坂村の農民を相手に裁判を起こし、
1800 年代いっぱいかかったが、未解決に終わった。

　三島は、在任中ずっと、民衆の反発を引き起こし徹底的に押さえ続けてい
た。山形県令だった 1882（明治 15）年 1 月、福島県令にも任命され、7 月に
福島県の専任になるまで両県県令を兼任したが、すべての時間を福島県のた
めにあてた。1882 年福島事件があった。この事件は、三島が県議会の主張
を無視しつつ、道路事業を強引に押し進めたために引き起こされた。当時の
県議会議長は、他ならぬ河野広中であった（Bowen 1980: 8–31）。1883（明治 16）
年 10 月末、三島はすぐ南の栃木県令に兼任を命じられ、福島県から転じた。
栃木県では翌年、三島や政府要人の暗殺計画を企てた急進的な集団が、県内
の加波山に立てこもって決起を呼びかける加波山事件があった。呼びかけに
応ずる者がいなかったにもかかわらず、三島は数百の警察官と帝国軍隊を出
動させて彼らを捕らえるように命じた（Bowen 1980: 31–49）。まもなく三島は、
東京に呼ばれ、内務省土木局長の兼務を命じられ、その後警視総監に任ぜら
れた。子爵の爵位を授与され、1888（明治 21）年に 53 歳で亡くなった。

❖　森と庄内の政党

　ワッパ騒動の全活動家のうち庄内で傑出した政治家として知られている
のは、森だけである。彼は国内各地の民権指導者たちと連絡を取っていた。
1879（明治 12）年、彼は庄内の最初の政治結社「尽性社」の創立者の一人で
あった（『酒田市史』史料編第 8 巻社会篇：882）。酒田に本部をおいたこの組織は、
国会開設、言論の自由等の改革問題について、宣伝教育支持拡大のために、
演説会の開催や請願活動を行った。無尽講あるいは親睦講は当時全国的に行
われていたが、森は尽性社の一環としてそれを組織した。講員の増加で財源
は豊かになったが、1881（明治 14）年には、尽性社内に溝ができた。自称保

3　『鶴岡市史』中：269–270。今残されている記録からはこの件は明らかではない。

守派は地元産業の育成に力を入れるため袂を分って「飽海農談会」を結成した。残留者達は進歩的な「飽海協会」を組織し、森は庄内最初の新聞である『両羽新報』発行にその基金を使うよう取り計らった。1883（明治16）年早々、新聞は県から発禁処分を受けた。飽海協会はまもなく「庄内自由党」を結成し、森は3人の役員の一人となった。庄内自由党は中央の板垣退助の「自由党」と提携し、自由主義的な政治改革の要求を続けた。1880年代前半を通して、これらの酒田の政治集団は県と闘っていた。それはたいてい選挙の問題についてであり、通常は飽海郡長に向けられた。酒田町長選挙はとくに問題となった。少なくとも3回は（内1回は森が勝ったのであるが）いろいろな口実で郡長から無効にされた。そして郡長は訴訟やリコール請求に見舞われた。

　1880年代の早期に、鶴岡にも同じような熱心な政治結社がいくつかできたが、より学術研究を主としていた。ある組織の会則は、高尚な声明文で始まっている。すなわち知識の向上、自由の保障、産業の育成である。実際には、講演会や物品の展示会を開催している。また、別の組織は学術研究に専念すると約束していた。無料の新聞閲覧所を開設した組織もある（『鶴岡市史』中巻411–14）。

　驚くことではないが、酒田と鶴岡のいずれの結社も、多数の農民の支持を集めることはできなかった。その理由の一つが、1879（明治12）年11月末に政府役人〔佐々木高行〕が「民情」を探るために庄内を訪れた際に明らかになった。その2年後、天皇が東北地方を行幸したときには、鶴岡の沿道に小学生が並んで日の丸を振って出迎えた。そこで、佐々木が庄内を訪れたときに明らかになった飽海の教育問題のことを見てみよう。

　11月29日、飽海55か村の代表が民情視察に来た佐々木に「民情上申書」を手渡した。その内容は飽海郡内の学校負担金の件で、町と村での負担と校舎の不公平に怒りを向けていたのである。彼らの証言によれば飽海郡は4地域に分かれていて、西部を例にとると、酒田町と29か村からなる。酒田町は3,900世帯で負担金はたった14万円に対して、29か村は1,400世帯で負担金は77万円であった。学校負担金は地価を基準として計算されたため、1世帯当たりの負担額は村が町の15倍にもなった。酒田町の琢成学校は「三

層の高楼雲間に聳え」ているのに、村の多くの学校は校舎さえなく、個人宅を借りるとか寺の一室で授業をしている。そこで彼らは、「俺たちは町の人々の奴隷になってしまうのではないか」と役人に訴えた。郡長への嘆願書が無視されたので、彼らは佐々木に郡役人の圧政を解消してくれるよう頼んだ（『山形県史』史料編第 19：1129 33）。森は個人として村の代表に代わって実情を訴えたが、彼の政治結社会員は主に酒田町民であったので、農民は税や支出に対して町の人達に強い不公平感を抱いていたこともあり、大きな政治改革運動とはならなかった。

　1880 年代には、地方によって自由民権運動家と抗議者が一時的に共同行動する動きも見られたが、庄内では自由民権運動の絶頂期においてもその動きは見られなかった。隣県で 1882（明治 15）年に福島事件が起こった時も、庄内からは一通の手紙と支持者の差し入れの品物が「飽海郡之輔」という匿名で送られただけであった。そこには森の新聞社の住所が記載されていた（『酒田市史』史料編第 8 巻：890）。1885（明治 18）年、森は飽海郡の県会議員として山形に滞在中の旅館で病死した。44 歳であった。庄内の民権運動も国全体の民権運動も下火になり、松方デフレの影響をもろに受けることになった。

❖　地租改正と松方デフレ

　1870 年代半ばの地租改正のもっとも直接的な影響は、単位面積当たりの平均税率の大幅な切り下げであった。切り下げの時期と方法は、1874（明治 7）年の田川の運動とその後の嘆願、そして東京での裁判に直接的に結びついていることをすでに見てきた。しかしながら、総じて恩恵は少なかった。この調査ですぐに解決できなかった課題の一つに、土地の名義人たちによって放置されていた土地の処理があった。これは少なくとも 100 年前から生じていたことで、一部の集落ではそうした放置地が村の耕作地の半分を超えていた。耕作と納税の負担は村に残っている世帯に割り当てられた。しかし、多くの集落では 1874–75（明治 7–8）年の調査で世帯の割り当てと法的所有権が一致

する訳ではなかった。事実、田原音和（1972）は鶴岡と大山の間の林崎という集落の調査を基に、10年間も課税されない部分があったと主張している。そういうときには、有力者達は仲裁という形で多くの土地を取り上げることが可能であった。田原は、庄内の他の多くの村でもこのような土地が有力者に集中したと推測している。

　田原の予測がどこまで一般化できるかわからないが、この土地の集積が、松方デフレによる新税制の経済不況の影響で一層進んだことは確かである。1870年代の末には中央政府は深刻な財政危機に陥った。1877（明治10）年の西郷の反乱を鎮圧するために経費がかさみ、巨額の不換紙幣を発行したので、インフレを引き起こし対外債務を増加させた。1881（明治14）年、松方正義は大隈重信に代わって大蔵卿になり、ただちに一連の緊縮財政を実施してデフレを招いた。[4]今や地租が確定し、その支払いの責任を負うことになった農民は、国家経済に翻弄されることになった。物価高騰で稲作農家は利益を得ていたが、東京中央市場で米価が1881（明治14）年の1石14円10銭から84（明治17）年には4円60銭に暴落すると、納税義務と収入不足で多くの小規模農家は田を抵当に入れることを強いられた。1880（明治13）年代初期には田川の田の約43％は小作地になり、この割合は20世紀初めまで変わらなかった。

　農村の貧困の例として、鶴岡と大山の中間にある播磨京田の1883（明治16）年の学校の様子をあげておく。この困窮した時期、この集落の小学校就学率は急激に下がり、1881（明治14）年の65％から82（明治15）年の53％、そして83（明治16）年の38％となったのである。その年、学区内の一部地域住民は子どもを登校させないことで学校を閉鎖に追い込もうとした。彼らの心配事はお金であった。戸数割、地価割で課せられる学校予算と補助金および授業料の増加である。世話掛や学務委員の熱心な説得により学校は閉鎖を免れた。農村困窮の一端を示すものであった（『鶴岡市史』中巻 1975：418–19）。

　4　松方正義（1835–1924：天保6–大正13）は地租改正の中心人物であった。彼は大蔵卿として1900（明治33）年まで務め、その間2度短期間総理大臣を務めた。

第 10 章　その後の経過

❖　帰ってきた菅

　松方が引き起こした不況は旧酒井藩の士族たちをも直撃した。1878（明治
11）年、明治維新の指導者達は士族に対する家禄を最終的に廃止し、金禄公
債で解決した。これの多くは商売を始めるためや銀行の設立などに使われた。
しかし 1880 年代の初期に事業の多くは破綻し、鶴岡では士族達が北海道開
拓事業に参加を申し込むために長い列を作った（『鶴岡市史』中巻 1975：413）。
多くは鶴岡を去り、1870 年代末の 5,000 戸から 1880 年代半ば 3,000 戸に減っ
た（『鶴岡市史』中巻 1975：469）。だがこの時は、鶴岡の経済はもっとも底を打
つ状況であった。松方の政策は犠牲が多かったが、貨幣価値を回復し金利を
下げ、インフレを抑える効果はあった。こういう条件がそろったところで庄
内には新たな対立が現れた。鶴岡と酒田の対立でも都市と農村の対立でもな
い。どちらかというと自由主義的な商人と農村の企業家が、手ごわい菅実秀
に率いられてよみがえった不屈の「御家禄派」と、政治的商業的に対立する
ことになったのである。
　酒井忠篤と弟の忠宝は 1870 年代おおむね庄内を離れていた。実は 70 年代
後半ドイツに留学していたのである。帰国すると、酒井兄弟や同行した家臣
たちは政府に冷遇された。政府は、他の藩から多くの優秀な人材を受け入れ
ていたのである。そこで、菅実秀は彼らに庄内に帰ってくるよう要請した。
菅はワッパ騒動の最中に権参事を引退していたが、松ヶ岡開墾などに従事し
ていた士族たちの間では依然として精神的な指導者であった。帰ってきた「お
殿様」と一緒に、菅は酒井家士族たちの忠義と献身の道徳を復活させるため、
より直接的に動き出した。新しい学校制度のもとでは旧藩校で行っていた教
育はほとんど行われなかったので、菅は週に数回酒井家の一室に集まって勉
強する小さな「お寄り合い」という学習会を組織した。年齢別の集団で夜 1
時間ほど「四書五経」を読み、講義を聴いた。1890（明治 23）年東京上野公
園に西郷隆盛の銅像が建てられたとき、菅は『南洲翁遺訓』を発刊し、それ
はその後この教室の教科書になった。[5] 菅はまた別に、相互批判を行う小グ

　5　菅の没後、1920（大正 9）年ごろ『臥牛先生遺教』が三つ目の教科書として追加された。

ループ「切磋琢磨の会」も組織した（小山 1958：736–37）。町の人々に脅威を
与え新聞閲覧所に侵入し政治的集会の演説や討論を中断させる若い不良士族
たちを、菅は黙認していたと語る者もいた。

　酒井藩の独特の文化を地域に再構築するという菅の努力は、確固たる財政
上および政治上の基盤が地域には必要だというしたたかな見通しが無けれ
ば、単なる時代錯誤であったろう。旧藩の上級家臣は、再び明らかに資本主
義的でない目的のために資本主義的事業に従事させられた。そしてまたもや
本間家、とくに引退した本間光美は、必要な援助を提供し、1886（明治 19）年、
酒井に協力して酒田米穀取引所を設立した。それは当初、菅と旧上級家臣に
よって経営されていた。その取引所には付属の倉庫がなく、酒田の新井田川
沿いの古い蔵に頼っていた。この新井田蔵は、最終的に本間家が購入するま
での 1870 年代、持ち主が何人も変わっていた。1890 年代の末、米穀取引所
と本間家は協力して新井田川沿いに巨大な倉庫群を建てた。山居倉庫である
（小山 1958）。20 世紀初めには山居倉庫は庄内の米穀市場を取り仕切っていた。
旧士族達は 1886（明治 19）年、鶴岡の有力銀行の一つを経営し、さらに復活
した絹織物の輸出市場によって、瀕死の状態にあった松ヶ岡の桑畑と養蚕の
事業を立ち直らせた。

　どの事業でも「御家禄派」は、鶴岡および周辺の「町方達」と呼ばれるこ
ともある人達との競争に直面した。町方の人達は別の銀行を管理し、山居倉
庫に対抗する鶴岡米穀取引所を設立し鶴岡倉庫を付設した。実のところ鶴岡
での工業生産は、1890 年代半ば、町方の人達が京都と福井から技術を導入
し絹糸の生産を始めるまで行われなかった。1894（明治 27）年庄内羽二重の
工場を設立し、地元で新しい紡糸機が発明されて、製糸業がこの地方の主要
な産業になったのである。1902–12（明治 35–45）年に鶴岡地方では 23 の製糸

　その内容は、彼が中老をしていたときや県の役人になったときの教えとほとんど変わら
ない。「何程公平に取扱ふとも小民は多く慾深きものゆえ、自分勝手の苦情は必ずいふ
ものなり。そのときは先づ心を空しくして静かにその言を聞き受けたる後、丁寧懇切に理
由を諭すべし。然る上にも猶私慾を申し募るに於ては断然その小作を引上げ、たとひ小
作を望むものなきより、公田荒蕪し雑草生ひ繁るとも苦しからず」（小山 1958：741）。
後年、1938 年の学習会については、小山 1958：734–37 を参照のこと。

第 10 章　その後の経過

工場が創業し、生産は 6 倍に伸びた（『鶴岡市史』中巻 1975：469–76）。

　1880 年代の末から 90 年代にかけて、県や国の代表を選ぶ選挙や町議会議員の選挙戦がこの対立する勢力間でしばしば行われた（『鶴岡市史』中巻 1975：427–501）。彼らの主張は、二大政党の政治用語を使っていた。一つは御家禄派と飽海の保守的な地主がその傘の下に集まる大隈重信の改進党であり、もう一つは板垣退助の自由党だった。だが、19 世紀末には、彼らの主張と行動にずれが生じていった。

　例えば 1902（明治 35）年鶴岡の町議会では二つの議題について論じられていた。一つは、前の議会で引き上げられていた最富裕層の県税戸数割問題である。もう一つは、小学校令改正での学校再編に伴う教育施設のための新債問題で、これは町の納税者から強く反対されていた。1901（明治 34）年、議席の半数を改選する選挙で、菅は候補者名簿を使い、御家禄派を動員して戸別訪問させた（『鶴岡市史』中巻 1975：497）。これはおそらく反対派には脅威となったであろう。御家禄派の勝利は、彼の推す林茂政を新町長に選ぶ事を可能にした。林は鶴岡朝暘学校の教師であったが、就任後町役場と鶴岡中学校の「進歩派」を追放した（『鶴岡市史』中巻 1975：496–97）。1902（明治 35）年に、林と新町議会は、学校再編計画を延期させることに成功し、風間幸右衛門と酒井忠篤に対する大幅減税を可決した（『鶴岡市史』中巻 1975：500–501）。政治的利害は、またも都市と農村、有力商人と中間層の商人とを分裂させた。

　以上の短い説明では、19 世紀最後の 20 年間における政治的抗争の複雑さや銀行業務や金融業務の詳細に触れることができない。しかし、19 世紀における政治的亀裂を浮き彫りにすることはできる。1902（明治 35）年の町議会からさかのぼること 100 年前、藩の協議では、重臣白井矢大夫と本間光丘との路線の対立があった。二人は、年貢の取り立てのよりいっそう厳しい規制によって藩の借金を返済するためのまったく異なる策を提出したのであった。政争の論点や用語は劇的に変わり、また 1800 年の協議や 1902（明治 35）年の町議会でも人々の声は排除されていたが、危機的な時期の変革においては、地域の上層部に対立が生じるのは当然のことであった。

❖ 農業における資本主義

　1890年代における庄内経済の復活には、三つの側面があり、それらは一体となって、地域の資本主義経済への移行を示していた。国の経済発展と地元の商人間の派閥争いによって、一つ目は資金調達や市場の準備が促されたこと、二つ目は製糸業主導の地域経済が促されたことを、私たちは既に見てきた。三つ目の側面は、小作関係の再編成と農業基盤への民間の大規模投資であった。とくに1890–1920（明治23–大正9）年の潅漑用水網の整備である。もっとも注目すべきことは、土地の交換や農法の変更にも、特別な反対運動が起こらなかったことである。

　庄内の20世紀初めの「米革命」は、地租改正の結果にいくつかの点で結び付いていた。1870年代末の村の耕作放棄地の再割り当てと、1880年代に引き起こされた深刻な不況によって、小規模地主の土地が抵当となり、大規模地主の土地は一層拡大することになった。ところで地租改正によって平野全体の税率は平準化されていた。従来17世紀に土地台帳が作られた後に開墾された土地（大地主の所有地の大部分を占めていた）の税は優遇されていたが、再調査と再評価によって前ほど有利ではなくなっていた。地租改正以前は藩への納税義務のない土地だったので、地主たちは浸水した土地や生産が不安定な土地でも所有していたのであった。しかし今回、税率が平準化されたことで、地主たちは納税義務を負わされたので無視する訳にはいかなくなった。

　そこで、稲作と水田を改良するために、明治農法と呼ばれる方法を広く採用したのである。これは、種子の選別技術から改良した苗代の作り方、線条の田植え、そして何より大事な収穫後の犂入れと春の馬耕などを含む一連の耕作技法だった。[6]　この方法は「福岡農法」としても知られ、西南日本で明治初期に広く行われ、改良した特殊な犂の先をつけ犂床（すきどこ）を狭くしたものだっ

6　1880年代半ばの明治農法前の耕作法は1885年の報告を参照のこと（『山形県史』近現代史料 11978：483–93）。1977年の陣内義人、1977年の大場正己、1978年の宇野忠義の3人の優れた調査は、飽海の豊原集落の明治農法の採用について研究している。「乾田」を学んでからも、水を湛えた「湿田」と呼ばれる田を牛馬に引かせることも長いこと行われていた。今度の新しい農法は、乾田を牛や馬に引かせた犂で耕す方法であった。

第 10 章　その後の経過

た。庄内の農民にとっては、まずは「乾田馬耕」への取り組みであった。庄内で問題なのは、平野があまりにも平らで水はけの悪い土壌だったことだ。つまり秋の収穫後に犂入れするのは、土壌に空気を送り土地を乾燥させることを狙ったものだった。この堅くなった土は人力で耕すのは難しく馬耕が必要になるのである。

　乾田馬耕の技術は、福岡に調査団を派遣したり、福岡から馬耕指導者を招いたり、小作人たちに乾田馬耕に必要な用具等の購入のための借金の保証をしたりという地主らの精力的な奨励によって、1890 年代に急速に庄内に広がった。1908 年までに庄内平野の 94％の水田は乾田馬耕が行われるようになった。こうして世紀が変わるころには生産の安定と市場の評価が高まっていた。ただ、この明治農法への転換はまったく問題がない訳ではなかった。深く耕せばそれだけ多くの肥料が要ることになるが、稲の品種によっては多肥料によって病気に対する抵抗力が落ちることがあった。田植えでは大量の水が必要になり、潅漑用水路網の容量を超えることになった。また、犂の操縦が重くなり厄介なことになった。さらに大小さまざまな形の整っていない水田の場合、能率が悪いことが分かった。

　このような事情に他の要素も加わって、飽海と田川（後者は当時東西に分割されていた）の地主達の間では、20 世紀初めの 20 年間に大規模な「耕地整理事業」を行う機運が高まった。費用の大部分は地主たちが負担し（政府からの補助金はスズメの涙）、地主達の組織と水利組合によって農閑期の労働力を利用し、耕地整理という大事業は完成した。平野のあちこちで鍬、シャベル、モッコを使った骨の折れる作業によって、今までの畔はまっすぐに整えられ、水路は整理された。水田は 10a ずつの長方形に再構成して区切られた（写真16）。畔は作り直され用水路は掘り直されて、水田に直接行けるような農道と水田に直接つながる用排水路が作られた。

　まず試験的に水田の整地が行われたのは 1900（明治 33）年、東田川であった。

　7　佐藤繁実（1958）に掲載された庄内の米生産高の表 1889–1923（明治 22– 大正 12）を参照。また、播磨京田集落の 1877–1955（明治 10– 昭和 30）年の生産高参照（『鶴岡市史』下巻 1975：366–67）。

写真 16　明治農法への転換後、耕地整理された水田で行われた春の乾田馬耕（春日儀夫所蔵）

ちなみに、60 年前三方領知替え抗議集会があった中川谷地の一部も含まれていた。さらにまた、これに続く 20 年間各地で多くの事業が進展し、全体的に庄内農業は資本主義化していった。[8] 1874–75（明治 7–8）年の地租改正の調査では、土地所有者にとっては課税対象外、小作人にとっては小作料の対象外となる未登録地の大部分が明らかになっていた。耕地整理によって、未登録の土地もなくなった。また区画整理によって、総区画数も減り水田の周囲に新たな畔が必要となった。結果的に水田面積が増えたが（以前の所有分に応じて分けられた）、大豆その他の作物を畔を利用して作っていた農民には不利になった。耕地整理および用排水路の整備は、かつての畔をすべて水田にすることを可能としたので、結果としてこの平野は米の単作地帯という性格がいっそう強くなった（表 14）。そして最後にこの事業では小作人契約を、それまでの収穫量や地価単位から面積単位へと変更することが進められた。それまでの小作料の基準（実際は、慣例による控除前の最高額）は、予想収穫量を俵の数で表していた。小作料が 1 俵である水田の 1 区画は「1 俵場」で、「1 俵場」いくらで売買された。10a（1 反）の長方形に整理したことで、土地所有の規模は分かりやすくなった。磯部（1976）らは、目に見える統一された

8　出典は 1964 馬場昭、1958 佐藤繁実、『鶴岡市史』下巻 1975：352–55、および 1976：191–227、1978：728–39 磯部俊彦。

第 10 章　その後の経過

表 14　飽海郡西荒瀬村酒井新田の耕地整理前後の耕地と小作料

		1908（明治 41）年		1911（明治 44）年	
		面積（ha）	反当小作料（石）	面積（ha）	反当小作料（石）
水田（等級別）	上	48.1	1.1	114.0	1.20
	中	112.5	1.0	67.5	1.07
	下	12.8	0.9	8.5	0.97
畑		7.7	0.3（米で）	6.1	0.5（米で）
計		181.1		196.1	

注：1908（明治 41）年と 1911（明治 44）年、耕地整理前後の耕作地および土地評価
出典：白井 1961:97

　基準になって世帯の程度も表すことができるようになったと主張している。つまり、新しい技術を採り入れる端緒となり、小作人の労働力を判断する手がかりになるという。最終的に、事業後の区画の割り当ては土地所有者にとっては所有地をまとめ、地主にとっては以前の小作契約を書き換えて問題のある小作人を排除する機会となった。

　たしかに、この事業が促進した庄内の小作地再編は、農業の資本主義の三つ目の側面と見なすことができるかもしれない。ここでまた本間家、とくに光美が先頭に立つことになる。1890 年代には、庄内の 2 万 7000 戸の農家のうち 3000 世帯が本間家の水田の少なくとも一区画は小作していた。10 年がかりで光美は本間家の合理化を実施しようとした。小作人と書面で合意書を作り、耕作方法、配分条件、小作権剥奪について明記した。さらに 3 段階の監督制度で小作人を厳しく監視した（鎌形 1956：215–16、細貝 1959）。彼は 1889（明治 22）年 4ha の「本間農場」を設立し、新しい馬耕その他の技術を試行するために小作組織を利用した。本間系の銀行は、小作人が必要とする犂先や肥料の購入に便宜を図った。庄内最大の（いや日本最大の）地主である本間は、規模においても細部においても桁違いの地主であった。20 世紀になる頃には、他の大部分の大地主も米の生産と農業基盤に新たに注目するようになった。

　新たに発生した製造業と農業の資本主義と、より一層張り巡らされた管理と、新しくなった政治的権力関係は、同時に 19 世紀の発展の結果であり、

20世紀の庄内の前奏曲であった。このことは興味深いことに、しばしば喧伝されてきた「(以前は均一的で連帯的だった)農民の分化」をもたらしたのではなく、以前は多様で流動的だった農民の均一化と固定化をもたらした。小作料は一層均一化され厳しくなり、管理体制は一層すっきりし、米市場は一層集中的になり、そして民族国家は未熟な大衆に対して一層口やかましく叫ぶようになった。

　それよりさらに注目に値するのは、庄内では20世紀へ移行しても組織的な反対運動が起きなかったことだ。1880年代の民権運動や松方デフレでも、1890年代の地域の資本と米の市場売買を固定した商業的な派閥の結成でも、そして1900年代初めの資本主義的な製造業や農業でも、明治の最初の10年間に起きたような広い民衆の抗議運動を引き起こさなかった。たしかに、さまざまな事件が地域的には頻繁に起きている(1880年代の初期播磨京田の学校紛争もその一つである)。ここでは二つの小さな抵抗運動を紹介したい。

　一つは1830年代(天保の飢饉)に匹敵する不作の翌年1898(明治31)年の春である。地元の米商人たちが、不自然に操作して米の値段を吊り上げているのは確かだとして、また山居倉庫は米の検査を厳しくして等級を下げているとして、数百人の群衆が酒田米穀取引所を取り囲んだ。この群衆の多くが近くの山村で作った杉の木の粗削りの下駄を履いていたことから「杉下駄騒動」と言われた。服従と反抗の見事な意思表示として、履いてきた下駄を玄関で脱いで、怯える商人たちに声をかけて下駄の山を残して帰っていくという十分に練り上げられた計画を披露した。他には、民衆が困窮した明らかな証拠があるのに組織的な行動がほとんどなかったようである。例えば播磨の検見帳(収穫記録)によると、1897(明治30)年の収穫は、反当たり0.7石で過去10年平均の半分以下という凶作であった。そのため米価が高騰し、鶴岡では1,539世帯が1898(明治31)年の税を滞納して注意を受けているし、556世帯が差押処分を受けている(『鶴岡市史』中巻1975：487)。これらの混乱した状況は、鶴岡町が外米を購入し低価格で販売したり救与したりしたことで、不満や怒りは和らげられた。量としてはそれほど多くはないが(鶴岡では1,500石の外米を販売した)、この活動は宣伝にはなった。

第 10 章　その後の経過

1900（明治 33）年以降の耕地整理事業には、次のようなもっと深刻な不満が合わさっていた。事業への参加が強制されたこと、労賃の低さ、事業の経費の地主と小作人の配分方法、小作契約の打ち切り等々である（磯部 1976 と 1978、佐藤 1958）。飽海郡平田地区での、1913（大正 2）年の組織的な抵抗運動（義挙団）を除けば、これらのほとんどは散発的に行われた。その年の末、約 1,000 人の小作人（一部は自作地を持っていた）が、地元の渡部平治郎から呼ばれて大きな寺に集まり、みんなの苦情を出し合った。会合の結果、渡部の下に義挙団が結成され、小作人の待遇改善を訴えた。彼らは最終的に 5 項目の嘆願書を作成し、飽海地主会に提出した。次のようなものであった。

1、小作料計算を耕地整理前に戻す事

2、小作田保証金の廃止

3、格下げ金の撤回（山居倉庫の検査で 2 等米を基準とし、3 等、4 等米には小作人に差額が課せられた）

4、1~2％の下敷米の廃止（この雑税は 19 世紀にも議論された項目であった）

5、1 俵に付 10 銭の届け駄賃を支払う事（菅野 1978：435–36、佐藤 1958：159–60）

義挙団の要求はにべもなく拒否された。それでも、渡部と数人の同志は 1914（大正 3）年、飽海の小作人を奮起させ、個別に地主と交渉した。しかし地主たちは拒否した。翌 1915（大正 4）年、彼は 5 項目の嘆願書を県知事に提出した（嘆願書の文面は佐藤 1958：160）。地主側はさらに小作地引き揚げの態度に出たので一層紛糾した。小作料の未納を心配した地主側が動揺し、酒田の警察署長は社会不安が広がることを心配した。村長と渡部の立ち合いの下、署長の仲介で、1916（大正 5）年地主側が折れて 5 項目の要求をすべて飲むことに同意した。義挙団はこれを成功のモデルとして他の飽海地主との交渉にも使った。目的を達成した義挙団は、数年後に解散した。[9]

9　菅野正（1978：436–37）の解釈に従った。佐藤繁実（1958：160–61）のよりも説得力があると筆者には思われる。

第11章

まとめ

　1622（元和8）年の酒井忠勝の庄内入部から今日に至るまで、この稲作平野は4度にわたる集団抗議を経験した。そのすべてが19世紀中の二つの期間に集中している。第1の期間は幕末を迎える1840年代初め、第2の期間は1860年代末から1870年代初めにかけての10年間、すなわち明治初期である。

　1840年末、幕府の転封命令が出た際、地元の村役人や町の商人とともに農民を抗議に駆り立てたのは、新たな検地や年貢引き上げへの怖れであった。本間などの大商人や地主は財政的支援を行い、集会や嘆願運動を画策した。藩の上層部も、結局は考えを変えてこの運動を支援した。「慈悲深い酒井の殿様」という美辞麗句のもと、身分を越えた幅広い運動によって、幕府の命令を覆すという稀有な成功を収めることができた。〔三方領知替〕

　その2年後、同じような問題から、同じような懸念や行動が引き起こされた。大山周辺の幕領の領知替では、大山と鶴ヶ岡の町民間および大山と村の酒造業者間での商業上の対立関係がある中で、新たな徴税への怖れも生じた。大山の酒造業者の指導層によって組織された嘆願運動と地域の封鎖には、広範囲の農民が参加した。この時の指導層は、庄内藩に対抗するために幕府を利用しようとした。抗議は危うく暴動に発展しそうになったが、それも長くは続かなかった。指導層の共同戦線は維持されたが、他の参加者は分裂した。〔大山騒動〕

　さらに25年後、明治新政府軍が庄内を占領し分割した。天狗党は飽海全域で決起し、雑税の廃止と施政の改革を求めた。今回も、商人と農民が、村役人や御用商人、県役人と対立する事になった。彼らは、県外から赴任して新しい環境に不慣れな県役人から、部分的な譲歩を勝ち取った。県役人は、

第11章　まとめ

抗議に断固として対処するための力を持たず、村役人を信頼してもいなかった。〔天狗騒動〕

　第4の騒動では、参加者の幅もさらに広がり、目的もさらに広範囲にわたった。税の金納を認めてほしいという最初の要望は、この平野全域を対象とした石代会社の設立計画へと発展した。さらに不平不満は村役人の不正行為と県の悪事に対する損害賠償へと矛先を変えた。大量逮捕に対して田川の民衆は、沼間と児島による「公正かつ公開」の審理が行われるまで、上京して中央政府機関や裁判所に申し立てを続けた。〔ワッパ騒動〕

　筆者は当初、1840年代の二つの集団抗議とその30年後の二つの集団抗議との間には明らかな差異があるだろうと予想していた。数十年の間に、この国が政治的かつ経済的に激変し、資本主義的な考え方が広がり、明治国家への政治的再編がなされたからだ。だが実際には、類似点にも注目しないわけにはいかなかった。1870年代中期の抗議者が是正を要求したのは、新たに形を変えたとはいえ、おなじみの不正の数々であった。すなわち、恣意的な雑税の徴収、村費にまつわる疑惑、非公開の土地台帳と村の記録、現物地租の不正操作による改変などである。ワッパ騒動は、以前の活動と同様、税に対する抗議だった。つまり、県役人による重税の厳しい取立てを阻止し、税負担を減らすために、民衆が立ち上がったのである。いずれの場合も、彼らの憤りは激しく、言葉は痛烈で、目標は明確だった。嘆願書の形式は変わったものの、1841年の江戸へ運ばれた嘆願書、1844年の塩野町の尋問での弁明、天狗党の1869年の18項目の訴因による要求、1875年に農民によって東京へ運ばれた訴願は、みな同じ口調と内容を共有していた。

　それでもそれらを、「単なる」税への抵抗だった、体制への抵抗だった、政治とは無関係な局地的な闘争だった、視野の狭い利己的な行動だったなどと片づけてはならない。民衆が服従したのは、理想的な秩序に対してであり、実際の権力の行使に対してではなかった。彼らは理想的な秩序という価値観を使って為政者たちを脅し、警告し、懲らしめようとした。それはあらゆる点で大きな賭けだった。権力者への異議申し立てや命令への疑義は、大庄屋の信用や県知事の地位、幕閣の改革を動揺させるものだった。そして、数々

の抗議活動の場面が、消し去ることの出来ない心象として残っている。たとえば、藩主の江戸出立を妨害するために中川谷地に宇宙的配置で整列した何千人もの農民たち、大山陣屋の農民たちによる封鎖、1869 年に酒田牢屋を襲撃しようとした天狗党、県役人に睨みつけられても屈せずに児島判事の前で熱弁を振るった魚行商人の白幡五右衛門や商人の森藤右衛門である。集団抗議に関わった人々の日常生活や運命は、その成否によって大きく変わった。たとえば、困窮した川越領主が庄内を引き継ぐのを阻止したこと、尾花沢で判決を言いわたされた大山の酒造業者や村人たちが財産と地位を喪失したこと、村役人へ正式に異議を申し立てしたこと、1874 年から 1875 年の地租改正で多くの譲歩を得たことである。民衆は、偉大な「無私」の政治原理を言い立てたわけではなかったが、彼らの選択がいつも「利己的」な経済的論理に従うとは限らなかった。彼らは無私的であると同時に利己的であり、その矛盾が露呈されたにすぎなかった。

　実際に何が行われ、誰が参加したかに注目しても、4 回の集団抗議にはさらに類似点が見られる。たしかに、役人の悪行の数々と訴える方法について詳しく知っていたのは、四つ目のワッパ騒動の活動家たちだった。彼らは、地元や県、国への働きかけへの自信を持っていた。逮捕に対しては即座に抗議し、最高位の役人に臆することなく直接訴願した。指導者たちはたびたび「総代」として行動したが、村や組の代表者として正式に指名されたというよりは、「志を同じくする人々」の代弁者だった。彼らの訴訟の見通しや運動の進め方、政府内部での立場や意見の違いを見極めてそれを利用する能力などは、とても印象的だが先例がなかったわけではない。いずれの抗議活動においても、上に対する個人的な嘆願、上の承認を得ずに頭越しに行われる公式の請願、穏やかな集会、そしてもっと力強く、ときには暴力的にもなる対決が入り混じっていた。これらの戦術は、たびたび戦略的に組み合わされ、ときには並列することもあったが、合法的で節度ある行動が暴力的で攻撃的な行動へと一直線に発展することはほとんどなかった。

　これらの複雑なシナリオを演じたのは、武士や商人、大地主、自作農、小作人などの広範囲な参加者だった。たしかに、いずれの事例も推進力となっ

たのは少数の指導者だった。すなわち 1840–41 年は村役人や商人たち、1843 年は大山の酒造業者、1869 年は長浜のような酒田商人たち、そして最後の 1870 年代は金井や本多、森、農民たちである。彼らの実際的な助言、資金援助、物資の支援は非常に貴重なものだった。また、いずれの事例においても、指導者と支援者との間で相互に調整や便宜が図られていたことを私たちは見てきた。

　同様に重要なのは、四つのどの集団抗議においても、共同体や党派や階級の連帯が形成されるとか、それが持続し強化されるような事例が一つとしてなかったことである。天狗の形象、平田篤胤の思想についての鈴木重胤の講義、それに石代会社という新しい協同組合主義の提唱がなされたにもかかわらず、どの活動も共同体主義イデオロギーを広く訴えることはなかった。少なくとも土地所有を尺度とするならば、庄内平野はくっきりと階層化していたが、だれが活動に参加したか、あるいはだれがリーダーシップを取ったかに着目してみると、明確な階層の差や偏りはみられない。1963 年の論文で佐藤誠朗は、ワッパ「騒動」を、寄生地主化を阻止する「地主・富農」の抵抗として解釈しようと試みた。1840 年代の集団抗議は封建領主に対する「全農民」の戦いであったと考えた井川 (1972) は、小農民と「半プロレタリアート」の日雇が、大地主に対抗した明治初期の二つの運動へと発展的に継承されたとの見解を述べている。二人とも、流動的な階層を、「小地主」、「富農」、「小農民」、「半プロ」という類型論に無理やり合わせようとした。さらに二人とも、それぞれの類型が階級的利害意識を有していると、論証せずに仮定している。だがこれまでの本研究の中で、そのような説明を裏付ける証拠はなにもない。佐藤誠朗は最近、ワッパ騒動を「自由民権を求める運動」の先駆けとする新しい解釈 (1981) を提示しているが、これも解釈としては狭すぎる。たしかに森藤右衛門は有能で情熱的な政治活動家で、集団抗議を嘆願から法廷闘争へと方向転換させる上で決定的に重要な役割を果たしたが、彼の闘争理念は広く共有されたわけではなく、その後彼が作った政治結社に抗議参加者からの支援を引き寄せることはほとんどなかった。四つのどの集団抗議の背後にも、連帯する小農階層や、虐げられたプロレタリアートや、知識人の

少数派は存在しなかった。存在したのは、政治権力に対する共通の怒りや疑惑を心に抱く、多様な階層の農村住民だった。

　庄内の四つの事例の類似性や共通性は注目に値する。だが最後のワッパ騒動は、米取引への接近と県や村役人の説明責任の要求という二つの点で、先行事例とは異なっているように見える。それ以前の集団抗議は、米札を利用する貢納制度のもと、年貢負担を最小限に抑えたいという要求から生じていた。だが、ワッパ騒動の場合、石代会社を設立して自由な米取引を実現したいという、より明確な願いから生じたのであり、それを阻止しようとした県上層部への抗議からではない。これまで見てきたように、これらの県の政策は滅びゆく封建制度のあがきというわけではなかった。菅実秀と松平親懐の政策は斬新で、米市場を独占し地域経済を支配するために、より積極的に取り組もうというものだった。そのために彼らの政策は、過去の藩政時代の政策より強圧的となった。しかし県は新政府に逆らっていたので、その点を利用して、ワッパ騒動の指導者たちは県の経済策に異議を申し立てることができたのである。

　大久保利通に任命された三島通庸は、国の規則に従わない県役人を押さえつけるために第二次酒田県の知事として送り込まれたが、まもなくその彼も県役人と同じ態度を庶民に対して取るようになった、と先に筆者は述べた。庶民への態度は松平や菅と同じであったにもかかわらず、三島はまったく異なる明治日本を心に思い描いていた。それは、ほとんどの庄内の人々が考えても見なかったことであった。「近代的」な公共建築物に対する彼の情熱、酒田と鶴岡に二つの大規模な洋式の学校を（多数の小規模な学校を作る提案に優先させて）開設したという彼の誇り、「旧式で、後進的な方式」に取って代わる西洋式農業の推進（あまり理解を得られなかったが）などは、新しい日本を豊かで強い国家にしようという目的のみを追求する、性急で自信過剰な近代化信奉者による構想だった。

　繰り返しになるが、庄内の人々（とくに田川の農民や反対派士族）と三島との争いを、地元の利害と国家の理想像をめぐっての衝突だったと解釈するのは間違いであろう。庄内の多くの人たちは、三島とは異なる未来の夢を共有し、

第 11 章　まとめ

新しい社会の仕組み（石代会社、誰でも閲覧できて定期的な監査を受ける会計帳簿、公平な学校教育）を熱望していた。しかし、残された記録や訴訟や証言によると、彼らがとくに関心をもっていたのは、権力に説明責任を負わせること、役人の権限を明確に示すことであった。彼らが気にかけていたのは行動の正当性である。また彼らは、普遍的な権利についての森の抽象論よりも、礼儀にかなった妥当な地域的価値観を好んでいた。このように、ワッパ騒動がそれ以前の集団抗議と異なるのは、公的な行為に関する新しくかつ明快な尺度を模索した点にある。

　三島は地租改正において、明治政府は児島裁定において、あっさりと妥協したが、大部分の庄内農民に有利に働いたわけではなかった。児島裁定の場合、農民は金銭を得たものの、不正追及の本筋は得られなかった。児島の判決は、国法が県の慣行に優先することを認めたのであり、地方役人に対する要求を認めたわけではなかった。地租改正は当面の救済をもたらしたものの、農業資本主義への全国と同様な条件も作り出された。農業資本主義の下では、ある者は栄え、ある者は苦しむことになるが、それに対して抵抗し続ける者は少数であった。庄内における集団抗議が、20 世紀初期に見られる画一性と硬直性という特徴ではなく、むしろ 19 世紀にみられる構造上の多様性と不安定性という特徴を示したのは、予期せぬことであった。

　結局、庄内のケースは、私たちの歴史観を否定するものではないが、その枠組みへの疑念を抱かせるものだ。19 世紀庄内の集団抗議は限定的な課題に向けられていた。また、1830 年代〔大塩平八郎の乱等〕、60 年代〔幕末維新期の混乱〕、80 年代〔秩父事件等〕に他の地域で盛り上がりをみせた時期から外れていた。そのことは、庄内が他の地域より豊かでそれによって幸いにも近代へと進むことができた表れとして説明されるかもしれない。だが本研究は、それが間違った解釈であろうということを示唆している。この地域全体の経済生産規模が実際にある程度拡大したにせよ、社会的連帯を弱めたのは、個々人の豊かさではなく、米生産と商業取引が資本主義という「流動する世界」となったことによって個人がもろくなったからである。

　19 世紀中期から後期にかけては、ますます中央集権化し官僚化しつつあっ

た国家と幅広い無産階級の闘争や大規模な政治運動が対立する危機の時代だったが、その歴史の片隅に、庄内のような地域を追いやってしまうのもまた間違っているであろう。もし庄内で起こった事柄が、例えば1853年の南部藩三閉伊一揆、1866年の江戸打ちこわし、1870年の長岡藩廃藩、1885年の秩父事件ほど劇的でなかったと言うならば、おそらくそれは行動の型がよりありふれていたからだろう。本研究と同じような研究を、19世紀の他の地方を対象として行ったら、同じような集団的行動が描き出されるのではないだろうか。抗議が、異なる利害関係を越えて人々の意識を一つにすることは滅多にない。社会構造を大きく変え、文化の意義を根本から変えるような抗議は、さらに稀である。新しい日本を求めてのあがきは、庄内を始めとする諸地域で次のように解決を見た。人々が当時の急進的で知的な言説に動かされることはなく、同様に、支配者の甘言に説得されることもなかった。地元の利害を求めて、神経質で意見が一致しない当局者たちと闘うことを選んだのだった。

　第二の「維新」（Najita 1974：128–37）の名で日本国民が1930年代にすんなりと開始した暴挙と比べれば、19世紀の新時代に入るときに抵抗があったことを私たちは称賛するかもしれない。同様に、天狗党や石代会社を夢想した先人が、もっと徹底した行動で根本的な改革を推進できなかったのだろうかと、私たちは嘆くかもしれない。しかし、鈴木重胤の話や森藤右衛門の主張や三島通庸の訓戒に動かされなかった先人は、後世の私たちの称賛や非難にも動かされないに違いない。彼らは、現代の私たちの大部分と同じように、日常生活で起こる偶発的な出来事に対処しつつ、命が脅かされるような事態には騒動にも加わるが、そうでなければ簡単には動かないと判断したのである。

付録　春一番の米価と庄内藩年貢率（免）1697–1862 年

（米価は 1 石あたりの両で表示）

年	庄内藩領米価	江戸米価	大坂米価	庄内藩年貢率（免）
1697	0.67	1.04	na	43.6%
1698	0.71	1.20	na	45.6%
1699	0.87	0.87	na	46.7%
1700	0.77	1.24	na	45.5%
1701	0.87	1.37	na	45.2%
1702	1.00	1.29	na	37.5%
1703	0.71	1.19	na	45.2%
1704	0.77	1.13	na	45.8%
1705	0.83	1.01	na	41.8%
1706	0.77	1.10	na	46.3%
1707	1.00	1.14	na	45.0%
1708	0.80	1.06	na	47.3%
1709	0.67	1.01	na	46.6%
1710	0.71	0.94	na	44.8%
1711	0.63	1.14	na	45.9%
1712	0.74	1.51	na	45.4%
1713	1.04	1.57	na	47.1%
1714	1.65	2.24	na	47.1%
1715	1.08	1.74	na	47.8%
1716	1.43	2.09	na	41.1%
1717	1.25	2.15	1.55	46.7%
1718	1.14	1.81	1.07	44.4%
1719	0.56	0.91	0.91	46.4%
1720	0.63	1.15	1.41	37.2%
1721	0.83	1.41	1.31	45.6%
1722	0.60	0.86	0.71	46.8%
1723	0.49	0.73	0.70	41.6%
1724	0.36	0.73	0.84	44.7%
1725	0.42	0.87	0.96	41.7%
1726	0.52	0.80	0.94	46.6%
1727	0.47	0.73	0.66	47.0%
1728	0.47	0.71	0.66	45.3%
1729	0.38	0.65	0.49	45.3%
1730	0.35	0.61	0.53	45.0%
1731	0.39	0.82	0.75	43.4%
1732	0.80	1.04	1.47	46.6%
1733	0.60	0.81	0.78	44.2%
1734	0.42	0.69	0.69	45.5%
1735	0.46	0.73	0.66	47.3%
1736	0.65	0.84	0.78	44.7%
1737	0.65	1.01	1.01	46.3%
1738	1.20	1.56	1.60	45.2%
1739	0.75	1.19	1.17	47.3%

1740	0.92	1.34	1.38	45.3%
1741	0.74	1.16	1.10	46.2%
1742	0.67	1.21	0.98	46.2%
1743	0.68	0.95	1.12	46.2%
1744	0.64	0.87	0.94	46.1%
1745	0.76	1.08	1.17	46.2%
1746	0.72	1.19	1.07	45.8%
1747	0.78	1.16	1.03	42.6%
1748	0.74	1.18	1.02	43.3%
1749	0.68	1.21	1.04	44.6%
1750	0.61	1.04	1.02	46.1%
1751	0.59	0.99	0.92	46.1%
1752	0.51	0.73	0.71	46.4%
1753	0.49	0.74	0.67	44.0%
1754	0.48	1.03	0.91	41.9%
1755	1.11	1.31	1.40	37.6%
1756	0.72	1.21	1.12	46.6%
1757	0.62	1.23	0.94	44.4%
1758	0.50	1.16	1.08	46.6%
1759	0.50	0.89	0.84	46.2%
1760	0.53	0.84	0.79	46.5%
1761	0.46	0.99	0.71	44.9%
1762	0.52	1.11	1.00	45.0%
1763	0.61	1.11	0.92	36.9%
1764	0.49	1.00	0.96	46.6%
1765	0.84	1.14	1.01	32.9%
1766	0.61	1.25	0.95	47.2%
1767	0.77	1.14	1.09	35.7%
1768	0.74	1.14	1.16	46.4%
1769	0.67	1.05	1.07	44.4%
1770	0.65	1.11	1.01	44.0%
1771	0.59	1.09	0.95	42.6%
1772	0.48	1.05	0.83	45.0%
1773	0.45	0.83	0.80	38.2%
1774	0.52	0.91	0.85	45.6%
1775	0.58	1.07	0.85	45.3%
1776	0.64	1.12	0.93	39.9%
1777	0.63	1.08	0.89	43.8%
1778	0.54	1.02	0.89	44.9%
1779	0.49	0.93	0.71	45.5%
1780	0.53	0.91	0.73	39.7%
1781	0.65	1.01	0.89	44.5%
1782	0.79	1.14	1.22	45.7%
1783	1.09	1.35	1.53	38.3%
1784	0.81	1.09	1.17	47.6%
1785	0.91	1.12	0.94	40.8%
1786	1.03	1.43	1.75	38.4%
1787	0.83	1.23	1.35	47.6%

付録　春一番の米価と庄内藩年貢率（免）1697–1862 年

年	庄内藩領米価	江戸米価	大坂米価	庄内藩年貢率（免）
1788	0.81	1.08	1.14	44.4%
1789	0.78	0.96	0.96	42.2%
1790	0.58	0.97	0.91	47.6%
1791	0.83	1.28	1.22	44.1%
1792	0.83	1.21	1.27	46.9%
1793	0.67	1.15	1.00	47.1%
1794	0.60	1.00	0.98	45.2%
1795	0.98	1.11	1.23	36.3%
1796	0.77	1.04	1.17	46.9%
1797	0.73	1.05	1.00	47.5%
1798	0.81	1.01	0.91	39.1%
1799	0.63	1.09	1.05	45.3%
1800	0.83	1.23	1.11	41.5%
1801	0.71	1.11	1.07	47.5%
1802	0.75	1.08	0.94	47.4%
1803	0.67	0.91	0.83	44.3%
1804	0.66	0.86	0.86	40.5%
1805	0.53	0.89	0.90	47.3%
1806	0.52	0.93	0.89	47.4%
1807	0.73	1.02	1.06	43.7%
1808	0.84	1.23	1.20	44.0%
1809	0.60	0.98	0.96	47.5%
1810	0.62	0.88	0.88	47.0%
1811	0.61	0.86	0.92	44.3%
1812	0.52	0.87	0.82	47.3%
1813	0.75	0.93	1.01	41.7%
1814	0.67	0.98	1.02	46.7%
1815	0.64	0.96	0.92	44.7%
1816	0.77	1.09	1.02	41.7%
1817	0.69	1.04	0.90	43.1%
1818	0.55	0.89	0.79	47.0%
1819	0.56	0.86	0.79	46.4%
1820	0.53	0.89	0.93	47.4%
1821	0.65	1.09	0.93	45.2%
1822	0.61	1.02	0.93	46.6%
1823	0.59	0.97	0.98	46.7%
1824	0.69	1.01	0.95	44.8%
1825	0.83	1.12	1.16	43.6%
1826	0.65	1.00	0.89	47.4%
1827	0.70	0.88	0.86	44.0%
1828	0.95	1.16	1.29	43.3%
1829	0.69	1.15	1.08	47.4%
1830	1.18	1.17	1.31	40.2%
1831	0.83	1.14	1.13	47.4%
1832	1.18	1.11	1.19	41.4%
1833	1.54	1.56	1.83	37.0%
1834	0.83	1.43	1.12	47.4%

1835	1.18	1.53	1.32	32.6%
1836	2.10	3.03	2.31	39.5%
1837	1.24	2.00	1.47	47.0%
1838	1.78	2.03	1.82	35.2%
1839	1.05	1.20	1.02	32.4%
1840	0.72	1.17	0.96	47.2%
1841	0.80	1.17	1.19	34.7%
1842	0.60	1.11	1.03	47.3%
1843	0.58	1.11	1.16	47.3%
1844	0.82	1.49	1.15	39.3%
1845	1.11	1 43	1.37	46.0%
1846	0.76	1.77	1.26	46.0%
1847	0.97	1.26	1.27	45.2%
1848	0.80	1.17	1.37	47.2%
1849	0.94	1.60	1.58	45.0%
1850	1.27	1.66	2.22	38.2%
1851	0.93	1.26	1.22	47.1%
1852	1.27	1.49	1.32	38.5%
1853	1.37	1.86	1.58	47.1%
1854	1.15	2.06	1.19	40.2%
1855	0.77	1.86	1.00	47.1%
1856	0.77	1.91	1.11	42.4%
1857	1.00	1.69	1.49	42.9%
1858	1.06	1.89	1.83	46.9%
1859	1.30	1.77	1.58	41.8%
1860	0.94	1.40	1.99	44.2%
1861	1.09	2.11	1.91	47.6%
1862	1.58	2.09	2.19	47.6%
1863	na	na	na	47.6%
1864	na	na	na	47.5%
1865	na	na	na	47.6%
1866	na	na	na	45.0%

※1 　表は岩橋勝 1981：460–465 より作成。

※2 　庄内藩年貢率（免）は鶴岡市立郷土資料館所蔵資料より作成。

付録　春一番の米価と庄内藩年貢率（免）1697–1862 年

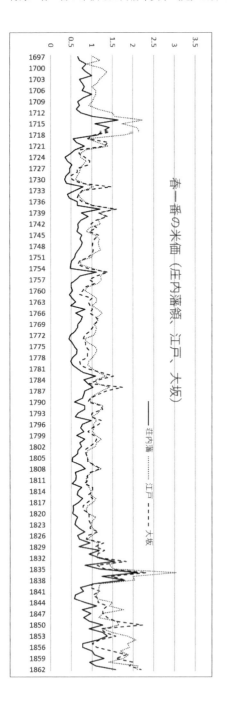

訳者参考資料 1　酒井家　庄内藩の歴代藩主（第 2、3、4 章関係）

代数	名前	在任期間
初代	忠勝	1622–1647 年（元和 8 年 8 月 – 正保 4 年 10 月）
2 代	忠当	1647–1660 年（正保 4 年 12 月 – 万治 3 年 2 月）
3 代	忠義	1660–1681 年（万治 3 年 5 月 – 天和 1 年 11 月）
4 代	忠真	1682–1731 年（天和 2 年 2 月 – 享保 16 年 8 月）
5 代	忠寄	1731–1766 年（享保 16 年 10 月 – 明和 3 年 3 月）
6 代	忠温	1766–1767 年（明和 3 年 5 月 – 明和 4 年 1 月）
7 代	忠徳	1767–1805 年（明和 4 年 2 月 – 文化 2 年 9 月）
8 代	忠器	1805–1842 年（文化 2 年 9 月 – 天保 13 年 4 月）
9 代	忠発	1842–1861 年（天保 13 年 4 月 – 文久 1 年 8 月）
10 代	忠寛	1861–1862 年（文久 1 年 8 月 – 文久 2 年 9 月）
11 代	忠篤	1862–1868 年（文久 2 年 12 月 – 明治 1 年 12 月）
12 代	忠宝	1868–1869 年（明治 1 年 12 月 – 明治 2 年 9 月）

※ 1『新編 庄内人名辞典』1986 年により作成。
※ 2（　）内の月は旧暦表示

訳者参考資料 2　庄内藩から山形県になるまでの行政区分の変遷（第 5、6 章関係）

（1）変遷の概略図	（2）長官など
江戸時代末　庄内藩 松山藩	ⅠA ①酒田民政局長官 　参謀 船越洋之助 1868 年 9 月 　長官 西岡周碩 1869 年 1 月 ②第一次酒田県 1869 年 7 月～翌年 9 月 　権知事 津田信弘 1869 年 7 月 　大参事 西岡周碩～1870 年 8 月 　知事 大原重美 1869 年 12 月 　大参事 津田信弘 1869 年 12 月～翌年 8 月 　大参事 岩男助之丞 1870 年 8 月 ③第一次山形県 1870 年 9 月～翌年 11 月 　県知事 坊城俊章～1871 年 10 月免官
1868 年 9 月～1871 年 11 月 Ⅰ A B A　川北（酒田・飽海） B　川南（鶴岡・田川）	ⅠB 庄内藩 1869 年 7 月→①大泉藩同年 9 月→②大泉県 1871 年 7 月→第二次酒田県 　大参事 松平親懐 1869 年 11 月 　権大参事 菅実秀 1869 年 12 月
1871 年 11 月～1876 年 8 月 Ⅱ	Ⅱ ①第二次酒田県 1871 年 11 月 　参事 松平親懐 1871 年 11 月 　権参事 菅実秀 1871 年 11 月 　県令 三島通庸 1874 年 12 月 ※ⅠB の地区は、三島就任まで庄内藩同様の支配体制が維持されていた。 ②鶴岡県 1875 年 8 月 　県令 三島通庸 1875 年 8 月
1876 年 8 月～現在 Ⅲ	Ⅲ 山形県 1876 年 8 月～ 　県令 三島通庸 1876 年 8 月

『山形県史　第四巻』『鶴岡市史　中巻』等で作成

訳者参考資料3　庄内藩の行政区画（第5章関係）

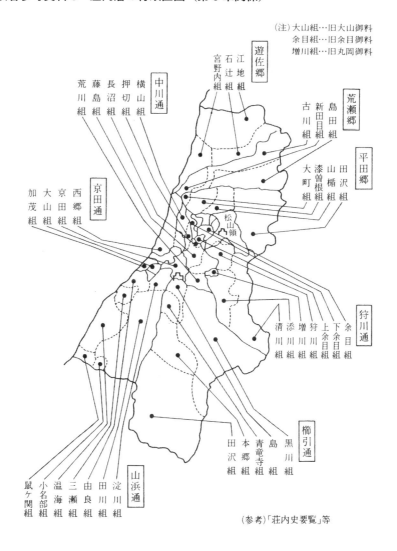

出典『新編　庄内人名辞典』732頁。

訳者解題

❖ 1　なぜ 今、日本語版の出版なのか

　本書の原書『Deference and Defiance IN NINETEENTH-CENTURY Japan』が出版されたのは、1985 年である。今から約 40 年前の著作である。しかし、手に取って読んでいただければわかると思うが、決してケリー氏が書いていることは古く色あせてはいない。混迷を深める現代に一つの光を見出すことのできる新鮮な論を展開していることに気づく。それは、歴史学の視点ではなく、文化人類学の視点で庄内という地域を 19 世紀という一つの世紀単位で論じたことによるのではないかと思っている。

　19 世紀の日本は、まさに幕末から明治維新と激動の時代で開国や近代化等をめぐり大きく揺れた時代である。歴史学においては、その 19 世紀をどう見るか、どう評価するのか、今もって定説があるとはいえない状況である。その 19 世紀を「庄内」の窓から見つめたケリー氏の研究によって、人々が日々の営み・日常を脅かされた時どう行動するのか、学ぶことができるのではないだろうか。

　題名に、「IN NINETEENTH-CENTURY Japan」とあるが、読んでみると「19 世紀の日本」ではなく「庄内」について書いてある。19 世紀の庄内で展開した四つの集団抗議は、今から 150 年以上の前の話だが、読み進めると、不思議と今の日本の状況とオーバーラップしてくるのである。だからこそ、この著書を庄内の人たちだけでなく広く日本の皆さまに読んでいただきたいと思う。

　原書のままでは、日本の皆さまにとって「埋もれた本」となってしまい、その存在も忘れられてしまうかもしれない。今回こうして日本語版として出

訳者解題

版されることになったことで、皆さまに多くの学びや社会を見るヒントを届けることができるのではないかと期待している。

なお、日本語版出版に際しては、内容に即して原書にはないサブタイトルを付け、『19 世紀日本における服従と反抗― 山形県庄内地方の四つの集団抗議 ―』とした。

❖ 2 大まかな構成と各章の紹介

本書は、序文と第 1 章から第 11 章で構成されている。序文には、ケリー氏の問題意識と研究の経緯が書かれている。

第 1 章から第 11 章までは、目次の見出しで大まかな内容は推測できるが、簡単に紹介したい。

第 1 章は、本書全体を俯瞰した概要と 19 世紀日本をどう見るかについての日本と欧米の歴史研究についてのケリー氏の見解について述べている。原書では、この章の後半に 1970~80 年代のアメリカ文化人類学者の議論についての記述があるが、日本の読者を煩わせる議論なので、ケリー氏の了解を得て割愛した。

第 2 章から本題に入る。

第 2 章では、19 世紀庄内の前史である酒井家の庄内藩についての概要と主な出来事を紹介している。1622（元和 8）年庄内に酒井家が入部してからの藩政と庄内農民等の状況について説明し、第 3 章以降の四つの集団抗議の背景を明らかにしている。

第 3 章は、一つ目の集団抗議である「三方領知替」反対闘争について、1840（天保 11）年 11 月の長岡への転封命令から、翌年 8 月の転封命令撤回までの農民を中心とした民衆の動きと藩の対応について詳述している。その結果、藩の酒井家や農民たちに残ったものは何か述べている。

第 4 章は、第 3 章で明らかにした「三方領知替」の結果を受け、庄内藩預に反対する大山等の幕領を中心に展開された二つ目の集団抗議「大山騒動」について、反対闘争の動きと大量に処分者を出し結果的に酒井家庄内藩が預

254

かるまでを述べている。

第5章は、幕末から明治維新にかかる時期の幕府や明治政府と庄内藩執政部との関わりについて述べている。また、戊辰戦争後、川南は庄内藩が存続し、川北は政府直轄の行政区域となり、その川北で雑税廃止を訴えた三つ目の集団抗議である「天狗騒動」が起こる。その騒動を押さえ治安を安定させる必要から、1871（明治4）年には旧庄内藩士による第二次酒田県政が誕生するまでを述べている。

第6章から第9章までの4章は、四つ目の集団抗議である「ワッパ騒動」についてで、その内容は次のようである。

第6章は、誕生した第二次酒田県が、士族隊の軍事力を背景に「天狗騒動」を鎮圧し松ヶ岡開墾（後田林の開墾）等、政府政策を無視して独自の県政を進め、新整組・新徴組の貫属問題が起こったことを述べている。

第7章は、政府の年貢石代納（金納）布告を無視し、米での現物納を強制したことを発端として起こった「ワッパ騒動」が、貫属問題で県と対立し始めた一部士族と農民ら民衆の共同闘争として展開していくことを述べている。

第8章は、「ワッパ騒動」が、一揆的闘争から言論裁判闘争へと転換し、政府を動かすまでを述べている。

第9章は、政府の元老院書記官沼間守一の取り調べで酒田県の不正が明らかになり、その後の児島判決での農民たちへの約6万円の返還と県官の有罪判決について述べている。一方、薩摩出身の三島通庸が県令として赴任し、「ワッパ騒動」を弾圧し沈静化を図りつつ地租測量調査を進めたことを述べている。

第10章は、「ワッパ騒動」の後、森らの自由民権運動、庄内における農業近代化の動きについて述べている。

第11章は、本書全体のまとめである。四つの集団抗議を再度俯瞰し、従来集団的行動の分析の定番的観点とされてきた共同体、階級、党派は、この庄内の四つの集団抗議の説明には役立たないことを、改めて述べている。では何が集団抗議となっていくのか、読者のみなさんと考えたいテーマである。

（文責：升川繁敏）

訳者あとがき

❖ 1 日本語版出版までの経緯

升川繁敏

本書の翻訳は、はじめはワッパ騒動義民顕彰会の学習会として始まり、その都度会員の学習にも役立てようと、ワッパ騒動義民顕彰会で発行している『ワッパ騒動義民顕彰会誌』の2号(序文と第2章)2013年12月、第3号(第3章)2015年9月、第4号(第6章と第7章)2016年9月、第5号(第8章)2017年9月にも掲載した。この会誌は、ケリー氏にも届けられていたことから、日本語版出版の話があり、今回の出版となる。

ワッパ騒動義民顕彰会で取り組むきっかけ

ワッパ騒動義民顕彰会でケリー氏の原書を翻訳して学習しようという始まりは、一つの新聞記事であった。

2010年1月6日付『荘内日報』に、渡部俊三氏「ケリー氏の旭日中綬章受章を終えて」の記事が掲載された。その記事というのは、2009年1月にケリー氏が旭日中綬章受章した記事であった。記事には、ケリー氏が庄内地方を文化人類学的に調査研究した著書の紹介があったのだ。その著作が、『19世紀日本における服従と反抗——山形県庄内地方の四つの集団抗議——』(1985年 プリンストン大学出版)であり、ワッパ騒動も研究されていることがわかったのだ。

幸い原書を堀司朗氏(鶴岡市史編さん委員)がケリー氏から寄贈され持っていたので、ワッパ騒動義民顕彰会の事務局長であった星野正紘氏が懇意にしていた中田義雄・加藤龍介両氏に翻訳を2010年3月に依頼し、ある程度翻訳ができた時点で学習会を始めることになった。

257

訳者あとがき

翻訳の経緯

2010年3月から始められた中田・加藤の翻訳作業からちょうど2年後の2012年4月28日、ケリー氏の著作に学ぶケリー研究会が始まった。

研究会発足に際して、本人からメッセージが寄せられ、彼を知る前出光彦・堀司朗両氏、2代にわたるケリー氏の友人成澤昭信夫妻から語ってもらった。翻訳文については、中田義雄氏を中心に発表があった。このときには65名が参加した。その後、本会の事務局会で相談し、9月からは、月1回開催を決定した。

参加メンバーは入れ替え等があったが、主に前田光彦、堀司朗、日塔哲之、中田義雄、加藤龍介、青山崇、星野正紘、本間勝喜、佐藤俊一、佐藤安太郎、鈴木良春、三原容子、佐藤利克、佐藤義久、樋口信義、升川繁敏であった。

2014年2月8日には、ケリー氏の来鶴に合わせて「ケリー教授と語る会」と懇親会を大松庵会場に行った。

日本語版出版に向けた取り組み

当初は、翻訳をしながら、自分たちの学習という位置づけでの研究会であった。ところが、2017年9月30日にケリー氏にお会いした時、日本語版の出版をしたいという希望が話された。

そして、その後日本語版の出版のためにケリー氏が依頼した東京在住の翻訳家佐藤エミリー綾子氏を紹介され、メールのやり取りでの協同作業を提案された。それ以来、単なる学習会から日本語版出版のための翻訳研究会となった。これまでの自分たちの学習会から日本語版出版のための研究会と会の目的が変わった。2017年10月19日から、佐藤利克、三原容子、升川繁敏の3人による翻訳作業が始まった。庄内はじめ日本の読者に、できるだけ読みやすく内容を理解してもらえるような翻訳を心掛けながら、ケリー氏が参考にした書籍もその都度確認しながら作業を進めた。100回以上研究会を開催し、章ごとに佐藤エミリー綾子さんとメールで何度もやり取りし、2021年8月末でようやく日本語版の原稿が出来上がったのである。

その後、新型コロナウイルス感染拡大などがあり、出版の話は頓挫してしまったかに思われた。そこで、ケリー氏の承諾を得て『ワッパ騒動義民顕彰会誌』第 11 号（2023 年 9 月発刊）に序文と第 1 章を掲載した。

2023 年 11 月末、ケリー氏から庄内訪問の際に会いたいとのメールが届き、12 月 7 日に鶴岡市立図書館本館会議室でケリー氏と再会した。その時、ケリー氏から日本語版出版の依頼があり、出版社も当たってほしいとのことであった。

早速、2021 年 3 月に地方史研究協議会編『日本の歴史を問いかける——山形県〈庄内〉からの挑戦』の出版でお世話になった文学通信にお願いしたところ、快諾を得て今回の出版となった。

❖　2　ケリー翻訳本刊行に当たって

三原容子

ケリーさんの本との出会い

2001 年 4 月、酒田の新大学開学とともに京都から庄内に移り住んだ。移住が決まった頃から庄内に関する本を手当たり次第に読んだ。その中でケリーさんの本を知ったのは、2002 年 6 月のことだった。こうして時期が明記できるのは、読書ノートの記録のお蔭である。

東山昭子氏の『庄内の風土・人と文学』（東北出版企画、1989 年）に、「日本のふるさとが見える町——アメリカ人学者の見た庄内——ウィリアム・ケリー」が載っている（pp.232–234）。簡単な紹介の中で「……次に庄内のワッパ騒動をとりあげて、『十九世紀日本における権威への服従と反抗』（英文版）を発表した」と書かれていた。ワッパ騒動について書かれている英語の本があるというのですぐにメモした。

庄内関連本の乱読によって、明治初期の庄内では他県とは異なり、学制や解放令（賤称廃止令）などの維新政府による全国対象の新政策が行なわれなかったことを知って衝撃を受けた。その特異性にワッパ騒動が関係しているらしいというので、「ワッパ」と聞けば可能な限り読んでおこうという方針だったのだ。

訳者あとがき

　何とかして英文タイトルをつきとめて、ネットで出ていた古書を入手することができた。しかし目を通したのは序文だけである。鶴岡の歴史の先生方の名前がずらりと並んで謝辞が献じられていたのを見て、庄内の方々に良く知られた本なのだろうと安心した。英文を読むには日本語文の何倍もの時間がかかるから、第一章以下は老後の楽しみにしようと、そのままにしておいた。

　時は過ぎ、顕彰会活動が実を結んで2009年9月に義民顕彰碑が建立された。その頃私は「ワッパ騒動研究史」という小文を発表した。それまでに見つけた参考文献の全リストを付けると、それだけで多数のページ数が必要となるので、未読文献も含めて「ワッパ騒動研究書リスト」と題して自分のサイトに掲載しておいた。その中にケリーさんの英書も挙げて、ワッパ関係の章の英文タイトルを紹介し、「まだ読んでいない」と正直に書いておいた（リストは『大地動く』に転載されている）。

　ところが、顕彰会事務局長の星野正紘さんは、それをご覧になっていなかったのだろう。ある日、「驚きました、こんな本があるんです」と緑色の表紙のケリー本を見せてくださった。私が「持っています、文献リストにも挙げています、まえがきに前田先生や堀先生のお名前が載っていますよ」と答えると、なんと、ケリーさんから送られてきた本が英語なので、先生方は中身を見ていなかったらしいという話だった。

　というわけで、ようやく「再発見」されたのであった。

地元で知られていない学術書

　原著のタイトルは「Japan」となっているが、中身は一から十まで「Shonai」である。海外の日本学研究者はこの本で庄内の歴史を知るのである。

　ところがケリーさんの研究活動に協力した方々も読んでいないという。これはたいへんなことだ。詳しくて正確な翻訳は無理だとしても、庄内で歴史に関心を持つ者は概要くらいは知っておくべきではないかと考えていた。

　升川さんの「訳者解題」にあるように翻訳のための研究会が始まり、私はすぐに加わった。長く英語を教えてきた先生方が下訳をしてくださり、それ

を叩き台に、鶴岡の錚々たる研究者で議論して訳を決めていく。かつてケリーさんを指導した方々も一緒で、これ以上は望めないというチームだ。単語の一つ一つに、歴史用語として適切な訳語をあてはめるには、庄内独自の制度についての理解も必要だ。1回に2時間ほど喧々諤々、思い出話にも花が咲く。なかなか進まない。星野さんが克明にメモして次回に念を押す。私は毎回英和・和英の電子辞書を持参した。そして、終了したところを『ワッパ騒動義民顕彰会誌』に掲載した。今から見ればかなり読みにくい翻訳文であるが、その頃は全国の一般読者に読んでもらうことまでは考えていなかった。

1970 年代・1980 年代の歴史学とは異なる文化人類学の視点

1981 年に出版された佐藤誠朗『ワッパ騒動と自由民権』は、ワッパ騒動研究史上「金字塔」というべき書である。同じ頃（1981 年、1982 年）『ワッパ騒動史料』の上下巻が出版された。ケリーさんの本ではこれらの資料をフルに活用している。しかし、視点が違うのだ。

1970 年代に大学・大学院に進学した私は、当時の研究者の多くが濃淡の差はあれ、マルクス主義経済学や階級闘争史観の影響を受けていることを痛感した（私自身は異端の道を歩んだ）。農民闘争を見る場合でも関係者の所有財産（階層）への関心が強い。アナール学派や網野史学や、東西冷戦の終結やら、さまざまな経験を経て歴史学の方向性が変化した後の今日からみると、当時の研究の多くに違和感を抱かずにはいられない。

ケリーさんの本の場合、今から 40 年近くも前に書かれたにもかかわらず古さを感じさせないのは、歴史学の成果を活用しているにもかかわらず、ご本人が文化人類学の畑の出身であるからではないだろうか。

日本語母語者が読んですらすら分かる日本語

せっかく中身が充実した本でも、忍耐強い読み手しか読み通せないとなっては意味がない。翻訳された学術書には読みにくいものがある。今回は、「読んでもらえる日本語文」「読んで理解できる日本語文」となるようかなり念入りに手を入れたつもりである。出典の間違いのチェック以上に時間をかけ

261

訳者あとがき

た。

　本多勝一の日本語作文の技法を初めとして、読める日本語を書くための知恵が普及してきている。たとえば複数の修飾語がある場合の順序とか、文の長さとか、読点の付け方である。三人で読み合わせては修正することによって、さまざまな知恵を実践的に役立てることができたのではないか。修正前と修正後で違うことを何度も何度も味わうことができ、楽しかった。

❖　3　思えば遠くへきたもんだ

佐藤利克

　ワッパ騒動の名は知っていたがその何たるかもまったくわからないまま、ワッパ騒動義民顕彰会初代代表の日塔哲之さんと、初代事務局長の星野正紘さんに誘われるまま活動に参加して 20 年になる。教職を退職したときで次の目標もないままボーっとしていた頃である、学生時代に歴史研究のまねごとをして古文書を少しかじったことはあったが、その後はまったく離れた生活を送り頭もすっかりさび付いていた。

　日塔先生には現職時代に同じ社会科教師として何かと教わることが多かったので恩返し的な意味から手伝いが出来ればいいかぐらいの軽い気持ちからワッパ騒動義民顕彰会とかかわるようになった。

　とはいえ、内陸出身の私にとって庄内の歴史はまったく無知に等しい状態であった。この会の学習会や庄内歴史懇談会に参加したり佐藤誠朗さんの著書や鶴岡市史を読んだりしながら少しずつ知識を得るようにしてきた。

　この間、ワッパ騒動の広がりを地図に落とし込んだり、農民の書いた「ワッパ騒動日記」を現代文に直すことに取り組んだりしたが、研究や調査に意識的に積極的に取り組んだ訳ではない。自分の意識の中ではあくまでも手伝いであり、助手的に日塔、星野お二人の後にくっついて歩いているだけ、程度の気持ちであった。

　そんな私がこの本の出版に当たり、翻訳文の検討メンバーに指名されてしまった。英語はまったく解らない、日本語なら意味が通ずる文章が出来るかもしれないと思った。優柔不断でノーと言えない性格からズルズルと今日ま

できてしまった。

　私の役割は「ワッパ騒動日記」を現代語化したあたりで終わる筈であった。その後義民顕彰会は研究顕彰会として研究にも力を入れるようになり、現地研修や研究会・学習会の会合をたびたび持つようになると、私も参加し錚々たる方々の話を聞くのは心地よい時間であった。その流れでケリー研究会にも最初から参加してきた。庄内の歴史研究に深く関わってこられた方々の話を直接聞くことが出来、庄内の歴史のある種の特殊性が語られるのは大変刺激的であった。そのような専門家の方々がおられる中で、この本の出版に向けて翻訳文を検討するメンバーの一人に指名され戸惑うばかりであった。

　私がこの本にもった第一印象はそのタイトルである。「19世紀日本における権威への服従と反抗」に強い刺激を受けた。従来私が読んできた日本の歴史記述では「幕末維新期」とか「近世末」とか「近代」とかという用語で語られることが多かったように思っていたところ、「19世紀云々」である。いかにも欧米人らしいくくり方かなと思った。

　専門家を交えた「ケリー学習会」、三人での「翻訳文検討会」、明治維新の変革がなかったかのような庄内の特殊な歴史が次々と明るみに出され、自分の蒙さが啓かれていく時間であった。楽しく勉強させてもらった。

❖　4　研究会メンバーのバトン

升川繁敏

著書とケリー氏との出会い

　私がこの著書と出会ったのは、当時ワッパ騒動義民顕彰会の事務局長をしていた星野正紘さん宅である。その時、アメリカの研究者が19世紀の庄内を研究して出した本があると知り、外国人が興味を持つほどこの庄内は特別なのかなと思った。でも、私自身、その後、この本と密接にかかわることや庄内の歴史に深く関わることになるとは全然予想もしていなかった。

　2014年2月ケリー氏夫妻に初めてお会いした。とても気さくで日本語での会話もでき、心なしかほっとした覚えがある。そして、翌年の2月もケリー氏は来鶴され、藤島渡前地区コミセンで講演と懇親会があった。その時も交

訳者あとがき

流することができた。

ケリー研究会へ参加

2015年3月に定年退職したので、平日開催のケリー研究会にも顔を出せるようになった。研究会では、一番の新参者でしかも庄内史の知識もなく聞き役であったが、庄内史の重鎮の先生方が参加する研究会なので、それぞれの話や議論は非常に面白く勉強にもなり、庄内史への理解を促し興味関心も高めてくれるものであった。

『ワッパ騒動義民顕彰会誌』2号~5号まで、ケリー研究会の成果として翻訳文が掲載されたのだが、その訳文はケリー研究会に参加して先生方の話や議論を聞いたところはなんとなく理解できるのだが、参加しなかったところは、よく理解できないもので、せっかく『会誌』に掲載するのであれば、もっとわかり易くできないものかと思っていた。

2017年9月30日星野正紘宅でケリー氏とお会いし、ケリー氏から日本語版の出版を依頼された。そのために数々の学術論文翻訳を手掛ける佐藤エミリー綾子氏を紹介され、ワッパ騒動義民顕彰会のメンバーと合同で翻訳作業を進め、翌年の2018年の戊辰戦争・明治維新150年に合わせて出版する計画であった。また、集中して翻訳作業を進めるにはワッパ騒動義民顕彰会のメンバーを絞った方がいいということになり、庄内地域史研究所代表の三原容子さんと元中学校社会科教師の佐藤利克さん、そして、なんと！ワッパ騒動義民顕彰会の事務局長となった私の3人に任されることととなったのである。

日本語版出版に向けて

翻訳や論文等については三原さんが、よりわかり易い日本語と庄内史の歴史用語については佐藤さんがリードし、私はＰＣへの打ち込みと佐藤エミリー綾子氏とのやり取りをしていた。

2018年4月の2日間、ケリー氏と佐藤エミリー綾子氏が3人のケリー研究会に参加してくれた。研究会の様子を見た2人から、出版を急がず、しっ

写真は、2014年2月8日ケリー氏来鶴時に「ケリー教授と語る会」と懇親会を大松庵会場で行った時の写真である。この人たちを敬称略で紹介する。

前列左から、星野富美子、カニングハム ルイザ、前田光彦、ウイリアム W.ケリー、青山崇。
二列目左から、佐藤安太郎、鈴木良春、本間勝喜、青山トミ子。
三列目左から、升川繁敏、三原容子、成澤陽子、星野正紘。
四列目左から、成澤昭信、加藤龍介、長南厚、佐藤利克。

かり日本語訳をしてほしいという希望が出された。当然、この年の出版には無理があったのだ。

　2021年8月末、ようやく佐藤エミリー綾子氏とのやり取りも終え、日本語版の翻訳原稿は完成した。

　100回余の研究会の会場として鶴岡市図書館本館2階会議室を使わせていただいたので、郷土資料館の図書や史資料がいつでも閲覧でき大変助かった。鶴岡市図書館関係者へは本当に感謝しきれないほどお世話になった。この場を借りて感謝を申し上げたい。なお、2月の蔵書整理等で図書館閉館の時の数回は、3人が集まりやすいファミレスを使った。

　それにしても、三原さんは酒田から、利克さんは温海から100回余も図書

訳者あとがき

館まで通っての参加なので、その苦労は大変なものだが、それも2012年からのワッパ騒動義民顕彰会のケリー研究会に関わってきた人たちの思いを受け止めていたからだろう。また、どうしても日本語版を出版して、庄内はじめ日本の読者にこの著書を届けたいとの強い思い、情熱があってのことだと思っている。

こうして、日本語版出版にあたり、ケリー研究会の新参者の私が、すでに故人となった研究会メンバーのバトンを受け継いで、出版に立ち会うことができ感慨深いものがあると同時にようやく肩の荷を下ろすことができることへの安堵感もある。

参考文献

凡例

1. 原著では、英文著者名、発行年、書名（論文の場合は掲載文献名、雑誌名）、発行所、ページが、著者名の ABC 順に配列されている。
2. 利用の便をはかるため、★と☆の印をつけた（2021 年 7 月現在）。
   ★：文献原本が日本語であるか日本語訳が刊行されている文献
   ☆：日本語訳が不明の文献は原著のまま英語の書名や論文名を掲載した。
3. 明らかな間違い等は適宜訂正した。
4. 〔　〕内のタイトル仮訳を含め、〔　〕内はすべて訳者による。
   ★（原本が日本語）ローマ字著者名　著者名　発行年
   ・『書名』, 発行所（発行地）.
   ・「論文名」,『書名』, pp. 掲載頁.
   ・「論文名」,『誌名』巻号 : 掲載頁.
   ★（原本が英語、日本語訳あり）著者名（日本語訳での著者名）　発行年
   ・英語書名 , 発行地 : 発行所（訳者名『日本語書名』, 発行所, 日本語訳の発行年）
   ☆（日本語訳なし）著者名　発行年
   ・書名.〔『書名の仮訳』〕, 発行地 : 発行所 .
   ・ "論文名 ",〔「論文名の仮訳」〕in 著者名, 書名,〔『書名の仮訳』〕, 掲載頁 . 発行地 : 発行所 .
   ・ "論文名 ",〔「論文名の仮訳」〕, 誌名,〔『誌名の仮訳』〕巻号 : 掲載頁

未公刊史料並に公刊史料集

★ Abe Korechika 安倍 惟親『葉那枝濃多根普久部）』1833–1889 年の記述のうち 1869–1870 年を参考にした。鶴岡市郷土資料館所蔵。

★ Amarume-cho kyoiku iinkai (comps.) 余目町教育委員会編纂 1979「佐藤清三郎日記」,『余目町史資料』第 1 号 , 165–95.

★ anonymous 著者不詳〔加茂屋 文治編纂〕1842　絵巻「夢の浮橋」は致道博物館所蔵、鶴岡市郷土資料館（鶴岡）に模写本が所蔵されている。

★ anonymous 著者不詳〔阿部 善哉〕1867「万治三年〔1660 年〕から慶応二年〔1866 年〕までの平均免の変遷」閑散文庫 169 鶴岡市郷土資料館（鶴岡）.

★ Igawa Kazuyoshi (comps.) 井川 一良編〔正しくは青木 虹二・森 嘉兵衛編〕1970「天狗騒動」,『日本庶民生活史料集成』第 13 巻 , 三一書房（東京）, pp.527–55.

★ Matsunaga Goichi (ed.) 松永 伍一編 1972「乍恐以書付奉歎願候」（1874 年の剣持寅蔵歎願書）,『近代民衆の記録　第 1 巻　農民』, pp.343–46、新人物往来社（東京）

★ Naitô Morikazu 内藤 盛業 1841「合浦球」56 巻（手書き）, 致道博物館所蔵（鶴岡）.

★ Ôkurashô (comps.) 大蔵省編纂 1962『明治前期財政経済史料集成』第 2 巻 , 明治文献資料発行会（東京）.

参考文献

★ Ono Takeo 小野武夫 1964「天保快挙録」, 小野 武夫『徳川時代百姓一揆叢談　上巻』, pp.37–142, 初版は 1927 年, 斎藤美澄による編集は 1921, 刀江書院（東京）.
★ Sakata-shi shi hensan iinkai 酒田市史編纂委員会 1971『酒田市史 史料篇 第五集 経済編上（本間家文書)』, 酒田市役所（酒田）.
★ Sakata-shi shi hensan iinkai 酒田市史編纂委員会 1977『酒田市史 史料篇 第七集 生活文化編』, 酒田市役所（酒田）.
★ Sakata-shi shi hensan iinkai 酒田市史編纂委員会 1981『酒田市史　史料篇　第八集 社会篇』, 酒田市役所（酒田）.
★ Tsuruoka-shi shi hensan iinkai 鶴岡市史編纂委員会 1981『ワッパ騒動史料　上巻』, 鶴岡市役所（鶴岡）.
★ Tsuruoka-shi shi hensan iinkai 鶴岡市史編纂委員会 1982『ワッパ騒動史料　下巻』, 鶴岡市役所（鶴岡）.
★ Yamagata-ken shi hensan iinkai 山形県史編纂委員会 1962『山形県史 資料篇二 明治初期下三島文書』, 山形県庁（山形）.
★ Yamagata-ken shi hensan iinkai 山形県史編纂委員会 1970『山形県史 資料篇十二 酒田県政資料』, 山形県庁（山形）.
★ Yamagata-ken shi hensan iinkai 山形県史編纂委員会 1978『山形県史 資料篇十九 近現代史料 1』, 山形県庁（山形）.
★ Yamagata-ken shi hensan iinkai 山形県史編纂委員会 1980『山形県史 資料篇十七 近世資料 2』, 山形県庁（山形）.
★ Yuza-chô shi hensan iinkai 遊佐町史編纂委員会 1978「文隣記」(『遊佐町史料集』第 3 巻, 遊佐町役場（遊佐）.

二次文献

★ Akiyama Takashi, Maemura Matsuo, Kitami Toshio, and Wakao Shunpei (eds.)、1979 秋山 高志、前村 松夫、北見 俊夫、若尾 俊平編集『図録農民生活史辞典』, 柏書房（東京）.
★ Aoki Kôji 青木 虹二 1966『百姓一揆の年次的研究』, 新生社（東京）.
★ Aoki Kôji 青木 虹二 1967『明治農民騒擾の年次的研究』, 新生社（東京）.
★ Aoki Kôji 青木 虹二 1971『百姓一揆総合年表』, 三一書房（東京）.
★ Aoki Michio 青木 美智男 1972「慶応二年羽州村山地方の世直し一揆」, 佐々木 潤之介編『村方騒動と世直し』上巻, pp.162–210. 青木書店（東京）.
★ Aoki Michio 青木 美智男 1981「近世民衆の生活と抵抗」, 青木 美智男他編『一揆』第 4 巻, pp.167–226, 東京大学出版会（東京）.
★ Baba Akira 馬場 昭 1964「土地改良事業を中心とする庄内の沿革」,『土地改良事業長期総合効果調査　最上川地区』第 5 巻, 農林省東北農政局（仙台）.
☆ Beasley, W. G. 1972 The Meiji Restoration〔『明治維新』〕, Stanford: Stanford University.
★ Bellah, Robert（ロバート・ベラー）1957 Tokugawa Religion: The Values of Pre-industrial Japan. Glencoe: Free Press.（堀 一郎・池田 昭訳『日本近代化と宗教倫理――日本近世宗教論』, 未來社, 1962 年, 池田 昭訳『徳川時代の宗教』, 岩波書店, 1996 年）.
☆ Bellah, Robert（ロバート・ベラー）1978 "Baigan and Sorai: Continuities and Discontinuities in Eighteenth-Century Japanese Thought,"〔「梅岩と徂徠：18 世紀日本思想における継続と断絶」〕, in Tetsuo Najita and Irwin Scheiner (eds.), Japanese Thought in the Tokugawa Period, 1600–1868〔Najita と Scheiner 編『徳川期の日本思想』〕, pp.137–52. Chicago: University of Chicago Press.

☆ Bendix, Reinhard 1978 Kings or People: Power and the Mandate to Rule. 〔『王と人々：統治への力と命令』〕, Berkeley: University of California Press.

★ Blacker, Carmen（C. ブラッカー）1975 The Catalpa Bow., London: Allen & Unwin. 〔秋山 さと子訳『あずさ弓：日本におけるシャーマン的行為』, 岩波書店 ,1979 年〕

☆ Bolitho, Harold 1974 Treasures Among Men: The Fudai Daimyo in Tokugawa Japan. 〔『人を取り巻く宝：徳川時代の譜代大名』〕, New Haven: Yale University Press.

☆ Bolitho, Harold 1979 "The Echigo War, 1868," 〔「1868 年の越後の戦い」〕, Monumenta Nipponica 34（3）: 260–77.

☆ Borton, Hugh 1938 "Peasant Uprisings of Japan in the Tokugawa Period," 〔「徳川時代の農民一揆」〕, Transactions of the Asiatic Society of Japan, 2nd series, 16: 1–219.

☆ Bowen, Roger W. 1980 Rebellion and Democracy in Meiji Japan: A Study of Commoners in the Popular Rights Movement 〔『明治期日本の反抗と民主主義　民権運動における平民の研究』〕, Berkeley: University of California Press.

☆ Brow, James 1981 "Some Problems in the Analysis of Agrarian Classes in South Asia," 〔「南アジアでの農民階層の分析におけるいくつかの問題」〕, Peasant Studies 9（1）: 26–39.

☆ Burton, W. Donald 1978 "Peasant Struggle in Japan, 1590–1760," 〔「日本における 1590–1760 年の農民闘争」〕, Journal of Peasant Studies 5（2）: 135–71.

☆ Cancian, Frank 1974 "Economic Man and Economic Development," 〔「経済人と経済発展」〕, in John J. Poggie and Robert N. Lynch 編 Rethinking Modernization: Anthropological Perspectives, 〔『近代化再考：人類学の視点』〕, pp.141–56. Westport, CT: Greenwood Press.

☆ Chambliss, William Jones 1965 Chiaraijima Village: Land Tenure, Taxation, and Local Trade, 1818–1884. 〔『血洗島村：1818~1884 年の土地保有と課税と地域流通』〕, Association for Asian Studies Monographs and Papers #19. Tucson: University of Arizona Press.

☆ Ch'en, Paul Heng-chao 1981 The Formation of the Early Meiji Legel Order. 〔『明治初期法制度の形成』〕, Oxford: Oxford University Press.

☆ Craig, Albert 1961 Chōshū in Meiji Japan. 〔『明治期日本の長州』〕, Cambridge: Harvard University Press.

☆ Crawcour, E. Sydney 1965 "The Tokugawa Heritage," 〔「徳川の遺産」〕, in William W. Lockwood（ed.）, The State and Economic Enterprise in Japan 〔『日本における国家と経済事業』〕, pp.17–44. Princeton: Princeton University Press.

☆ Davis, Winston 1984 "Pilgrimage and World Renewal: A Study of Religion and Social Values in Tokugawa Japan, Part Ⅱ ," 〔「巡礼と世界の再生：徳川時代の宗教と社会的な価値に関する研究、その 2」〕, History of Religions 23（3）: 197–221.

★ Dore, Ronald（ロナルド・ドーア）1965 Education in Tokugawa Japan, London: Routledge and Kegan Paul.（松居弘道訳『江戸時代の教育』, 岩波書店 , 1970 年）.

★ Enomoto Sōji 榎本 宗次 1975「庄内藩」, 児玉 幸多・北島 正元編『新編　物語藩史』第 1 巻 , pp.213–50. 新人物往来社（東京）.

★ Fukaya Katsumi 深谷 克己 1981「幕藩制社会と一揆」, 青木 美智男他編『一揆』第 1 巻 , pp.99–160. 東京大学出版会（東京）.

☆ Genovese, Eugene 1969 The World the Slaveholders Made: Two Essays in Interpretation. 〔『奴隷所有者が作った世界：解釈に関する二つのエッセイ』〕, New York: Pantheon.

★ Gluck, Carol（キャロル・グラック）1978 "The People in History : Recent Trends in Japanese Historiography," 〔「歴史のなかの民衆─日本歴史学における最近の潮流」〕, Journal of Asian Studies 8（1）: 25–50. 〔梅崎 透訳『歴史で考える』, 岩波書店 , 2007 年の第一部に収められている〕

☆ Greenough, Paul R. 1983 "Indulgence and Abundance as Asian Peasant Values: A Bengali Case in Point,"〔「アジア農民の放縦と過多：ベンガルを例に」〕, Journal of Asian Studies 42 (4): 831–50.

☆ Hanley, Susan B. 1983 "A High Standard of Living in Nineteenth-Century Japan: Fact or Fantasy?"〔「19世紀日本の高い生活水準：事実か夢想か」〕, Journal of Economic History 43 (1): 183–92.

★ Hanley, Susan B., and Kozo Yamamura（S.B. ハンレー , K. ヤマムラ）1977 Economic and Demographic Change in Preindustrial Japan, 1600–1868, Princeton: Princeton University Press.（速水 融・穐本 洋哉訳『前工業化期日本の経済と人口』, ミネルヴァ書房 , 1982年）

☆ Harootunian, H. D. 1970 Toward Restoration: The Growth of Political Consciousness in Tokugawa Japan〔『維新へ：徳川日本の政治思想の発展』〕, Berkeley: University of California Press.

☆ Harootunian, H. D. 1974 Reviewof W. G. Beasley The Meiji Restoration〔W. G. Beasley『明治維新』の書評〕, The Journal of Asian Studies 33 (4): 661–72.

☆ Harootunian, H. D. 1978 "The Consciousness of Archaic Form in the New Realism of Kokugaku,"〔「国学の新現実主義における古代形式の自覚」〕, in Tetsuo Najita and Irwin Scheiner (eds.), Japanese Thought in the Tokugawa Period, 1600–1868〔『1600–1868年の日本思想』〕, pp.63–105. Chicago: University of Chicago Press.

★ Hattori Shiso 服部 之総 1974「自由民権と封建貢租―ワッパ事件概説―」,『服部之総全集』第11巻, pp.149–208. 福村出版（東京）.

☆ Hauser, William 1974 Economic Institutional Change in Tokugawa Japan: Ōsaka and the Kinai Cotton Trade〔『徳川時代の経済制度の変化：大坂と畿内の木綿取引』〕, Cambridge: Cambridge University Press.

★ Hayashi Hideo（eds.）林英夫編 1980『図説日本文化の歴史』第10巻, 小学館（東京）.

★ Hayashi Motoi 林 基 1971『続百姓一揆の伝統』, 新評論（東京）.

☆ Hayashiya Tatsusaburō 林屋 辰三郎 1977 "Kyoto in the Muromachi Age,"〔「室町時代の京都」〕, in John W. Hall and Toyoda Takeshi(eds.), Japan in the Muromachi Age,〔『室町時代の日本』〕, pp.15–36. Berkeley: University of California Press.

☆ Henderson, Dan Fenno 1965 Conciliation and Japanese Law: Tokugawa and Modern,〔『調停と日本法：徳川時代と近代』〕volume 1. Seattle: University of Washington Press.

☆ Henderson, Dan Fenno 1975 Village "Contracts" in Tokugawa Japan〔『徳川時代の村の「掟」』〕. Seattle: University of Washington Press.

☆ Hibbett, Howard 1959 The Floating World in Japanese Fiction〔『日本文学における浮遊する世界』〕. Oxford: Oxford University Press.

★ Hosogai Daijirō 細貝 大次郎 1959「千町歩地主＝本間家の地主経済構造」,『土地制度史学』1 (3):33–70.

☆ Huffman, James L. 1983 "The Popular Rights Debate: Political or Ideological?"〔「大衆的な権利論議：政治的かイデオロギー的か」〕, in Harry Wray and Hilary Conroy（eds.）, Japan Examined: Perspectives on Modern Japanese History〔『試された日本：近代日本史の視点』〕, pp.98–103. Honolulu: University Press of Hawaii.

★ Ienaga Saburō 家永 三郎 1955『革命思想の先駆者 植木枝盛の人と思想』, 岩波書店（東京）.

★ Ienaga Saburō 家永 三郎 1960『植木枝盛研究』, 岩波書店（東京）.

★ Ienaga Saburō 家永 三郎 1974『植木枝盛選集』, 岩波書店（東京）.

★ Igarashi Bunzō 五十嵐 文蔵 1977〈解題〉「酒田の民俗芸能」,『酒田市史 史料編 第七集 生

活文化編』, pp.776–82.

★ Igawa Kazuyoshi 井川 一良 1966「庄内藩における近世後期の水帳改」,『歴史の研究』12 号: 1–20.

★ Igawa Kazuyoshi 井川 一良 1967「稲作単作地帯の農民分解とその原因」,『山形県の考古と歴史』, 山教史学会（山形）, pp.265–83.

★ Igawa Kazuyoshi 井川 一良 1969「天狗騒動と酒田県」,『歴史』第 37 号: 13–27.

★ Igawa Kazuyoshi 井川 一良 1972「羽州庄内地方における農民闘争」, 佐々木 潤之介編『村方騒動と世直し　上巻』, 青木書店, pp.45–72.

★ Igawa Kazuyoshi 井川 一良 1973「幕末維新期における稲作単作地帯の土地所有と農業経営」, 工藤定雄教授還暦記念会編『最上川流域の歴史と文化』, 山形史学研究会（山形）, pp.295–324.

★ Igawa kazuyoshi and Satō Shigerō 井川 一良と佐藤 誠郎 1969「明治維新と農民闘争：天狗騒動からワッパー揆へ」,『歴史学研究』352 号: 9–20.

☆ Ihara Saikaku 井原 西鶴 1959 The Japanese Family Storehouse, or The Millionaires' Gospel Revisited.（『日本永代蔵』）, G. W. Sargent による英訳 , Cambridge: Cambridge University Press.

☆ Irokawa Daikichi 色川 大吉 1975 "The Survival Struggle of the Japanese Community," 〔「日本社会の生存競争」〕, The Japan Interpreter , 〔『日本の解説』〕9（4）: 466–92.

★ Isobe Toshihiko 磯部 俊彦 1977「耕地整理を画期とする土地編制の展開」, 豊原研究会編『善治日誌・解題』〔農業総合研究所発行と東京大学出版会発行とはほぼ同じ内容〕, pp.191–227.

★ Isobe Toshihiko 磯部俊彦 1978「豊原土地編制の検討」, 豊原研究会編『豊原村——人と土地の歴史』〔農業総合研究所発行と東京大学出版会発行とほぼ同じ内容〕, pp.695–769.

★ Iwahashi Masaru 岩橋 勝 1981『近世日本物価史の研究——近世米価の構造と変動』, 大原新生社（東京）.

★ Jin'nnouchi Yoshito 陣内 義人 1977「旱田化と明治農法の形成」, 豊原研究会編『善治日誌』〔農業総合研究所発行と東京大学出版会発行とはほぼ同じ内容〕, pp.465–515.

☆ Johnson, Linda L. 1983 "Patronage and Privilege: The Politics of Provincial Capitalism in Tokugawa Japan", 〔「庇護と特権：徳川時代の地域資本主義の政治」〕, Ph.D. dissertation, 〔学位論文〕Stanford University.

★ Kamagata Isao 鎌形 勲 1956『東北農村風土記』, 東洋経済新報社（東京）.

★ Kanno Masashi 菅野 正 1978『近代日本における農民支配の史的構造』, 御茶の水書房（東京）.

★ Kashiwagura Ryōkichi 柏倉 亮吉 1961「解題」, 本間家所蔵史料編纂委員会編『本間家文書第一巻』, pp.1–59.

☆ Kelly, William W. 1982a Water Control in Tokugawa Japan: Irrigation Organization in a Japanese River Basin 1600–1870. 〔『徳川時代の水管理：1600–1870 年の流域灌漑機構』〕, East Asia Papers Series #31. Ithaca: Cornell University China-Japan Program.

☆ Kelly, William W. 1982b Irrigation Management in Japan: A Critical Review of Japanese Social Science Literature. 〔『日本における灌漑管理：日本の社会科学文献レビュー』〕, East Asia Papers Series #30. Ithaca: Cornell University China-Japan Program.

★ Kokushō Iwao 黒正 巌 1959「出羽国公領大山百姓一揆」, 黒正巌『百姓一揆の研究　続編』, pp.119–130. 原論文発表は 1932 年 , ミネルヴァ書房（東京）.

★ Koyama Magojirō 小山 孫次郎 1958「大地主と庄内米の流通：山居倉庫の顛末」, 日本農業発達史調査会編『主要地帯農業生産力形成史　上巻』, pp.719–788, 農林省農業総合

研究所（東京）.〔『日本農業発達史』別巻上（中央公論社、1958）も同じ内容で同じ頁である。〕

☆ Kriedte, Peter, Hans Medick, and Jurgen Shumbohm 1981 Industrialization Before Industrialization: Rural Industry in the Genesis of Capitalism.〔『工業化以前の工業化：資本主義の起源における地方の工業』〕, Cambridge: Cambridge University Press.

★ Kudō Sadao 工藤 定雄 1971「解題」,『酒田市史　史料編 5　経済編上　本間家文書』, pp. 6–35.

★ Kudō Sadao 工藤 定雄 1981「解題」,『酒田市史　史料編 8　社会篇』, pp.4–42.

★ Kuroda Denshiirō 黒田 伝四郎 1939『庄内転封一揆の解剖』山形農民経済研究会（山形）.

☆ Lebra, Joyce C. 1973 Ōkuma Shigenobu: Satesman of Modern Japan.〔『大隈重信：近代日本の政治家』〕, Canberra: Australian National University.

☆ Lindert, Peter H., and Jeffrey Williamson 1983 "English Workers' Living Standards During the Industrial Revolution: A New Look",〔「産業革命期のイギリス労働者の生活水準：新状況」〕, Economic History Review, 2nd series, 36（1）: 1–25.

★ Matsumoto Ryōichi 松本良一 1977「酒田の修験道」,『酒田市史　史料篇 7　生活文化篇』, pp.646–50.

☆ Medick, Hans 1976 "The Proto-industrial Family Economy: The Structural Function of Household and Family During the Transition from Peasant Society to Industrial Capitalism,"〔「初期産業社会の家族制工業：農民社会から産業資本主義への移行における家族の構造的機能」〕, Social History 3: 291–315.

★ Mikawa-chō shi hensan iinkai（eds.）三川町史編纂委員会 1974『三川町史 全』三川町役場（三川）.

★ Minami Kazuo 南和男 1967「江戸の公事宿」,『國學院雑誌』68（1）: 68–79, 68（2）: 69–83.

★ Morris, Ivan（アイヴァン・モリス）1975 The Nobility of Failure, New York: Alfred A. Knopf.（斎藤 和明訳『高貴なる敗北 日本史の悲劇の英雄たち』, 中央公論社 , 1981 年）.

★ Nagai Masatarō（comp./annotator）長井 政太郎編集 1973『出羽百姓一揆録』, 国書刊行会（東京）.

★ Naganuma Gensaku 長沼 源作 1983『中川史』, 中川土地改良区（鶴岡）.

☆ Najita, Tetsuo 1970 "Ōshio Heihachirō（1793–1837)",〔「大塩平八郎（1793–1837 年）」〕in Albert M. Craig and Donald H. Shively（eds.), Personality in Japanese History,〔日本史上の人物〕, pp.155–79. Berkeley: University of California Press.

★ Najita, Tetsuo（テツオ・ナジタ）1974 Japan: the Intellectual Foundations of Modern Japanese Politics, Chicago: University of Chicago Press.（坂野潤治訳『明治維新の遺産──近代日本の政治抗争と知的緊張』, 中央公論社 , 1979 年）.

☆ Najita, Tetsuo 1975 "Intellectual Change in Early Eighteenth-Century Tokugawa Confucianism,"〔「18 世紀初期徳川期儒教の知的変化」〕, Journal of Asian Studies 34（4）: 931–44.

☆ Najita, Tetsuo 1982 "Introduction: A Synchronous Approach to the Study of Conflict in Modern Japanese History"〔「序論：近代日本史における論争研究への同時代的アプローチ」〕in Najita and Koschmann（eds.), Conflict in Modern Japanese History〔近代日本史における論争〕, pp.3–21.

☆ Najita, Tetsuo, and J.Victor Koschmann（eds.）1982 Conflict in Modern Japanese History: The Neglected Tradition.〔『近代日本史における論争：無視された伝統』〕, Princeton: Princeton University Press.

★ Nakayama Einosuke（ed.）中山 榮之輔編 1974『江戸明治かわらばん選集』, 柏書房（東京）.

☆ Nishikawa Shunsaku（西川 俊作）1981 "Protoindustrialization in the Domain of Chōshū in the

Eighteenth and Nineteenth Centuries," 〔「18世紀、19世紀における長州藩の初期産業化」〕, Keio Economic Studies 18（2）: 13–26.

☆ Niwa Kunio（丹羽 邦男）1966 "The Reform of the Land Tax and the Government Programme for the Encouragement of Industy", 〔「産業振興のための土地税と支配計画の改革」〕, The Developing Economies 4（4）: 447–71.

☆ Oakes, James 1982 The Ruling Race: A History of American Slaveholders. 〔『支配競争：アメリカの奴隷所有者の歴史』〕, New York: Alfred A. Knopf.

★ Ōba Masaki 大場 正巳 1977「明治農法の導入過程：対応作業用語の変化を手がかりに」, 豊原研究会編『善治日誌』〔農業総合研究所発行と東京大学出版会発行とはほぼ同じ内容〕, pp.47–70.

☆ Ooms, Herman 1975 Charismatic Bureaucrat: A Political Biography of Matsudaira Sadanobu, 1758–1829. 〔『カリスマ的官僚：松平定信（1758–1829）の政治的伝記』〕, Chicago: University of Chicago Press.

☆ Ouwehand, Cornelis 1964 Namazu-e and Their Themes: An Interpretative Approach to Some Aspects of Japanese Folk Religion. 〔『ナマズ絵とその主題：日本の民俗宗教の諸側面への解釈的アプローチ』〕, Leiden: E.J. Brill.

★ Ōyama-chō shi hensan iinkai 大山町史編纂委員会 1957『大山町史』, 大山町役場（大山）.

★ Oyokawa〔Oikawa〕Shirō, Kashiwagura Ryōkichi, and Yamazaki Yoshio 及川 四郎、柏倉 亮吉、山崎 吉雄 1953『山形県農地改革史』, 山形県農地開拓課（山形）〔社経研究会からの発行も同年〕.

☆ Popkin, Samuel 1979 The Rational Peasant: The Political Economy of Rural Society in Vietnam. 〔『合理的な農民：ベトナムにおける農村社会の政治経済』〕, Berkeley: University of California Press.

☆ Rappaport, Roy A. 1979 Ecology, Meaning, and Religion. 〔『自然環境、意味、宗教』〕, Richmond, CA: North Atlantic Books.

☆ Robertson, Jennifer 1979 "Rooting the Pine: Shingaku Methods of Organization"〔「松の植林：心学の組織化方法」〕, Monumenta Nipponica 34（3）: 311–32.

☆ Saitō Osamu（斎藤 修）1983 "Population and the Peasant Family in Proto-industrial Japan",〔「プロト工業化期日本の人口と農民家族」〕, Journal of Family History 8（1）: 30–54.

★ Saitō Shōichi 斎藤 正一 1982「庄内藩の転封飢饉と藩の対応」,『歴史』58:45–64.

★ Sakurai Tokutarō 桜井 徳太郎 1979「結衆の原点：民俗学から追跡した諸地域共同体構成のパラダイム」, 鶴見 和子・市井 三郎編『思想の冒険：社会と変化の新しいパラダイム』, 筑摩書房（東京）.

★ Satō Jisuke 佐藤 治助（紹介者）年代不詳〔1966〕「白幡五右衛門一代記」,『はくぼく』15: 41–52.

★ Satō Jisuke 佐藤 治助 1975『ワッパー揆：東北農民の維新史』, 三省堂（東京）.

★ Satō Saburō 佐藤 三郎 1972『酒田の本間家』, 中央企画社（東京）.〔同著者、同書名、同頁数の中央書院版は1984年発行である〕.

★ Satō Saburō 佐藤 三郎 1975『庄内藩酒井家』, 中央書院（東京）.

★ Satō Shigemi 佐藤 繁実 1958「庄内地方における農業生産力展開の契機：耕地整理とその影響」, 日本農業発達史調査会編『主要地帯農業生産力形成史　上巻』, pp.129–166、農林省農業綜合研究所（東京）.

★ Satō Shigerō 佐藤 誠朗 1963a「米作商品生産地帯における地租改正」,『歴史の研究』10: 78–117.

★ Satō Shigerō 佐藤 誠朗 1963b「ワッパ一揆の農業構造」,『歴史評論』156: 42–57、158:

68–79.

★ Satō Shigerō 佐藤 誠朗 1965「近世後期における稲作単作の地主経営」,『史学雑誌』74（4）: 433–57.

★ Satō Shigerō 佐藤 誠朗 1980『幕末維新の政治構造』, 校倉書房（東京）.

★ Satō Shigerō 佐藤 誠朗 1981『ワッパ騒動と自由民権』, 校倉書房（東京）.

★ Satō Tōichi 佐藤 東一 1967「荘内地方の農村文書解読のための資料若干」,『山形県の考古と歴史』, pp.284–93, 山教史学会（山形）.

★ Satō Tōzō 佐藤 東蔵 1983『佐藤東蔵家系譜』, 三川町（個人出版）.

☆ Scalapino, Robert A. 1962 Democracy and the Party Movement in Prewar Japan: The Failure of the First Attempt,〔『戦前日本の民主主義と政党活動：最初の試みの失敗』〕, Berkeley: University of California Press.

☆ Scheiner, Irwin 1973 "The Mindful Peasant: Sketchies for a Study of Rebellion",〔「注意深い農民：反抗研究のためのスケッチ」〕, Journal of Asian Studies 32（4）: 379–91.

☆ Scheiner, Irwin 1978 "Benevolent Lords and Honorable Peasants: Rebellion and Peasant Consciousness in Tokugawa Japan",〔「慈悲深い領主と高潔な農民：徳川時代における反抗と農民意識」〕in Tetsuo Najita and Irwin Sheiner（eds.）, Japanese Thought in the Tokugawa Period, 1600–1868,〔『徳川時代の日本思想』〕, pp.39–62. Berkeley: University of California Press.

☆ Scheiner, Irwin 1982 Review of Roger Bowen, Rebellion and Democracy in Meiji Japan〔ロジャー・ボーエン「明治期における反抗と民主政治」の書評〕, Journal of Japanese Studies 8（1）: 179–86.

★ Scott, James C.（ジェームズ・C・スコット）1976 The Moral Economy of the Peasant: Rebellion and Subsistence in Southeast Asia. NewHaven: Yale University Press.（高橋彰訳『モーラル・エコノミー――東南アジアの農民叛乱と生存維持』, 勁草書房, 1999 年）.

★ Shirai Yoshihiko 白井 義彦 1961「耕地整理研究の一課題――明治期山形県飽海郡耕地整理の調査と関連して」,『水利科学研究』5（1）: 84–100.

☆ Sippel, Patricia 1977 "Popular Protest in Early Modern Japan: The Bushu Outburst",〔「近代初期日本の大衆的な抗議：武州騒動」〕, Harvard Journal of Asiatic Studies 37（2）: 273–322.

☆ Sheldon, Charles D. 1958 The Rise of the Merchant Class in Tokugawa Japan, 1600–1868: An Introductory Survey.〔『徳川時代の商人階級の台頭：入門的概観』〕, Locus Valley, NY: J. J. Augustin.

☆ Sheldon, Charles D. 1975 "The Politics of the Civil War of 1868"〔「1868 年の戊辰戦争の政治学」〕in William G. Beasley（es.）, Modern Japan: Aspects of History, Literature, and Society,〔『歴史と文学と社会から見た近代日本』〕, pp.27–51. Berkeley: University of California Press.

☆ Smith, Robert J., Jr. 1960 "Pre-industrial Urbanism in Japan: A Consideration of Multiple Traditions in a Feudal Society",〔「日本の前産業的都市：封建社会の多面的伝統の考察」〕, Economic Development and Cultural Change 9（1, part2）: 241–57.

☆ Smith, Robert J., Jr. 1972 "Small Families, Small Households, and Residential Instability: Town and City in Pre-modern Japan",〔「小家族と居住の不安定さ：日本前近代の町と都市」〕in Peter Laslett and Richard Wall（eds.）, Household and Family in Past Time, pp.429–72. Cambridge: Cambridge University Press.

☆ Smith, Thomas C. 1959 Agrarian Origins of Modern Japan.〔『近代日本の土地所有の起源』〕, Stanford: Stanford University Press.

☆ Smith, Thomas C. 1973 "Pre-modern Economic Growth: Japan and the West"〔「前近代の経済

発展：日本と西洋」〕, Past and Present 60: 127–60

☆ Smith, Thomas C. 1977 Nakahara: Population and Family Farming in a Japanese Village, 1717–1830.〔『ナカハラ：1717–1830 年の日本の村における人口と家族耕作』〕, Stanford: Stanford University Press.

☆ Soranaka Isao 1978 "The Kansei Reforms: Success or Failure?",〔「寛政改革：成功したか失敗だったか」〕, Monumenta Nipponica 33（2）: 152–64.

★ Takeda Tsutomu 武田 勉 1978「米「買出し」業の営業形態と性格——農村米穀市場の一断面——」, 豊原研究会『豊原村——人と土地の歴史』〔農業総合研究所発行と東京大学出版会発行とほぼ同じ内容〕, pp.157–90.

★ Takigawa Masajirō 瀧川 次次郎 1959『公事宿の研究（紀要第 8 号）』, 早稲田大学比較法研究所（東京）.

★ Tawara Otoyori 田原 音和 1972「庄内一農村における地租改正とその前史的条件」,『村落社会研究』8: 3–64.

★ Thompson, Edward P.（エドワード・P・トムスン）1968 The Making of the English Working Class, Harmondsworth: Pengui Books.（市橋 秀夫・芳賀 健一訳『イングランド労働者階級の形成』, 青弓社, 2003 年）.

☆ Thompson, Edward P. 1971 "The Moral Economy of the English Crowd in the Eighteenth Century".〔18 世紀のイギリス大衆の道徳経済〕, Past and Present 50: 76–136.

☆ Thompson, Edward P. 1977 "Folklore, Anthropology, and Social History".〔「民間伝承と文化人類学と社会史」〕, Indian Historical Review 3（2）: 247–66.

☆ Thompson, Edward P. 1978 "Eighteenth-century English Society: Class Struggle without Class?".〔18 世紀イギリス社会：階級なき階級闘争？」〕, Social History 3（2）: 133–65.

☆ Tilly, Charles 1979 "Did the Cake of Custom Break?".〔「しきたりの総量は途切れたか」〕 in John M. Merriman（ed.）, Consciousness and Class Experience in 19th Century Europe.〔『19 世紀ヨーロッパの意識と階級経験』〕, New York: Holmes & Meier.

☆ Tilly, Charles 1983 "Flows of Capital and Forms of Industry in Europe, 1500–1900".〔「1500–1900 年のヨーロッパにおける資本の動向と産業の形態」〕, Theory and Society 12（2）: 123–42.

★ Togawa Anshō 戸川 安章 1973『日本の民俗　第 6 巻　山形』, 第一法規出版社（東京）.

☆ Totman, Conrad 1967 Politics in the Tokugawa Bakufu, 1600–1843.〔『1600–1843 年の徳川幕府の政治学』〕, Cambridge: Harvard University Press.

☆ Totman, Conrad 1980 The Collapse of the Tokugawa Bakufu, 1862–1868.〔『1862–1868 年の徳川幕府の崩壊』〕, Honolulu: University of Hawaii Press.

★ Toyohara kenkyūkai（ed.）豊原研究会編 1977『善治日誌　山形県庄内平野における一農民の日誌、明治 26– 昭和 9 年』, 東京大学出版会（東京）.

★ Toyohara kenkyūkai（ed.）豊原研究会編 1978『豊原村　人と土地の歴史』（研究叢書第 98 号）, 農林省農業総合研究所（東京）〔東京大学出版会発行もほぼ同じ内容〕.

★ Tsuchiya Takao and Kanno Michio（eds.）土屋 喬雄・小野 道雄編 1953『明治初年農民騒擾録』, 原著は 1931 年発行）勁草書房（東京）.

★ Tsuda Hideo 津田 秀雄 1975『天保改革（日本の歴史　第 22 巻）』, 小学館（東京）.

★ Tsuruoka-shi kyōdo shiryōkan 鶴岡市郷土資料館　年代不詳『出羽庄内二郡絵図』, 1861 年地図の複製.

★ Tsuruoka-shi shi hensan iinkai 鶴岡市史編纂委員会 1974『鶴岡市史　上巻』, 鶴岡市役所（鶴岡）.

★ Tsuruoka-shi shi hensan iinkai 鶴岡市史編纂委員会 1975a『鶴岡市史　中巻』, 鶴岡市役所（鶴

岡).

★ Tsuruoka-shi shi hensan iinkai 鶴岡市史編纂委員会 1975b『鶴岡市史　下巻』, 鶴岡市役所（鶴岡).

★ Tsuyuki Tamae 露木 玉枝 1967「森の山供養——庄内清水三森山における信仰形態について」,『日本民俗学会報』49: 30–33.

★ Uno Tadayoshi 宇野 忠義 1978「「豊原歩刈帳」の分析」, 豊原村研究会編『豊原村——人と土地の歴史』〔農業総合研究所発行と東京大学出版会発行とほぼ同じ内容〕, pp.517–602.

☆ Varley, H. Paul 1967 The Ōnin War.〔『応仁の乱』〕, New York: Columbia University Press.

☆ Varner, Richard E. 1977 "The Organized Peasant: The wakamonogumi in the Edo Period"〔組織された農民：江戸期の若者組〕, Momumenta Nipponica 32（3）: 459–83.

☆ Vlastos, Stephen 1982 "Yonaoshi in Aizu",〔「会津の世直し」〕in Najita and Koschamann（eds.）, Conflict in Modern Japanese History,〔『近代日本史における論争』〕, pp.164–75.

☆ Walter, John, and Keith Wrightson 1976 "Dearth and the Social Order in Early Modern England".〔「近代初期イングランドの飢饉と社会秩序」〕, Past and Present 71: 22–24.

☆ Waters, Neil L. 1983 Japan's Local Pragmatists: The Transition from Bakumatsu to Meiji in the Kawasaki Region.〔『地方の実際家：川崎地方における幕末から明治の変化』〕, Cambridge: Harvard University Press for Council on East Asian Studies.

☆ Wilson, George 1982 "Pursuing the Millennium in the Meiji Restoration."〔「明治維新における千年王国の追求」〕in Najita and Koschmann（eds.）, Conflict in Modern Japanese History,〔『近代日本史における論争』〕, pp.176–94.

☆ Wilson, George 1983 "Plots and Motives in Japan's Meiji Restoration."〔「明治維新における計画と動機」〕, Comparative Studies in Society and History 25（3）: 407–27.

☆ Wolf, Eric R. 1982 Europe and the People Without History.〔『ヨーロッパと歴史なき人々』〕, Berkeley: University of California Press.

☆ Yamamura, Kozo 1979 "Pre-industrial Landholding Patterns in Japan and England."〔「日本とイギリスの前産業段階の土地所有様式」〕in Albert Craig（ed.）, Japan: A Comparative View,〔『日本：比較する視点』〕pp.276–323. Princeton: Princeton University Press.

★ Yoshino Hiroko 吉野 裕子 1980「陰陽五行による日本民俗の構造的把握」,『民俗学研究』45（2）: 134–159.

人名索引

あ

秋野茂右衛門　36, 43, 69, 105
秋山所右衛門　160
荒木田末寿　102
有地冨右衛門　201
池田賽（悌三郎）　199, 200
板垣金蔵　158, 167
板垣退助　152, 216, 217, 225, 230
伊藤義三郎　147
伊藤儀三郎　150
伊藤博文　153, 165, 177, 213, 218
井原西鶴　32
岩男助之丞　126, 250
岩倉具視　110
植木枝盛　216, 217
上野松蔵　162, 163
浦西利久　160
江藤新平　152
大久保利通　152, 206, 218, 241
大隈重信　114, 153, 227, 230
大塩平八郎　58, 62, 66, 175, 242
大滝三郎（光憲）　95, 102
太田衡太郎　123
大伴千秋　140, 153
大友宗兵衛　134, 160, 167, 171, 193, 197, 206–208, 214, 215, 222
大原重徳　121, 126
大原重実　121
大原重美　250
大屋八郎治　69, 105
尾関又兵衛　123, 174
乙目光剛　130

か

加賀屋弥左衛門　98, 99

風間幸右衛門　230
柏倉久右衛門　94
金井質直　129, 134, 151, 152, 166, 167, 171, 187, 190, 193, 222
加茂屋文治　80, 82, 83, 88, 200
木村順蔵　220
栗原進徳　134
黒田清隆　109
黒田伝四郎　88
源太　77, 78, 81
劒持鉉太郎　125
劒持寅蔵　159, 161–163, 167, 171, 173
河野敏鎌　185, 190, 205
高力忠兵衛　25, 49
児島惟謙　193, 206, 217, 221
後藤象二郎　152, 185, 195
小林勝清　172
小林喜三郎　160
小山太吉　123
今野茂作　119, 121

さ

斉藤隼之助　124
齋藤長左衛門　160–163
酒井左衛門尉　70, 75
酒井忠発　68, 92, 93, 109, 249
酒井忠徳　50, 249
酒井忠器　66, 67, 68, 75, 76, 81, 92, 128
酒井忠勝　25, 28, 44, 45, 194, 237
酒井忠篤　91, 103–105, 107, 128, 228, 230
酒井忠寛　104
酒井忠宝　114
酒屋吉右衛門　98
佐倉宗五郎　216
佐々木高行　225

277

人名索引

佐藤七兵衛　155, 166, 167, 172
佐藤藤佐　73
佐藤東蔵　36, 38, 93
佐藤八郎兵衛　148–151, 153–155, 164, 167, 171, 172, 178, 190, 198,
三条実美　110, 166, 195, 205, 206, 213
渋沢市郎右衛門　15, 17
渋沢栄一　17
白井矢太夫　25, 51
白崎五右衛門　73
白幡五右衛門　148, 149, 154, 158, 178, 216, 239
菅　実　秀　104, 112, 116, 128, 130, 135, 165, 198, 228, 241
鈴木重胤　102, 104, 240, 243
鈴木鉄助　130
鈴木弥右衛門　145, 147–150, 174, 198
須田文栄　174
墨井寛兵衛　97
清助　96, 97
惣左衛門　32

た

高橋太郎左衛門　45
高橋陽之助　124
高山久左衛門　223
田中三郎治　97
田中太郎左衛門　97, 100
田中徳右衛門　97, 100
田辺儀兵衛　108, 110, 116
民弥　96, 97
津田信弘　250
土井利位　96
富樫次郎右衛門　202
富樫利吉　172
徳川家慶　74, 83
徳川家斉　57, 67, 68, 74
徳川斉昭　58, 85, 89, 128
徳川秀忠　28
戸田次作　124

な

長浜五郎吉　121. 123, 124, 126, 129, 174
西岡逾明（周碩）　111, 174, 250

沼間守一　140, 171, 190, 193, 255

は

芳賀七右衛門　174, 220
林茂平　177, 178
林元左衛門　97
平田篤胤　102, 104, 240
古川六太郎　202
福沢諭吉　188, 216, 217
文隣　73, 80, 83, 84
坊城俊章　126, 129, 250
本多允釐　134, 135, 145, 147, 149, 151, 152, 154, 157, 171, 176, 187, 196, 207, 214, 222
本間午之助　112, 121

ま

前野仁助　151, 158, 166, 172
牧野忠雅　67
松方正義　227
松平斉省　57, 67
松平斉典　14, 67, 68
松平信綱　45
松平正直　145, 150, 154–157, 166, 168, 172, 177, 183, 198
松平親懐　104, 112, 116, 127, 129, 135, 148, 154, 165, 182, 186, 187, 189, 194, 198, 202, 204, 209, 213, 217, 218, 241, 250
松本清治　175
松山粂太郎　92, 96, 100
三島通庸　135, 171, 176, 177, 193, 213, 241, 243, 250
水野忠邦　83, 85, 89, 92
森藤右衛門　135, 157, 171, 173, 193, 197, 205, 216, 217, 219, 239, 240, 243

や・わ

矢田部孝保　160, 198
山岸貞文　198
頼三樹三郎　175
渡部平治郎　236
渡会重吉　166

［著 者］
ウィリアム・W・ケリー（William W. Kelly）
1946年生まれ。文化人類学の博士。イェール大学名誉教授。
主な研究と著書：『徳川時代の農業用水と農業開発：庄内藩の赤川流域』（原題：Water Control in Tokugawa Japan: Irrigation Organization in a Japanese River Basin, 1600-1870、コーネル大学中国 - 日本プログラム、1982年）、「日本の地方：中央依存の繁栄」（共著『日米の昭和』TBSブリタニカ、1990年）、「ローカルな生活世界から見える現代日本：日本をフィールドにした人類学者の目から」（共著『〈日本文化〉はどこにあるか』春秋社、2016年）、『虎とバット：阪神タイガースの社会人類学』（原題：Hanshin Tigers Baseball: A Professional Sportsworld in Modern Japan、カリフォルニア大学出版、2019年）

［訳 者］
ワッパ騒動義民顕彰会・ケリー研究会
三原容子　1955年生まれ。庄内地域史研究所代表。ワッパ騒動義民顕彰会相談役。
佐藤利克　1943年生まれ。ワッパ騒動義民顕彰会事務局。
升川繁敏　1955年生まれ。ワッパ騒動義民顕彰会事務局長。

佐藤エミリー綾子
1957年サンフランシスコ生まれ、東京育ち。
ICUと上智大学大学院で国際コミュニケーションを専攻。（財）フォーリン・プレスセンター勤務を経て、フリーランスの英語・日本語間の翻訳・通訳、調査研究。日本翻訳者協会（JAT）会員。共著書に『プロが教える技術翻訳のスキル』、翻訳書にKAROSHI（英語版『過労死』）等。

19世紀日本における服従と反抗
山形県庄内地方の四つの集団抗議

2024（令和6）年10月31日　第1版第1刷発行

ISBN978-4-86766-067-6 C0021

発行所　株式会社 文学通信
　〒113-0022　東京都文京区千駄木2-31-3 サンウッド文京千駄木フラッツ1階101
　電話 03-5939-9027　Fax 03-5939-9094
　メール info@bungaku-report.com　ウェブ https://bungaku-report.com

発行人　岡田圭介
印刷・製本　モリモト印刷

※乱丁・落丁本はお取り替えいたしますので、ご一報ください。書影は自由にお使いください。

ご意見・ご感想はこちらからも送れます。上記のQRコードを読み取ってください。